ro
ro
ro

Vielen jungen Menschen sind ein erfüllender Job, eine einzigartige Reise und ein bewusst gelebtes Leben heute wichtiger als viel Geld auf dem Konto. Dennoch wünschen sich viele Vertreter der Generationen Y und Z mehr Finanz-Know-how – in der Schule lernt man das schließlich nicht. Gerade in Zeiten steigender Mieten und leerer Rentenkassen wird gute Finanzplanung immer wichtiger.

Pocket Hazel, bekannte YouTuberin und Finanzexpertin, erklärt die Themen, die uns alle beschäftigen, an die sich aber kaum jemand herantraut: Worauf kommt es bei der Eröffnung des Kontos an? Wie spare ich am einfachsten für den Traumurlaub? Und wie lege ich mein Geld sicher und nachhaltig an? Leicht verständlich und mit vielen nützlichen Beispielen und Tipps möchte Hazel dazu ermutigen, sich mit der eigenen finanziellen Situation zu befassen und die Zukunft in die eigene Hand zu nehmen.

Hazel wurde 1994 in Vietnam geboren und kam mit fünf Jahren nach Deutschland. Nach dem Abitur studierte sie zunächst BWL und arbeitete im Anschluss in einem Steuerbüro. 2014 startete sie den erfolgreichen YouTube-Kanal «Pocket Hazel» und begeistert dort über 250 000 Follower mit ihren Videos aus den Bereichen Comedy und Lifestyle. Seit 2019 ist sie außerdem auf dem Channel «Pocket Money» des «Funk»-Netzwerks zu sehen mit Videos rund um das Thema Geld. Hazel lebt in Berlin.

Pocket Hazel's Money Guide

Wie du easy deine Finanzen regelst

In Zusammenarbeit mit Christian Wöllecke

Rowohlt Taschenbuch Verlag

Originalausgabe

Veröffentlicht im Rowohlt Taschenbuch Verlag, Hamburg, Mai 2020

Copyright © 2020 by Rowohlt Verlag GmbH, Hamburg

Covergestaltung zero-media.net, München

Coverabbildung Duc Viet Phung

Satz Adelle bei Pinkuin Satz und Datentechnik, Berlin

Druck und Bindung GGP Media GmbH, Pößneck, Germany

ISBN 978-3-499-00362-2

Die Rowohlt Verlage haben sich zu einer nachhaltigen Buchproduktion
verpflichtet. Gemeinsam mit unseren Partnern und Lieferanten setzen
wir uns für eine klimaneutrale Buchproduktion ein, die den Erwerb von
Klimazertifikaten zur Kompensation des CO_2-Ausstoßes einschließt.
www.klimaneutralerverlag.de

MIX
Papier aus verantwor-
tungsvollen Quellen
FSC® C014496

Inhalt

Hallo Leute, hier ist Hazel

Viele von euch haben diesen Satz vielleicht schon mal gehört. Vor allem diejenigen, die öfters mal auf YouTube unterwegs sind. Denn dort begrüße ich auf meinem Kanal «Pocket Hazel» meine Zuschauer immer genau auf diese Weise. In meinen Videos geht es um alle möglichen schönen Dinge: Essen, Comedy, Alltagsgeschichten aus meinem Leben, asiatische Kultur. Was eben gerade wichtig ist, worauf ich gerade Lust habe.

Besonders intensiv beschäftige ich mich aber seit einiger Zeit mit dem Thema Geld und Steuern. Warum? Weil ich als ehemalige Steuerassistentin eine kleine Expertin auf dem Gebiet bin und ich mein Wissen weitergeben möchte. Vor allem aber wegen *eurer* Resonanz!

Denn seit ich vor zwei Jahren mein erstes Video über Steuern gedreht habe, habe ich gemerkt, dass es bei unserer Generation einen krassen Wissensdurst gibt, was das Thema Geld angeht. Und es stimmt ja, wann lernen wir in der Schule schon mal was über Finanzen? Wie wir unser Studium finanzieren sollen, wie das eigentlich mit der Rente ist, wie wir unser Geld am besten anlegen? Die Schülerin Naina twitterte 2015: «Ich bin fast 18 und hab keine Ahnung von Steuern, Miete und Versicherungen. Aber ich kann 'ne Gedichtanalyse schreiben. In 4 Sprachen.» Der Tweet ging viral, Tausende waren derselben Meinung, was klar zeigt: Wir wünschen uns mehr Infos zum Thema Kohle & Co. (das bedeutet ja nicht, dass wir Gedichte nicht auch mögen). Umfragen bestätigen das ebenfalls. Nach einer Jugendstudie des Bankenverbandes von 2018 wünschen sich 84 % aller jungen Menschen mehr Informationen über wirtschaftliche Zusammenhänge.

Euer großes Interesse hat auf jeden Fall dazu geführt, dass ich seit Mai 2019 einen weiteren Kanal habe: «Pocket Money». Dieser wird vom öffentlich-rechtlichen «Funk»-Netzwerk finanziert, dadurch kann ich nun aufwendigere Recherchen und viele Außendrehs machen. Was mich dabei immer wieder total motiviert, sind Kommentare wie «Was für einen genialen Lehrwert hatte dieses Video! Ihr macht so interessanten Content», «Ich glaub, ich hab gerade mehr gelernt als in 12 Jahren Schule» oder «So ein wunderbarer Kanal, Hazel! Ich finde klasse, wie du die Tücken und Wirren unseres Steuersystems so anschaulich und unterhaltsam an tollen Beispielen erklärst. Vielen Dank!» Wenn ich so was lese, bekomme ich immer riesige Herzchenaugen.

Genau das ist der Grund, warum ich dieses Buch, diesen *Money Guide*, schreiben wollte. Um einmal kompakt zusammenzufassen, was ihr meiner Meinung nach über Finanzen wissen solltet, wenn ihr gerade von der Schule abgeht oder als Student eure Zukunft plant. Anderes Medium, klar. Aber es erwartet euch das Gleiche wie bei meinen Videos: wichtige Infos, Storys aus meinem eigenen Leben, meine Sicht der Dinge und ein bisschen Comedy. Das Thema Geld muss nämlich nicht dröge sein. Ich hoffe, ihr fühlt euch auf den kommenden Seiten gut unterhalten.

Mit dem Geld ist es ja so eine Sache. Einerseits ist es ein Dauerthema, wir hören ständig davon. Allein die ganzen Berichte im Fernsehen über Aktienkurse, Wirtschaftswachstum und Finanzkrise. Und geht es nicht immer darum, was gerade wieder teurer geworden ist und wo es gerade krasse Schnäppchen gibt? Über Geld spricht man nicht – das stimmt so ja gar nicht. Denn wir erzählen uns ständig, was wir gekauft haben: Das neue iPhone, die neuen Schuhe, die Tickets für das nächste Konzert und was das alles gekostet hat. Vielleicht machen wir auch mal Witze darüber, dass wir gerade voll pleite sind. Andererseits, redet ihr mit euren Freunden, eurer großen Liebe oder euren Eltern auch mal ernsthaft über eure finanzielle Zukunft? Also, so ganz grundsätzlich? Wie genau man sein Geld zusammenhalten kann, welche Investitionen sich wirklich lohnen, wo man in zehn Jahren mal stehen möchte? Ich glaube, all das ist eher selten Thema. Nehmt zum Beispiel die Frage nach dem Einkommen. Wisst ihr, was eure Eltern Monat für Monat verdienen, oder eure Freunde? Wenn ja – Glückwunsch, ihr gehört zu einer kleinen Gruppe Auserwählter. Sonst gilt nämlich eben doch noch: Reden ist Silber, Schweigen ist Gold.

Ich finde, das muss sich ändern. Wir sollten uns frühzeitig über unseren Umgang mit Geld Gedanken machen, auch im Gespräch miteinander. Sonst laufen die Dinge schnell schief. Denn vielleicht habt ihr gerade euren Ausbildungsvertrag in der Tasche und hüpft durchs Zimmer vor Freude über euren ersten Monatslohn. Schwarz auf weiß steht da die Summe X. Was man davon alles kaufen kann. All die Dinge, auf die ihr bisher verzichtet habt, weil ihr sie euch nicht leisten konntet.

Neues Kleid hier, Cocktails im Club da. Und mit der Null-Pro-zent-Ratenfinanzierung ist doch alles eh kein Problem. Bei den Minibeträgen pro Monat kann man sich locker jedes Jahr ein neues Smartphone leisten, oder?

Die Wahrheit ist eben: Mit jedem besseren Job, mit jeder Gehaltserhöhung wachsen meist auch unsere Wünsche. Und gleich ist das zusätzliche Geld wieder aufgebraucht. Besonders wenn ihr gerade in euer eigenes Leben startet und erst lernen müsst, mit dem zur Verfügung stehenden Geld auszukommen, kann es schnell eng werden. Plötzlich ist das Geld für den Monat aufgebraucht, die megalustigen durchfeierten Nächte mit den neuen Homies von der Uni waren wohl doch etwas teuer oder vielleicht wird eine dicke Nebenkostennachzahlung für eure Wohnung fällig. Und nun? Woher nehmen und nicht stehlen? Am Ende müsst ihr vielleicht doch wieder bei Eltern und Verwandten anklopfen. Nervig. Da ist es besser, sich einmal hinzusetzen und das Thema Finanzen mal richtig anzugehen. Ihr werdet schnell merken: So kompliziert ist es gar nicht.

Was euch in diesem Buch erwartet

Auf den folgenden Seiten will ich euch fit machen für eure Real-Life-Finance-Challenge. Ich fange mit den **Basics** an: Was muss ich bei der Wahl des Kontos beachten? Was gibt es für coole Nebenjobs? Wo liegen die Tücken bei der Wohnungssuche? Und was für Versicherungen brauche ich auf jeden Fall? Für alle YouTube- und Instagram-Süchtigen da draußen beantworte ich auch die Frage, wie ihr als Influencer Geld verdienen könnt.

Wenn ihr die Basics draufhabt, geht es um wichtiges **Know-how**. Ich erkläre, was ihr für Möglichkeiten habt, euer Studium oder eure Ausbildung zu finanzieren, damit ihr am Ende auf jeden Fall euren Traumjob findet. Ich gebe euch einen Crash-kurs in Sachen Haushaltsbuch, denn es ist das absolut beste Tool, um einen Überblick über eure Finanzen zu bekommen. Damit am Ende des Monats immer genug Geld da ist statt am Ende des Geldes noch so viel Monat – ihr versteht. Und ich kundschafte aus, in welchen Bereichen ihr sparen könnt. Außerdem erkläre ich euch, was passiert, wenn ihr dummer-weise doch in die Schuldenfalle geratet, und wie ihr da wieder rausfindet.

In den letzten Kapiteln lernt ihr dann die echten **Skills**. Denn meine Spezialität, das Steuerthema, kommt natürlich nicht zu kurz. Ich verrate euch, was ihr für die erste eigene Steuererklä-rung wissen müsst. Zum Schluss erfahrt ihr, wie ihr euer Geld nicht nur zusammenhalten, sondern vermehren könnt. Ich zeige euch, wie die Börse funktioniert und warum es schlau ist, in ETF-Indexfonds zu investieren.

Übrigens: Es kann natürlich sein, dass ihr manches von dem, was ich in diesem *Money Guide* diskutiere, schon wisst. Oder in manchen Bereichen sogar schon echte Experten seid. Dann könnt ihr die entsprechenden Kapitel einfach überspringen, die einzelnen Abschnitte versteht ihr auch so. Also, ich freue mich natürlich übertrieben, wenn ihr das ganze Buch lest, das gibt jede Menge Liebe von mir. Und ich bin zuversichtlich, dass ich hier und da auch Infos habe, von denen ihr noch nichts wusstet. Aber hey, wie es euch gefällt. Der *Money Guide* ist für alle da.

PS: Um mal zu testen, wie es bei anderen Leuten meiner Generation beim Thema Finanzen aussieht, habe ich einigen meiner YouTube-Freunde für dieses Buch Fragen gestellt. Nach dem ersten Job, der ersten Wohnung, wie sie ihre erste Steuererklärung geschafft haben und wie sie ihr Geld investieren. Freut euch auf Antworten von **Annikazion**, **Kostas Kind**, **Toni Pirosa** und **Wailam**. Ihr findet sie passend zu den einzelnen Themen im Text verteilt. Auch mein Verlobter Dirk wird im Buch immer wieder auftauchen. Ihr kennt ihn vielleicht schon aus meinen Videos, die er zugleich dreht und produziert. Auf YouTube hat er außerdem auch seinen eigenen Kanal, ihr findet ihn dort als **Dirk Maiina**.

Von Vietnam nach Deutschland

Vielleicht habt ihr euch schon gefragt, wie ich eigentlich zur Expertin in Sachen Finanzen geworden bin und warum mir das Ganze so wichtig ist. Das ist einfach: Geld und der Umgang damit waren für mich ein Thema, seit ich klein bin. Ich habe früh gelernt, wie man möglichst sparsam lebt, denn meine Familie war nicht reich. So ist mir bewusst geworden, wie Geld, Leistung, Vermögen und kluge Planung zusammenhängen.

Ich war fünf, als ich hierherkam. Mein Vater war kurz vor der Wende aus Vietnam in die DDR gekommen – beide Länder waren damals kommunistisch – und hatte als Gastarbeiter für die «Deutsche Reichsbahn» gearbeitet. Ja, so hieß die Bahn damals im Osten. Als die Mauer dann kurze Zeit später fiel und es die DDR nicht mehr gab, hieß es: Bleibt oder geht, macht, was ihr wollt. Mein Vater wollte bleiben, also betrieb er mit einem Kumpel einen Imbisswagen, wo sie das asiatische Universalgericht schlechthin zubereiteten und verkauften: «China-Pfanne». Zehn Jahre Jahre später folgten wir als Familie. Meine Mutter hatte in Vietnam als Hebamme gearbeitet. Ihre Deutschkenntnisse reichten aber leider nicht dafür, hier in diesem Job weiterzuarbeiten. Später haben die beiden zusammen einen Blumenladen aufgemacht.

Weil wir uns eine neue Existenz aufbauten, lautete das Motto von Anfang an: Sparen, sparen, sparen! Meine Eltern waren damals wirklich unnormal sparsam. Sie lachen inzwischen selbst über diese Zeit, obwohl sie noch immer wenig Geld ausgeben.

In unserer Anfangszeit in Deutschland bedeutete für meine Mutter, «sich etwas zu gönnen», im Asiamarkt einzukaufen. Die Lebensmittel dort waren für unsere Verhältnisse ziemlich teuer. Deshalb kochte sie für unsere fünfköpfige Familie eine halbe Packung Wasserspinat anstatt die ganze – aber nicht nur für ein einziges Abendessen, nein, wir durften uns zwei Tage lang von dieser Köstlichkeit ernähren. Heute macht sie Witze darüber, aber ihre Sparsamkeit zog sich in jedem Lebensbereich durch. Mein Bruder, meine Schwester und ich bekamen zwar Spielzeug, aber nur das, was meine Mutter von anderen Leuten geschenkt bekam. Uns war es natürlich egal, woher die Spielsachen kamen – wir hatten trotzdem unseren Spaß damit. Aber eins war Grundbedingung: Die Dinge durften nichts kosten.

Ich habe das zum ersten Mal richtig kapiert, als es darum ging, dass ich kein Taschengeld bekam. Krass, kein Taschengeld? Ja. Meine Eltern sehen bis heute nicht ein, warum man als Kind einfach so Geld bekommen sollte, ohne etwas dafür zu tun. Was ich hatte, war eine Spardose, die ich mit sechs Jahren bekam. Meine Mutter hielt akribisch fest, wie viel Geld dort drin war, wie viel jedes Mal hinzukam. Zum Beispiel bekam ich zum vietnamesischen Neujahr immer Geld geschenkt von meinen Verwandten, denn das bringt Glück. Und weil die asiatische Glückszahl 2 ist, gab es meistens 20 Mark, heute 20 Euro. Weil meine Mutter immer alles aufschrieb, habe ich mich nie getraut, dort Geld rauszunehmen. Und so sah ich meinem gesparten Geld nur dabei zu, wie es mehr und mehr wurde. An das Gefühl habe ich mich wohl gewöhnt. Ich kann nur ruhig schlafen, wenn ich mich finanziell safe fühle und weiß, dass ich mein Geld klug angelegt habe.

Okay, ganz ohne Geld auszugeben, macht das Leben natürlich auch keinen Spaß. Damals in der Schule bekamen alle meine Freundinnen Taschengeld. Zwei bis fünf Euro die Woche. Und ich wollte nicht die Einzige sein, die nie Geld für Süßigkeiten hatte. Am Kiosk habe ich dann ab und zu mit Zehn-Pfennig-Stücken bezahlt. Für zehn Pfennig gab es damals schon zwei Kaugummis oder einen blauen Schlumpf. Woher ich das Geld hatte? Meine Eltern hatten durch den Imbiss ein prall gefülltes Kellnerportemonnaie mit vielen glänzenden Münzen. Und das lag regelmäßig ganz und gar unbewacht im Flur herum … Hey, seht mich nicht so an! Ich bin danach ja kein Gangster geworden.

Mein erstes eigenes Geld

Später boten mir meine Eltern eine Möglichkeit, endlich «legal» an Geld zu kommen. Für gute Noten wurde ich belohnt. Und zwar nicht nur für Zeugnisnoten, auch für kleine Tests und

Schularbeiten im laufenden Schuljahr. Meist waren es ein oder zwei Euro, die ich für eine Eins bekam. Eine Eins bei einer Klassenarbeit war sogar zehn Euro wert! Da es mit den Schularbeiten und Tests meist gut funktionierte, konnten so schon zwanzig Euro zusammenkommen im Monat. Dadurch war ich tatsächlich gleichgestellt mit den meisten meiner Mitschüler, was das Thema Taschengeld anging.

Direkt am Tag nach meinem 15. Geburtstag begann ich dann, regelmäßig in einem Steuerbüro mitzuarbeiten. Wie es dazu kam, erzähle ich euch gleich noch im Jobkapitel. Auf diese Weise habe ich mich langsam zu meiner finanziellen Freiheit vorgearbeitet und gelernt, komplett auf eigenen Beinen zu stehen. Vor einiger Zeit habe ich mich dann entschieden, Geld mit der Sache zu verdienen, die mir am meisten Spaß macht: als Redakteurin und Moderatorin mit meinen Videos bei YouTube. Bis dahin war es ein weiter Weg. Ich möchte dieses Buch dafür nutzen, meine Erfahrungen und Erlebnisse mit euch zu teilen. Und euch so erleichtern, euren Weg zu finden und ihn so zu gehen, wie es für euch am besten ist. Ich hoffe, ich kann euch ein wenig dafür begeistern, selbst über das Thema Geld nachzudenken und vielleicht auch mit euren Freunden und eurer Familie darüber zu sprechen. Denn eins ist klar: Bei euren persönlichen Finanzen geht es auch immer um eure Zukunft. Und die soll rocken.

Basics

Zu Hause, bei den Eltern, ist es doch am schönsten. Das denke ich mir oft, wenn ich bei meinen Eltern zu Besuch bin. Genau einmal die Woche schaue ich bei ihnen vorbei, um gemütlich auf dem Sofa rumzulümmeln und den Alltag zu vergessen. Natürlich würde ich mein jetziges Leben nicht wieder eintauschen, aber wenn ihr euer eigenes Ding startet, merkt ihr schnell, was bisher alles über die Eltern lief. Auch das Thema Finanzen. Klar, ein Konto hattet ihr vielleicht schon, aber habt ihr es selbst bezahlt? Je nachdem, ob ihr noch in der Schule seid, bald eine Ausbildung anfangt oder schon fleißig studiert, habt ihr möglicherweise auch schon gejobbt. Dennoch ist es noch mal was anderes, sich mit dem Job nicht nur ein paar schöne Dinge, sondern das gesamte Leben zu finanzieren. Mit der ersten eigenen Wohnung kommen gleich eine ganze Reihe von Geldfragen auf einen zu, über die man sich vorher noch nie Gedanken machen musste. Und auch versichert ist man ab einem bestimmten Alter nicht mehr über die Eltern.

In den ersten Kapiteln soll es deshalb zuerst um die absoluten Basics gehen: das Konto, den (ersten) (Neben-)Job, die eigene Wohnung und wichtige Versicherungen. Ich zeige euch, wo Stolpersteine lauern und wo ihr bares Geld sparen könnt. Dieses Kapitel ist sozusagen euer Start-up-Kit. Und ihr erfahrt, wie es mir am Anfang ging: Wenn ihr wissen wollt, warum meine Kontoeröffnung ein halber Staatsakt war und warum ich als Schülerin nichts lieber getan habe, als Belege im Steuerbüro zu buchen, dann seid ihr hier richtig.

Augen auf bei der Kontowahl

Ich fange also mit dem Konto an. Denn schließlich kommt da das Geld vom Job drauf, nur damit es euer Vermieter gleich wieder abbuchen kann. Oh no!

Noch vor ein paar Jahren, als ich aufgewachsen bin, konnte man als Jugendlicher noch ganz gut ohne Konto leben. Münzen, Scheine, Sparschwein – mehr brauchte es nicht. Aber der Zug ist abgefahren. Wir verabschieden uns – leider, leider – immer mehr vom Bargeld; in Ländern wie Schweden oder Norwegen ist es fast schon abgeschafft. Warum «leider»? Ganz einfach: Weil es meiner Meinung nach nichts Besseres gibt, um im Blick zu behalten, was ihr ausgebt. Ob es nun um die kleinen täglichen Einkäufe oder große Anschaffungen geht. Ernsthaft, ich liebe Bargeld. Es ist wirklich so. Ihr könnt euch das so vorstellen, dass ich am liebsten direkt im Stadion säße mit Bargeldshirt, Bargeldschal und so einer extrem lauten Fanfare. Bargeld: Wooo-hooo. Aber okay, wahrscheinlich kann ich wenig ausrichten, die Zukunft sieht anders aus. Auf der Stadiontafel steht in riesigen Buchstaben: «Spieler ‹Bargeld› wird ausgewechselt!» Schuld ist natürlich das Internet.

Das heißt: Sogar wenn ihr noch kein Geld verdient, kommt ihr um ein eigenes Konto kaum herum. PayPal? Gibt's nur mit Konto. Per App ein Taxi bestellen? Konto. Im Internet shoppen? Konto. Okay, ich glaube, ihr habt's kapiert. In dem vietnamesischen Dorf, aus dem meine Eltern stammen, geht ohne Bargeld dagegen weiter fast gar nichts. Klar, in den Großstädten gibt es genauso wie hier ein normales Banken- und Kontosystem, aber auf dem Land haben vor allem die älteren Leute grundsätzlich kein eigenes Konto, nur ein paar der jüngeren. Und wenn, dann gibt es, so wie man bei uns Autos oder Räder shared, oft Konto-

Sharing. Die Leute ohne Konto fragen, wenn ihnen zum Beispiel jemand Geld senden will, einfach junge Verwandte und nutzen deren Konto.

Auch mein Vater hat ultra lang ganz ohne Konto gelebt. Ja, das geht! Das Geschäftskonto hat sein Kumpel vom Imbiss geführt, und mein Vater hat alles mit Bargeld geregelt. Erst mit dem eigenen Blumenladen 2006 kam auch mein Vater nicht mehr am eigenen Geschäftskonto vorbei. Weil ihm sein Steuerberater erschienen ist wie so ein ultrafieser Dämon in einem Horrorstreifen und dann riesig groß mit krass tiefer, dunkler Stimme gesagt hat: DAMIT KOMMST DU BEIM FINANZAMT NICHT DURCH! Schweren Herzens hat mein Vater also ein Konto eröffnet und zahlt seitdem sogar meiner Mutter, die im Blumenladen angestellt ist, ihr Gehalt per Überweisung. Privat ist er sich aber treu geblieben, da läuft alles weiter in cash, und vielleicht habe ich deswegen auch so eine Vorliebe für Bargeld. Who knows!

Ihr lebt aber ziemlich wahrscheinlich nicht in einem kleinen vietnamesischen Bauerndorf und kommt deswegen nicht um ein Konto herum. Macht aber auch nichts. Alles immer unter die Matratze zu stopfen, ist schließlich auf Dauer auch nicht besonders bequem oder sicher. Und: Ihr könnt euch ja aussuchen, bei welcher Bank ihr eins eröffnet, welches am besten zu euch passt. Damit euch die Kontowahl leichter fällt, kommen hier ein paar Infos dazu, was es alles so gibt. Denn zwischen einer klassischen Sparkasse und einer Smartphone-Bank wie N26 gibt es erhebliche Unterschiede!

Der Asteroid und die Banken

Die Dinosaurier sind ausgestorben, weil? Ein riesiger Asteroid wahrscheinlich damals fast alles Leben ausgelöscht hat. Ähnlich könnte es bald den klassischen alten Banken wie Sparkasse oder Deutsche Bank ergehen (die Dresdner Bank hat der Asteroid schon erwischt). Früher gab es in jedem halbwegs großen Ort eine Bankfiliale. Die war genauso wichtig wie der Supermarkt, die Apotheke und der Bäcker. Geld oder den aktuellen Kontoauszug gab es nur am Schalter – Geldautomaten haben sich in Deutschland erst in den 80ern durchgesetzt. Außerdem hingen die Börsenkurse im Schaufenster aus.

In den neunziger Jahren gab es dann einen totalen Börsenhype, alle wollten Aktien von Technologieunternehmen kaufen. Fragt man in der Verwandtschaft rum, ist bestimmt jemand dabei, der was dazu erzählen kann. Jeder, der damals mitmischen wollte, musste Aktien zeichnen und tat das in der Filiale. Dort saß er natürlich nicht in der Malecke rum und kritzelte sich die Aktien mit einem Bleistift selbst. Zeichnen heißt einfach nur vorbestellen, wenn ein Unternehmen neu an die Börse geht. Man meldet, dass man eine Aktie, die neu auf den Markt kommt, kaufen will. Ob man sie dann bekommt, hängt davon ab, wie viele Leute sie ebenfalls haben wollen. Ist also ein bisschen ein Glücksspiel. Wie die Börse manchmal selbst: Der große Hype stellte sich nämlich kurze Zeit später als Luftschloss heraus und ging als geplatzte Dotcom-Blase in die Geschichte ein. Wenn ihr euch fragt, wie genau der Aktienmarkt funktioniert und ob man dort auch sicher Geld anlegen kann – die Antwort und meine Tipps dazu findet ihr im Investierenkapitel.

Na, jedenfalls, mit dem Internet hat sich auch für die Banken alles geändert. Genauso wie ihr heute nur noch auf den Aushang an der Bushaltestelle schaut, wenn der Smartphone-Akku alle ist, gehen immer weniger Leute in die Filiale. Zumindest die junge Generation. Wir checken online unseren Kontostand, überweisen Geld mit unseren TANs, chatten mit unserem Bankberater. Wir können sogar Kredite online abschließen (an der Stelle würde ich bei YouTube ein kleines Warning Sign einfügen). Laut einer Umfrage der Beratungsfirma Boston Consulting Group aus den Jahren 2015 und 2019 erledigt in Deutschland durchschnittlich mehr als die Hälfte der Bevölkerung die Bankgeschäfte online, höhere Zahlen in Europa findet man nur noch in Belgien (66 Prozent) und den Niederlanden (63 Prozent).

Die Folge dieser ganzen Entwicklung: Die Banken beschäftigen sehr viele Mitarbeiter, die sie eigentlich gar nicht mehr brauchen. Der einst megasichere Job Bankkaufmann ist plötzlich gar nicht mehr sicher, allein die Deutsche Bank will bis zum Jahr 2022 rund 18 000 Stellen streichen. Auch die Filialen kosten weiter viel Geld, bringen aber wenig ein. Außerdem haben sich die Leute daran gewöhnt, im Internet nichts zu bezahlen. Und wollen auch ihr Konto und die damit verbundenen Dienstleistungen für umme haben. So nach dem Motto: «Hey, Banken, ihr habt ja schon mein Geld und könnt damit etwas anfangen. Also zahle ich nicht noch Geld dafür, dass ihr mein Geld habt.» An sich nachvollziehbar. Aber da es im Moment, auch als Folge der Finanzkrise, keine Zinsen mehr für Geld gibt – über das Zinsproblem werde ich in diesem Buch öfter sprechen –, verdienen auch die Banken mit den Kundengeldern kaum noch etwas. Deswegen wird für viele Dinge wieder etwas fällig – vor allem bei den Banken mit Filialnetz. Geld abheben am Schalter kostet wieder, Überweisungen mit Beleg oder am Schalter ebenfalls, dazu kommt immer häufiger eine satte Grundgebühr für die

Kontoführung. Um das zu umgehen, könnt ihr euch eine Direktbank suchen. Welche Lösung für euch die richtige ist, hängt vor allem davon ab, welche Leistungen ihr braucht.

Giro, Dispo, Tagesgeld

Bevor wir weitermachen: Habt ihr alle Begriffe drauf? Das macht es nämlich viel leichter, sich zurechtzufinden. Wenn nicht, kein Problem. Ich erkläre euch kurz die wichtigsten Sachen.

Ein **Girokonto** ist sozusagen eure Home Base. Hier geht es nicht um das «Parken» von Geld, sondern um den Durchgangsverkehr. Hier kommt euer Geld an, idealerweise euer Einkommen, und von hier buchen alle ab, Netflix, PayPal, das Fitnessstudio. Auch Überweisungen an den ebay-Verkäufer und Daueraufträge an euren Vermieter starten hier. Ohne Girokonto kommt ihr heute nicht weit, es ist quasi Pflicht.

Sparkonten, also **Sparbuch, Tagesgeld- und Festgeldkonto**, sind dafür da, Geld zur Seite zu legen und bestenfalls zu vermehren. Das Tagesgeldkonto ist total flexibel, hier könnt ihr täglich Geld abheben oder einzahlen. Das Sparbuch ist meistens etwas stärker limitiert, dort könnt ihr Geld monatlich nur bis zu einem gewissen Umfang abheben. Bei Festgeldkonten legt ihr das Geld über einen festen Zeitraum an, als Gegenleistung erhaltet ihr höhere Zinsen. Dieses Stufenmodell folgt der einfachen Logik: Je länger und verbindlicher ihr euer Geld irgendwo einlagert, desto mehr bekommt ihr dafür. Soweit zumindest die Theorie. In der Praxis sind die Unterschiede nur noch minimal. Das Problem ist nämlich: Im Moment gibt es kaum noch Zinsen, egal auf welchem Konto. Wenn es ein halbes

Prozent ist, ist das schon gut! Deswegen muss man «Sparkonto» heute eigentlich in Anführungszeichen schreiben. Damit euch euer Geld nicht durch die Finger rinnt, müsst ihr euer Erspartes gut zusammenhalten (schaut mal ins Kapitel zum Sparen) und solltet es gewinnbringend anlegen (dazu mehr im Investieren-kapitel)!

Kommen wir zu den Bankkarten: Die **Giro- bzw. Debitcard** ist, wie der Name schon sagt, direkt mit dem Girokonto verbunden, alle bezahlten Beträge werden direkt von dort abgebucht. Beide Begriffe meinen dieselbe Karte, umgangssprachlich sagen wir auch immer noch EC-Karte («electronic cash»), obwohl das nicht mehr der offizielle Name ist. Wenn ihr auf der nächsten Party übertrieben angeben wollt: Debit kommt vom lateinischen «debere», was «schulden» bedeutet. Wenn euch Latein zu blöd ist, könnt ihr auch das englische «debit» nehmen, das heißt so etwas wie «Kontobelastung». Mit der Girocard zahlt ihr eure Einkäufe bargeldlos, außerdem könnt ihr Geld am Automaten abheben. Auf den meisten Karten findet sich auch das Maestro-Logo. Es zeigt an, dass ihr eure Karte auch international als Girocard verwenden könnt. Daneben besitzen manche Karten die GeldKarte-Funktion, damit könnt ihr direkt Geld auf eure Karte laden, quasi PrePaid, und braucht für die Bezahlung euren PIN nicht mehr. So richtig durchgesetzt hat sich das Konzept aber nicht. Dafür wird das kontaktlose Bezahlen immer beliebter. Wenn sich auf eurer Karte das Funksymbol befindet, braucht ihr nur noch eure Karte ans Bezahlgerät zu halten, und die Kasse macht schon bald: Ka-Ching!

Mehr Glamour als die schnöde Standardgirocard verbreitet klar die **Kreditkarte**. Sie stammt ursprünglich aus den USA und ist dort auch stark verbreitet. Hierzulande besitzt jeder dritte Deutsche so eine Plastikkarte. Ganz grundlegend bekommt ihr mit der Kreditkarte Zugang zu einem kleinen Kredit (logisch, was?), jeden Monat einen bestimmten Betrag. Das Geld wird im Unterschied zur Girocard nicht sofort vom Konto abgebucht. sondern erst bei der regelmäßigen Abrechnung. Die erfolgt bei Visa und Co. in der Regel einmal im Monat. Bis dahin wird nur die Kreditkarte mit allen Einkäufen und Ausgaben belastet. Von eurem Konto wird der Betrag erst zum Stichtag der Abrechnung abgezogen. Das kann hilfreich, aber schnell auch eine kleine Falle sein. Denn mit der Kreditkarte zahlt ihr Geld, das ihr eventuell gar nicht habt. Gefährlich sind insbesondere sogenannte Revolving Credit Cards. Bei diesen müsst ihr eure Kredite nicht jeden Monat komplett ausgleichen, sondern könnt Teilzahlungen leisten. Auf die Restbeträge fallen allerdings übertrieben krasse Zinsen an, bis zu 20 Prozent! Da könnt ihr schnell dick ins Minus rutschen. Deshalb meine klare Empfehlung: Lasst es besser sein.

Wie hoch euer Kreditrahmen ist (wie viel Kredit ihr also pro Monat bekommt) und welche Kreditkarte ihr überhaupt erhalten könnt, ist dann vor allem von eurem Einkommen abhängig. Die superexklusive Centurion Card von American Express, mit der ihr euch problemlos eine Yacht in den Einkaufswagen legen könnt, wird wohl erst mal nicht drin sein. Für diese Karte werdet ihr «auserwählt», müsst bereits Kreditkartenkunde von American Express sein und mit eurer Karte mindestens 100 000 Euro im Jahr ausgeben. So viel habt ihr gerade nicht? Macht ja nichts, es gibt genug Karten für Otto Normalos wie uns. Bei Direktbanken wird die Kreditkarte auch dafür verwendet, dass ihr kostenlos Bargeld an fremden Automaten abheben könnt. Auch für das Abheben im Ausland und die Zahlung im Internet wird die Kreditkarte häufig genutzt.

Der berühmte **Dispo** ist ebenfalls eine Art Kredit, nur direkt von eurem Konto. Mit Dispo, eine Abkürzung für Dispositionskredit, könnt ihr auch ins Minus gehen. Bei einem Kontostand von Null ist also noch nicht Schluss – was in Notlagen ganz nützlich sein kann. Die Bank richtet euch dafür eine Art Kreditlinie auf dem Girokonto ein. Voraussetzung ist auch hier ein regelmäßiges Einkommen und eine gute Bonität – die Bank muss euch also für kreditwürdig halten. Dafür wird sie bei der Schufa nachfragen, einem Unternehmen, das sich merkt, ob ihr in der Vergangenheit schon mal Probleme hattet, eure Schulden zurückzuzahlen. Falls alles okay ist, könnt ihr den Dispo nutzen und so bis zu 100 oder 200 oder 500 Euro im Minus sein, ohne dass ihr das extra melden oder beantragen müsstet. Im Gegenzug kassiert die Bank dafür aber saftige Zinsen! Im Durchschnitt etwa 9–10 %, ihr müsst also kräftig draufzahlen. Wenn ihr sogar euren Dispo ausreizt und euer Konto überzieht, werden auch noch Überziehungszinsen fällig – die sind dann richtig heftig.

Im **Depot** liegt kein Geld, sondern Aktien oder Fondsanteile. Also Beteiligungen an Unternehmen, die ihr gekauft habt. Mehr dazu erzähle ich euch im Investierenkapitel.

Jetzt, wo wir das geklärt haben, gucken wir mal, welche Banken euch was anbieten. Konto, here we go.

Der Klassiker: Filialbanken

Ihr mögt es irgendwie, in eine Bankfiliale gehen zu können, wenn ihr Fragen oder ein Problem habt? Ihr wollt euch vor Ort persönlich beraten lassen, weil ihr keine Lust habt, euch selbst reinzufuchsen oder weil ihr manche dieser Banksachen einfach nicht checkt? Dann könnt ihr ein Konto bei einer Filialbank wie der Deutschen Bank, der Commerzbank oder der Sparkasse eröffnen, um ein paar der Großen zu nennen.

Aber egal, bei welcher Bank ihr landet: Ein Konto könnt ihr easy online eröffnen, wenn ihr schon 18 seid. Dazu gebt ihr alle Daten ein, danach könnt ihr euch im **Video-Ident-Verfahren** zum Clown machen, indem ihr euren Perso über, unter oder neben euren Kopf haltet und so beweist, dass ihr for real seid, also eure Identität verifiziert. Immerhin, das ist ziemlich bequem. Und die Leute am anderen Ende der Kamera machen das täglich so oft, dass ihnen gar nicht mehr auffällt, was für einen Quatsch ihr da mit eurem Perso anstellen müsst. Bei einigen Banken könnt ihr auch zur Post gehen und euch dort bestätigen lassen, dass ihr tatsächlich ihr selbst seid. Das nennt sich **Post-Ident-Verfahren**.

Wenn ihr dagegen jünger als 18 seid, kommt ihr leider, Fortschritt hin oder her, nicht am Filialbesuch mit euren Eltern vorbei. Ich damals leider auch nicht. Als 15-Jährige hätte ich es eigentlich super gefunden, mein Geld einfach cash auf die Hand zu kriegen. Aber mein Nebenjob so: Träum weiter, Hazel. Und ich so: Okaaay, geh ich halt in eine Sparkassenfiliale und mach ein Konto auf. Aber die Sparkasse so: no way, José. Und ich so: Whaaat? Des Rätsels Lösung: Um als 15-Jährige ein Konto bei der Sparkasse zu eröffnen, musste ich mit beiden Eltern kommen. Mit BEIDEN. Eine Vollmacht reichte nicht. Das Problem war nur, dass die Sparkasse nur bis 18 Uhr offen hatte, meine Eltern aber jeden Tag mindestens bis 19 Uhr arbeiteten. Also Überredungskünste angewandt, mit 17:30 Uhr den allerletzten Termin gebucht und mit meinen Eltern zur Filiale gefahren. Beide sahen aus, als würden sie mich zu meiner Heirat begleiten: Kleid, Anzug, die ganze Nummer. Ein historischer

Moment zwischen Topfpflanzen und ratternden Druckern. Mit dem Geruch nach Papier und Druckertinte saßen wir zu dritt vor dem Schreibtisch, meine Eltern verstanden nichts von dem, was vor sich ging, weil sie dafür nicht genug Deutsch sprachen. Und auch wenn sich die Frau uns gegenüber Mühe gab, das Ganze möglichst schnell abzuwickeln, ging das meinem Vater alles viel zu langsam, er wollte zurück zu seinem Laden. Überhaupt hat er nicht verstanden, was er alles unterschreiben musste und wieso überhaupt. Die Tinte auf den Blättern war noch nicht trocken, da waren wir schon wieder auf dem Rückweg. Aber ich hatte endlich mein Konto: yes!

Wenn ihr euch ein Konto aussucht, dann müsst ihr vor allem schauen, was ihr an Leistungen braucht. Die Banken bieten ganz verschiedene Kontomodelle an, meistens mindestens drei. Ein «**Junges Konto**», für Schüler, Azubis und Studenten, ein **Onlinekonto**, für Leute, die alles online erledigen und kaum in die Filiale gehen, und ein **Premiumkonto**, in dem alle klassischen Leistungen wie Belegüberweisungen und Filialleistungen und oft auch Kreditkarten inklusive sind. Manchmal gibt es natürlich auch noch mehr Modelle. Am besten checkt ihr die Produktpalette der verschiedenen Banken – Achtung, Sparkasse und Volksbank haben je nach Region unterschiedliche Angebote – und macht dann eine Aufstellung der wichtigsten Leistungen. Hier mal eine Beispieltabelle, die Konditionen ändern sich natürlich immer mal wieder:

	«Junges Konto»	Onlinekonto	Premiumkonto
Deutsche Bank	· keine Kontogebühr bis einschließlich 30 Jahre · Onlineüberweisung kostenlos · Belegüberweisung 1,50 €	· Kontogebühr 5,90 € · Onlineüberweisung kostenlos · Belegüberweisung 1,50 €	· Kontogebühr 11,90 € · bis zu zwei Kreditkarten inklusive · Online- und Belegüberweisungen kostenlos
Commerzbank	· keine Kontogebühr bis einschließlich 30 Jahre · Kreditkarte inklusive · Onlineüberweisung kostenlos · Belegüberweisung 1,50 €	· Kontogebühr 4,90 € · Onlineüberweisung kostenlos · Belegüberweisung 1,50 €	· Kontogebühr 12,90 € · bis zu zwei Kreditkarten inklusive · Online- und Belegüberweisungen kostenlos
Volksbank (Berlin)	· keine Kontogebühr bis einschließlich 30 Jahre · Kreditkarte inklusive · Onlineüberweisung kostenlos · Belegüberweisung 1,50 €	· Kontogebühr 9,90 € · günstiger für Mitglieder · Onlineüberweisung kostenlos · Belegüberweisung 1,50 €	· Kontogebühr 16,90 € · günstiger für Mitglieder · Kreditkarte inklusive · Online- und Belegüberweisungen kostenlos
Sparkasse (Berlin)	· keine Kontogebühr bis einschließlich 25 Jahre · Onlineüberweisung kostenlos · Belegüberweisung 1,50 €	· Kontogebühr 3,00 € · EC-Karte 8,50 € · Onlineüberweisung kostenlos · Belegüberweisung 2,00 €	· Kontogebühr 9,00 € · Online- und Belegüberweisungen kostenlos

Stand: Januar 2020

Okay, bevor ich jetzt weiterschreibe, gehe ich mich kurz schämen …

So, da bin ich wieder. Was mir so peinlich ist, fragt ihr euch? Bei meiner Recherche bin ich auch über die Konditionen des «Giro-Individual-Kontos» der Sparkasse gestolpert. Das eure

Wenigkeit hier, Hazel herself, bis jetzt hatte. Und ich dachte, ich seh nicht recht: Jede Transaktion kostet 30 Cent! Wer macht denn so was? Wer wäre so crazy, das Geld quasi direkt aus dem Fenster zu schmeißen? Ja genau ... ich natürlich. Jeder kleine Dauerauftrag, jede Lastschrift, jedes Abheben kostet mich 30 Cent! Die geringen Kontoführungsgebühren von 1,00 Euro sind da auch kein Vorteil mehr. Und nach einem kurzen Blick auf meinen Kontoauszug ist klar: Ich habe letzten Monat 11,20 Euro nur für Selbstverständlichkeiten ausgegeben. Genau deshalb sollte man immer das Gesamtpaket anschauen und alle Kosten berücksichtigen.

Jetzt fragt ihr euch natürlich: Wie konnte das passieren? Warum habe ich Sparfuchs diesen komischen Kontotarif? Die Antwort: Ich war zwar jung, aber plötzlich nicht mehr jung genug für die Sparkasse. Denn klar, ich hatte ursprünglich ein Junges Konto ohne Grundgebühren und konnte damit banken wie die Großen. Aber Achtung, das hat immer eine Altersgrenze und die Zeit vergeht immer schneller, als man denkt. Und die Banken überlegen sich regelmäßig, wie und wo sie noch etwas verdienen können. Jedenfalls war es so: Vor kurzer Zeit hatte ich eine Frage und habe direkt bei der Sparkasse angerufen, um mich zu erkundigen. Und das ein paar Tage vor meinem 25. Geburtstag. Und was ist passiert? Habe ich ein paar Tage später ein riesiges Sparkassen-Geburtstags-Überraschungs-paket bekommen mit roten Luftballons, Krone und Plastik-sparschwein? Die Sparkasse so: LOL. Nee, die Frau am anderen Ende der Leitung hat gesehen, dass ich 25 werde und damit mein Junge-Leute-Konto Geschichte ist. Und weil man heute ja selbst den größten Mist freundlich klingen lässt, hat sie mir gesagt: «Ich ändere das natürlich gleich für Sie.» Na, vielen Dank auch. Mein «Geschenk» waren also reguläre Kontogebühren. Jedenfalls hab ich daraus gelernt, dass man regelmäßig seine Konto-situation checken sollte und dabei immer auf die versteckten Kosten achten muss. Die schleichen sich nämlich schneller ein, als man denkt, wenn die Banken mal wieder ihre Kontomodelle ändern und ihr schwupps in einen neuen Tarif rutscht! Das kann auch dann passieren, wenn ihr andere Voraussetzungen als euer Alter für euer aktuelles Konto nicht mehr erfüllt – zum Beispiel die Immatrikulation an einer Hochschule.

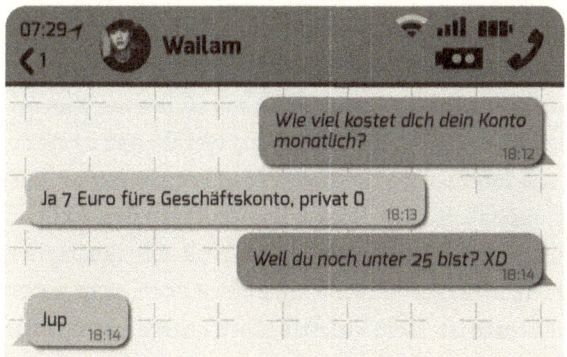

Die Günstigen: Direktbanken

Wenn ihr niemals nichts für euer Konto bezahlen wollt, müss-tet ihr bei den Filialbanken ewig jung bleiben. Also ... ich weiß nicht, wie euer Masterplan dazu aussieht – die Forscher sind jedenfalls noch am Tüfteln. Bis dahin ist es wahrscheinlich ein-facher, wenn ihr ein Konto bei einer Direktbank wie der DKB oder ING aufmacht. Hier sind die Kontogebühren bisher noch gleich null. Solche Banken haben zwar keine Filialen und nur wenige eigene Automaten. Auf diese seid ihr aber auch nicht angewiesen, denn mit euren Karten könnt ihr an allen Automaten kostenlos Geld abheben, auch an denen fremder Banken und im EU-Ausland. Einzige Einschränkung: Es gilt oft ein Mindestabhebungsbetrag, zurzeit meist 50 Euro. Wenn ihr also immer wieder nur Minibeträge abheben wollt, seid ihr bei einer Filialbank besser aufgehoben. Es sei denn, ihr seid bei der comdirect oder 1822direkt, die eigentlich zur Commerzbank bzw. Sparkasse gehören. Dort könnt ihr auch weniger Geld ziehen, aber eben nur an den Geldautomaten des jeweiligen Bankenverbundes. Die genauen Konditionen, ob ihr zum Beispiel eine echte Kreditkarte erhaltet oder wie hoch der Dispozins ist, vergleicht ihr am besten wieder selbst mit Hilfe einer Tabelle.

Ansonsten erledigt ihr bei den Direktbanken so ziemlich alles über das Internet. Die ING bietet auch Apple Pay an, die DKB sogar zusätzlich noch Google Pay. Ich bin zwar nicht so der Riesenfan davon, mit einem Doppelklick aufs Smartphone zu bezahlen, ich traue dem Braten einfach noch nicht ganz, dass das alles safe ist. Mein Verlobter Dirk dagegen macht sich gar keine Sorgen, er findet Apple Pay super. Insgesamt sind die Direktbanken nach meinem Eindruck sowieso ein bisschen fixer, wenn es um neue Technik und Gadgets geht. Wenn euch diese Sachen wichtig sind, seid ihr dort gut aufgehoben. Mit der Entscheidung für eine Direktbank seid ihr auf jeden Fall nicht allein: Laut dem Global-Retail-Banking-Report 2019 der Beratungsfirma Boston Consulting Group wurden 2018 ein Drittel aller neuen Kontos bei Digital- oder Direktbanken eröffnet.

Auch ganz neue Anbieter wie N26 oder Revolut gehören in die Kategorie Direktbank. Oder besser: «Smartphone-Bank». Ihr habt vielleicht schon mal von N26 gehört. Es handelt sich um ein FinTech-Start-up aus Deutschland, also um ein Unternehmen, das Finanztechnologie anbietet. Das gesamte Banking läuft hier über eine App. Alles soll möglichst einfach sein, alle Prozesse sind digital. Das soll auch ihr Marketing-Hashtag #nobullshit unterstreichen. Es gibt ein kostenloses Girokonto mit Debitkarte. Kostenloses Geldabheben ist fünfmal pro Monat am Automaten möglich, sonst unbegrenzt mit Handy und Strichcode an den Kassen von Partnerunternehmen wie REWE und dm. Eine stylishere Bankkarte und kostenloses Geldabheben im Ausland – weltweit – bekommt ihr für 9,90 im Monat, und für 16,90 gibt's eine Edelkarte aus Metall.

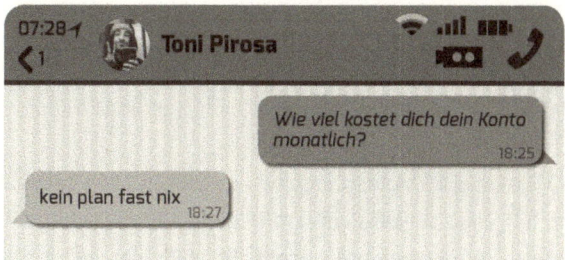

Ihr seht schon: Insgesamt geht's bei N26 viel um Style und coole Hipness. Wenn ihr drauf steht, cool – günstig ist es aber nicht unbedingt. Und ein paar Startschwierigkeiten gibt es bei den jungen FinTechs auch gelegentlich. Zum Beispiel, was den Kundenservice angeht: Neulich ging eine Story rum, dass ein N26-Kunde die Firmenzentrale belagerte. Er war megasauer, weil sein Konto grundlos von der Bank gesperrt worden war und sich niemand um sein Anliegen kümmerte und seine Mails nur standardisiert oder gar nicht beantwortet wurden. Da hat er sich wohl ein bisschen aufgeregt. Schließlich wurde er vom Sicherheitsdienst rausgeworfen. N26 gab aber zu, dass es Probleme beim Service gebe und gelobte Besserung. Banking bei einem Start-up kann also manchmal etwas holprig sein. Filialbanken sind womöglich etwas altbacken, dafür habt ihr aber immer jemanden vor Ort, mit dem ihr reden könnt. Bei den etablierten Direktbanken habt ihr standardmäßig zumindest telefonischen Service.

Nun habe ich schon eine Menge geschrieben, was es kostet und was ihr dafür kriegt. Preis-Leistung, ganz einfach. Aber es gibt natürlich auch andere Gründe, sich für oder gegen eine Bank zu entscheiden. Nämlich, wenn euch die Umwelt oder eine friedliche Welt wichtig sind.

Die Guten: nachhaltige Banken

Viele Missstände leuchten einem ja direkt ein, weil man sie vor Augen hat. Dass zu viel Plastikmüll nicht so toll ist, ist nicht zu übersehen. Als Konsequenz greift ihr vielleicht mehr zu Glasflaschen oder kauft Obst und Gemüse ohne Tüte. Bei der Ernährung ist es ähnlich: Wer beobachtet hat, dass Kühe, Schweine und Hühner bei der Aufzucht leiden, der isst vielleicht bio, vegetarisch oder lebt gleich vegan. Andere Dinge sind dagegen viel schwerer zu sehen. Mir ist neulich bei einer Doku erst bewusst geworden, was bei den Banken abgeht. Viele investieren zum Beispiel in die Rüstungsindustrie und interessieren sich meist nicht dafür, ob ihr Geld an Regimes oder Gruppen geht, die systematisch die Menschenrechte verletzen. Was in der Doku auch zu sehen war: Der Bauer, der auf ökologische Landwirtschaft umstellen will, kriegt bei den «normalen» Banken keinen Kredit – weil viel zu viel Risiko.

Deshalb kann es einen Unterschied machen, welche Bank ihr auswählt. Denn am Ende bewegt Geld alles. Jeder kann seinen kleinen Teil dazu beitragen, dass die Geldströme der Welt in die richtige Richtung fließen. Banken wie die GLS Bank, die Ethik-Bank oder die UmweltBank haben sich nämlich verpflichtet, nur faire und nachhaltige Dinge zu finanzieren und fiesen Playern den Geldhahn zuzudrehen. Waffenhändler, Kohle- oder Atomkraftwerkbetreiber und Umweltsünder sind so komplett raus. Stattdessen wird in neue saubere Energie investiert, in ökologische Landwirtschaft oder nachhaltiges Bauen.

Die Preise bei den Alternativbanken liegen oft höher – Fairness kostet eben. Bei der EthikBank liegen die Kontogebühren zwar im Bereich der Filialbanken, und auch dort gibt es Angebote für junge Menschen bis 24, für die Ausgabe von Giro- und Kreditkarten und auch für mTANs müsst ihr aber noch was drauflegen. Die UmweltBank wiederum hat nur ein Tagesgeldkonto im Angebot, es gibt kein Girokonto. Ihr könnt euer Geld hier außerdem in «grünen» Sparbriefen verzinsen oder in Umweltaktien oder -fonds investieren.

Die GLS Bank ist besonders: Sie ist eine **Genossenschaftsbank**. So wie die Volks- und Raiffeisenbanken übrigens auch. Genossenschaftsbanken funktionieren etwas anders als klassische Banken, ihr könnt nämlich Mitglied werden. Dafür kauft ihr einen Anteil an der Bank und seid dann «Genosse». Das klingt ein bisschen nach DDR, meint aber einfach, dass ihr mit den anderen Genossenschaftsmitgliedern zusammen «die Bank seid». Was ihr davon habt, Genosse zu sein? Ihr kriegt einen Teil vom Gewinn der Bank ab, die Dividende. Und ihr könnt Vertreter wählen, die die Chefetage überwachen. Dazu bekommt ihr als Genossenschaftsmitglied bessere Konditionen bei den Preisen für die Kontoführung. Aber ihr könnt auch Kunde sein ohne eine Mitgliedschaft. Das wird bei euch wahrscheinlich der Fall sein, denn die Anteile, in die ihr für eine Mitgliedschaft investieren müsst, kosten. Derzeit braucht ihr fünf Anteile à 100 Euro. Zwar könnt ihr sie später wieder verkaufen, aber die Investition müsst ihr erst mal stemmen.

Für junge Leute gibt es bei der GLS ein kostenloses Konto bis 17 Jahre und ein sehr günstiges Konto bis 28 Jahre. Danach zahlt ihr den sogenannten GLS-Beitrag von 5 Euro im Monat, die Kontoführung kostet 3,80 Euro. Als Nichtmitglied müsst ihr dazu Girokarte und Kreditkarte extra bezahlen. Ihr seht schon, es kommt ein bisschen was zusammen. Aber es ist auf jeden Fall für eine gute Sache, finde ich. Sparen kann man auch an anderer Stelle, dazu später mehr.

Ich überlege schon eine Weile, die Bank zu wechseln. Vor allem, weil ich will, dass mit meinem Geld coole Dinge gemacht werden. Und das Wechseln ist jetzt gar nicht mehr so schwer. Schon seit September 2016 gibt es ein Gesetz, das die Banken verpflichtet, euch beim Wechseln zu helfen. Die alte Bank muss dann der neuen alle bisherigen Daueraufträge und Lastschrift-verfahren übermitteln und allen betroffenen Unternehmen und Personen Bescheid geben, dass ihr jetzt ein neues Konto habt. Natürlich könnt ihr das auch alles selbst machen. Wenn ihr nichts unternehmt, wird es aber unschön, denn dann kann es eine Rückbuchung geben, und die kostet Gebühren. Aber dank des Gesetzes ist der Wechsel nun einfacher. Und glaubt mir, der lohnt sich oft. Dafür, dass ihr eurer Bank ein Leben lang treu bleibt, bekommt ihr leider keinen Preis. Sondern zahlt ihn eher. Deswegen, egal, ob ihr einfach Kohle sparen wollt oder darüber hinaus denkt: Macht euch schlau.

Wie ihr einen coolen Nebenjob findet

So, Bank ausgewählt, Konto eröffnet, check, das hätten wir. Zum Glück. Denn ich geb's zu, wie ihr euer Banking gestaltet, ist zwar wichtig, aber das Ganze ist nicht unbedingt ein Herzensthema. Eher etwas, das man abhaken will. Da sieht es beim Job schon ganz anders aus. Wer hat nicht schon mal davon geträumt, einfach zu seinem Lieblingsunternehmen zu gehen, sich an die Rezeption zu stellen und dort direkt in seinen Dream-Job zu starten? So «Hallo hier bin ich»-, «Ja, unterschreib ich»-, «Herr Meier, das muss heute noch fertig werden»-mäßig?

Meistens ist es natürlich viel schwieriger, genau den Job zu finden, den man will, und dafür bezahlt zu werden. Und es braucht Zeit. Bevor ihr im Berufsleben eure große Liebe findet, probiert ihr erst mal das ein oder andere aus. Ist ja auch klar: Ihr habt meistens noch keinen Plan, was ihr wollt und was euch gefällt. Und so werdet ihr euch wahrscheinlich gleich mehrmals hintereinander von eurem Job «trennen» und einen neuen «Partner» suchen. Bei mir kam die Idee mit YouTube auch erst viel später, davor wollte ich immer Steuerberaterin werden. Aber die Story erzähle ich euch gleich noch. Fangen wir da an,

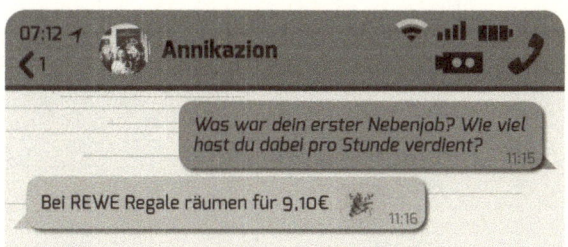

wo es mit dem Arbeiten wirklich losgeht: wenn man eigentlich noch voll jung ist.

Die meisten von uns arbeiten zum ersten Mal, während wir noch zur Schule gehen. Morgens Mathe büffeln und nachmittags Kaffee verkaufen. In amerikanischen Filmen sieht man die Jugendlichen immer beim Rasenmähen oder wie sie Zeitungen auf Häuser schmeißen, Mädchen jobben als Babysitterin oder Bedienung im Burgerladen. In den Großstädten Vietnams ist das auch nicht so viel anders. Dort arbeitet man am Anfang hauptsächlich im Verkauf und im Service, viele Bedienungen in Cafés und Restaurants gehen noch zur Schule. In den landwirtschaftlich geprägten Dörfern spielen Nebenjobs noch keine krasse Rolle, sondern man arbeitet auf dem Feld.

In Deutschland als Industrieland läuft es dagegen ähnlich wie in den USA. Im Supermarkt räumt ihr als Schüler und Student Regale ein oder kassiert, in Cafés sorgt ihr für volle Teller und Bäuche. Ihr arbeitet für ein paar Tage auf Messen und in den Ferien auch mal in Industriebetrieben. Bei all diesen Stellen gilt: Sie bringen nicht unbedingt die Action und Spannung wie der neueste Marvel-Film, aber sie bringen Cash. Und sie helfen einem zu verstehen, was Geld eigentlich wert ist. Drei Stunden Schrauben zählen, macht ein Oberteil – oder auch zwei Kinokarten.

Egal, ob ihr die Kohle braucht, um euer Studium zu finanzieren, oder eure Eltern endlich mal sehen wollen, wie ihr euch abrackert und die nächste Shoppingtour so selbst bezahlen könnt – erst mal müsst ihr einen Job finden. Gerade bei einem Nebenjob sind die Hürden zum Glück meistens noch nicht so hoch. So könnt ihr einfach mal schauen, ob euch die Arbeit Spaß macht oder ob ihr noch mal wechselt. Oder ihr arbeitet jeden Monat in einem anderen Job. Außerdem müsst ihr für diese Arbeiten noch keine Experten sein. Meistens zählen die Soft Skills. Seid ihr zuverlässig, motiviert und wollt was lernen? Dann legt los!

Wenn ihr noch so gar keinen Plan habt, ist das nicht so schlimm. Im Prinzip geht es vor allem darum, was zu finden, und dann einfach loszulegen. Wenn es passt: super. Wenn nicht: next! Vielleicht kann euch jemand aus der Familie bei der Jobsuche helfen. Häufig kennen Eltern oder Verwandte ein Unternehmen, das einen Job parat hat. Eure Freunde oder Freunde von Freunden natürlich auch, logisch. Ansonsten hilft, direkt an der Quelle fragen: Ihr könnt Supermärkte abklappern, die suchen häufig Kassierer für die Abendstunden oder Aushilfen, um Regale einzuräumen. Oder ihr fragt in Cafés nach oder in Klamottenläden. Natürlich passen die Arbeitszeiten nicht immer zu Schule oder Studium. Und wenn ihr noch nicht 18 seid, gibt es auch einige Vorgaben, die ihr beachten müsst. Dazu schreibe ich am Ende dieses Kapitels noch mehr.

Eine andere Möglichkeit, an einen Job zu kommen, sind Aushänge am Schwarzen Brett. Solche Zettelsammlungen findet ihr an jeder Uni und oft auch in Supermärkten. Da kriegt ihr ziemlich schnell einen Überblick, was für Leute gesucht werden. Leider sind dort nicht immer alle Angebote total seriös. Bei Anzeigen wie «5000 Euro von zu Hause aus verdienen» solltet ihr stutzig werden und von 0900- oder 0190-Nummern auf jeden Fall die Finger lassen, da zahlt ihr kräftig Gebühren. Im Zweifelsfall immer am besten vorher noch mal mit einer Vertrauensperson darüber sprechen, egal, wie gut eine Sache klingt (oder gerade dann). Wenn ihr lieber von zu Hause aus suchen wollt – im Internet gibt es jede Menge Vermittlungsseiten dafür. Die lassen sich von den Unternehmen bezahlen, die Aushilfen suchen, ihr werdet ziemlich schnell fündig.

Dirk übrigens hat damals direkt bei einem Restaurant angefragt. Und hat dann drei Jahre als Sushi-Auslieferer gejobbt ... wooah, Moment, echt jetzt, Sushi? Jetzt geht der Klischeealarm aber los! Aber wie er selber sagt, das finden die Leute authentischer, wenn dir ein Asiate dein Sushi bringt. Und der Sushifahrerjob war auch tatsächlich genau das, was er machen wollte. Also ist er, kaum dass er den Führerschein in der Tasche hatte, direkt zu dem Restaurant gegangen – und sie haben ihn eingestellt! Rollerfahren und dabei Geld verdienen, übertrieben gut. Im Sommer jedenfalls, nicht im Winter. Da war das Ausfahren bei Eis und Kälte die Hölle. Aber sonst: echt relaxt. Mit festem Stundenlohn, ziemlich nicen Trinkgeldern und gratis Sushi. Und als Student waren die Doppelschichten tagsüber an den Wochenenden kein Problem. Wenn wenig los war, hat Dirk sein Geld so quasi beim locker Rumcruisen verdient. Und daneben jede Menge Leute kennengelernt, denn ihr wisst schon: Lieferfahrer sind immer auch irgendwie Teil einer Rollergang. Und dann machten die «Sushis» die Stadt unsicher.

Dirk hat aber auch für die ganz Großen gearbeitet. Starbucks: vom Job her gut, aber viel Druck und viel Hektik. Barista: yay! Aufräumen, Müll wegbringen: nay. Und weil der arme

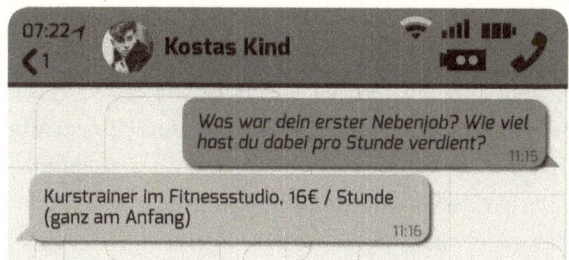

07:22 ‹1 · Kostas Kind

> Was war dein erster Nebenjob? Wie viel hast du dabei pro Stunde verdient?
> 11:15

Kurstrainer im Fitnessstudio, 16€ / Stunde (ganz am Anfang)
11:16

Dirk 80 Prozent seiner Zeit mit Putzen verbrachte, hat er den Job dann auch schnell wieder gekickt. Auch bei Primark hat er es nicht lange ausgehalten. Denn er hatte den krass undankbaren Job, die Sachen zusammenzufalten und aufzuheben, die die Leute beim Anprobieren über den Laden verstreuen. Im Primark in Steglitz ging es noch, aber der Primark am Alex war der absolute Overkill. Total eng, total voll, total crazy. Dirk hat dann noch am selben Tag kapituliert und ist einfach abgehauen. Das Geld hat er trotzdem bekommen, denn in dem ganzen Wahnsinn hat keiner bemerkt, dass er gar nicht da war. Total strange!

Bei vielen der klassischen Studentenjobs hat man viel Kontakt mit den verschiedensten Menschen, egal ob sie nett oder einfach nur richtig scheiße sind, das kann eine große Herausforderung sein. Aber man lernt auch, mit diesen Leuten umzugehen, was einem später im Berufsleben garantiert weiterhilft. Dass er gut mit Menschen umgehen kann, darauf ist Dirk auf jeden Fall stolz. Aber halt, ich habe auch mit Menschen gearbeitet – nur total anders.

Okay, mein Nebenjob war jetzt nicht gerade typisch. Denn ich habe als Schülerin begonnen, in einem Steuerbüro zu arbeiten. Den hat mir mit 14 ganz old school mein Vater vermittelt. Weil er wollte, dass etwas aus mir wird, hat er seinen Steuerberater angehauen, ob der nicht vielleicht eine Aushilfe braucht. Und was soll ich sagen, er brauchte.

Aber wir sind trotzdem den offiziellen Weg gegangen, mit schriftlicher Bewerbung, Vorstellungsgespräch und allem Pipapo. Mein Vater war dabei, und ich musste nur besonders meine Eins in Mathematik betonen. Und schon saß ich eine Woche später im Büro und habe angefangen, Belege zu buchen. Ich fand's voll gut, ohne Scheiß. Das war genau mein Ding. Meistens hatte ich im Monat etwa fünf Mandanten zu betreuen. Mandanten, das sind die Leute oder Unternehmen, deren Steuererklärungen oder Steuermeldungen ich bearbeiten sollte. Das Schöne war, dass ich am Ende ein klares Resultat hatte, das ich den Leuten übermitteln konnte. Ich finde es nämlich super, die Ergebnisse meiner Arbeit direkt zu sehen. Das liebe ich auch an meiner Arbeit auf YouTube: Ich kriege sofort Feedback auf meine Videos. Aber zurück zum Steuerbüro: Die Kommunikation mit unseren Mandanten lief meistens schriftlich ab, denn mit dem Telefonieren habe ich es bis heute nicht so. Ich habe auch nie gern im Finanzamt angerufen, am ehesten noch, wenn die Beamten dort einen Fehler gemacht hatten. Oh ja, ob ihr's glaubt oder nicht, auch dem Finanzamt unterlaufen Fehler, genau wie allen anderen auch. Und es macht natürlich ein bisschen Spaß, ihnen dafür auf die Finger zu hauen. Ansonsten hatte ich ziemlich schnell raus, wie es mit den Mandanten lief. Es gab immer die Superpünktlichen, mit deren Steuererklärungen ich als Erstes anfangen konnte. Und irgendwann kamen auch die Schluderer um die Ecke, die alles auf den letzten Drücker oder viel zu spät rüberschickten. Wie im echten Leben eben!

Apropos Leben: Auch ein Büro ist eine eigene kleine Welt, in der ihr krass viel über andere Menschen lernt. Ihr seht eure Kollegen zeitweise öfter als euren Partner, ihr arbeitet auf engstem Raum zusammen, und wenn mal wieder Utes Lieblingstasse verschwunden ist, trainiert ihr in langen Diskussionen eure Geduld und euer Einfühlungsvermögen … Um zum Menschenkenner zu werden, müsst ihr also nicht unbedingt Sushifahrer werden. Am Ende habe ich neun Jahre dort gearbeitet, entwickelte mich von der Schülerhilfe zur Steuerassistentin und hatte eine wirklich gute Zeit.

Nachdem ich meinen BWL-Abschluss in der Tasche hatte, war mir der Job allerdings nicht genug. Das Problem war, dass sich das Büro vor allem auf kleinere Mandate konzentrierte. Ich wollte aber neue Erfahrungen sammeln und auch für große Kunden arbeiten. Der ganze Kram, den ich im Studium gelernt hatte, sollte nicht ungenutzt in irgendeiner Schublade in meinem Gehirn verstauben. Aber bei den kleineren Fällen gab es kaum eine Möglichkeit, dieses Wissen in die Praxis umzusetzen. Dabei sah die Steuerberaterin schon ihre Nachfolgerin in mir. Das war zwar sehr schmeichelhaft, ich habe mich echt darüber gefreut. Aber es hat auch zusätzlich Druck aufgebaut. Meine Eltern waren sowieso schon voll stolz darauf, dass ich was Solides gemacht habe, eine gute Stelle mit gutem Gehalt, in ihren Augen also alles, was man so braucht und will. Wenn ich recht drüber nachgedacht habe, war es das aber eben nicht.

Ich habe es mir also nicht leicht gemacht, aber dann trotzdem schweren Herzens gekündigt und mich bei anderen Steuerberatern beworben. Meine erste Bewerbung ohne Eltern. Mit 23! Mein zweiter Job überhaupt. Ihr lacht vielleicht, aber ich fand das alles so aufregend und war mega nervös. Ich musste mir sogar extra neue Klamotten kaufen, weil ich vorher ziemlich unaufregend gekleidet zu meinem Job ging. Aber nun bewarb ich mich in Berlin-Mitte, und da herrschte ein ganz anderer Dresscode. Aber weil die Businesskleidung so ungewohnt war und ich mich so gar nicht wohlfühlte, habe ich dann so eine halbe Bluse gekauft, die etwas lockerer geschnitten war. Außerdem hatte ich unglaublich viel Angst, etwas falsch zu machen, weil die Professoren im Studium uns immer wieder eingetrichtert hatten, dass die Vorstellungsgespräche ein fachlicher Höllenritt sein würden. «Die werden Sie auch nach Ihrem Lieblingsgesetz fragen.» Das müsst ihr euch mal vorstellen, Lieblingsgesetz, echt jetzt? Ich habe mir das Umsatzsteuergesetz ausgesucht. Nicht, weil ich davon wirklich ein totales Fangirl war, sondern weil das als Letztes im sechsten Semester des Bachelors drangekommen war und ich das Ganze noch auf dem Kasten hatte.

Am Ende saß ich in meiner neuen nicht-so-wirklich-businessmäßigen Bluse vor zwei Steuerberatern, den Chefs, die mich tatsächlich nach fachlichen Sachen gefragt haben. Wie es sich verhält, wenn mein EU-Lager nicht in dem Land liegt, in dem ich meinen Firmensitz habe. Äh ja. Ich weiß nur noch, dass meine Antwort richtig war. Nur nach meinem Lieblingsgesetz haben sie mich nicht gefragt … schade. Alles in allem lief mein erstes richtiges Vorstellungsgespräch ganz gut.

Ich habe mich dann auch noch bei anderen Firmen vorgestellt, und es hat zum Glück gar nicht so lang gedauert, bis ich in einem größeren Büro anfangen konnte. Dass es dann am Ende nicht wieder neun, sondern «nur» eineinhalb Jahre wurden, hat mit YouTube und euch, meinen tollen Zuschauern, zu tun. Die Videos für meinen Kanal habe ich zunächst neben meiner Arbeit gedreht. Es ging mir natürlich am Anfang gar nicht darum, daraus meinen Hauptjob zu machen. Nein, ich wollte einfach Spaß haben, Sachen ausprobieren und mich ausleben! Mit der Zeit habe ich aber einen gewissen Ehrgeiz entwickelt. Denn wenn ich die Dinge schon mache, will ich sie gut machen, so bin ich einfach drauf. Irgendwann bin ich dann um 7 Uhr aufgestanden, zur Arbeit gefahren, kam um 18 Uhr nach Hause, dann gab es etwas zu essen und dann ging es eigentlich erst los mit YouTube. Ideen für Videos sammeln, besprechen, was und wie wir drehen. Fast immer tüftelten ich und Dirk bis weit nach Mitternacht an diesen Dingen.

Ihr könnt euch vielleicht vorstellen, wie anstrengend das war. Und dann passierte, was bei so einem Arbeitspensum unvermeidbar ist: Mein Körper machte nicht mehr richtig mit, ich hatte wahnsinnige Magenschmerzen. Ich hab das als Warnung verstanden und ziemlich schnell kapiert, dass es so nicht weitergeht. Zuerst habe ich meine Arbeitsstunden im Steuerbüro reduziert, aber das reichte auf Dauer nicht. Ich brauchte noch mehr Zeit, und ich wollte mich auch nicht mehr zwischen verschiedenen Dingen aufteilen. Immer wieder habe ich gehört, dass ich bei YouTube eine Chance habe mit meinem Content, und als ich in einer Woche 45 000 neue Abonnenten bekommen hatte, wurde mir klar, dass das Ganze funktioniert.

Irgendwann habe ich dann beschlossen, dass ich es wirklich auf diesem Weg versuchen will. Aber ich hatte Angst. Angst vor unsicherem Einkommen. Doch als wenn das Schicksal es gut mit mir meinte, bekam ich ein unschlagbares Angebot. Ich habe also meine Stelle gekündigt – arrivederci Steuerberatung – und bin hauptberufliche YouTuberin geworden, Redakteurin und Moderatorin in einem. Nicht nur bei meinem eigenen Kanal, sondern auch beim Kanal «Pocket Money», der für das «Funk»-Netzwerk produziert wird. Ich habe es also geschafft, mein You-Tube-Dasein mit meinem Fachwissen aus dem BWL-Studium zu kombinieren, denn auf dem «Pocket Money»-Kanal beschäftige ich mich mit Geld, Geld verdienen und Geld ausgeben. Und auch mit den lieben Steuern. So wie in diesem Buch.

Mein typischer «Funk»-Tag sieht inzwischen so aus, dass ich gegen 10 Uhr ins Büro komme und dann dort bis 18:30 Uhr bleibe. Das schreibt mir übrigens niemand vor, aber da ich meine sonstigen Tage, an denen ich mich um meinen eigenen Kanal kümmere, sehr wenig durchplane, freue ich mich über ein bisschen Struktur. Im Büro entwickle ich die Ideen für meine «Pocket Money»-Videos. Wenn ich eine konkrete Idee habe, schreibe ich einen Pitch. Darin stelle ich meinen Plan kurz vor und beschreibe, was im Video vorkommen soll. Wenn alles passt, schreibe ich ein Script, wie das Video genau ablaufen soll. Dabei arbeite ich mit einem Redakteurkollegen zusammen. Nach dem nächsten Check erfolgt dann die Aufnahme und Produktion des Videos. Hier gibt es einen Produktionsleiter und einen ganz besonderen Mann, der für Kamera und Ton verantwortlich ist: meinen Verlobten Dirk! Super schön, dass wir auch bei diesem Projekt zusammenarbeiten können. Und überhaupt: Ich genieße es sehr, jetzt mehr direkt mit Menschen zusammenzuarbeiten. Im Nachhinein habe ich vielleicht doch etwas viel Zeit allein mit meinen Belegen verbracht ...

Als YouTuberin arbeite ich selbständig – auf dieses Thema gehe ich später noch etwas mehr ein. Ich verdiene sowohl Geld mit meinen «Funk»-Videos als auch mit den Werbeeinnahmen aus meinem eigenen Kanal. Hätte ich nur einen Auftraggeber, wäre das ziemlich schwierig, aber so klappt alles ziemlich gut.

Influencer als Nebenjob?

Jetzt denkt ihr euch vielleicht: YouTuber, wäre das nicht auch ein schöner Nebenjob? Leider muss ich euch da etwas enttäuschen. Wie ihr seht, habe ich selbst gemerkt, dass man diesen Job nur schwer so nebenbei erledigen kann. Ihr müsst ja nicht nur Videos drehen. Ihr müsst euch auch Gedanken darüber machen, was in eurem Video passieren soll und um welches Thema es euch geht. Natürlich sieht es fast immer so aus, als würden wir uns vor die Kamera setzen und einfach loslabern. Manchmal ist das auch so. Aber in den meisten Fällen stecken viel Zeit und viel Vorbereitung dahinter.

Außerdem schüttet auch bei YouTube niemand einfach so Töpfe voll Geld über euch aus. Denn wisst ihr, wer uns YouTuber bezahlt? Die Unternehmen, die Werbung schalten. Und manche Unternehmen haben eine größere Zielgruppe als andere. Das ist der Grund, warum einige Kategorien bei YouTube besser bezahlt werden als andere. So kann es sein, dass bestimmte Beauty-Bloggerinnen mehr Geld pro 1000 Views bekommen als die Betreiber von eher nerdigen Technikkanälen. Die «Cost per Mille» oder kurz **CPM**, also die Summe, die Unternehmen pro 1000 Views für ihre Werbevideos an YouTube zahlen müssen, sind leider überhaupt nicht festgelegt. Sondern hängen von Inhalt, Zielgruppe, Land und noch anderen Faktoren ab. Dazu bekommt ihr die CPMs der Unternehmen nicht einfach so vollständig ausbezahlt. Vorher möchte nämlich noch YouTube seinen Anteil, schließlich bieten sie euch die Plattform für eure Videos.

Auf jeden Fall bedeutet das alles, dass euer Einkommen stark schwanken kann und ihr euch nicht darauf verlassen könnt, am Ende des Monats eine bestimmte Summe auf dem Konto zu finden. In einem Monat verdient ihr auf diese Weise 50 Dollar für eine bestimmte Zahl von Aufrufen, im nächsten nur 5. Leider lässt YouTube uns Produzenten im Unklaren darüber, welche Videos sich in Sachen **Werbetauglichkeit** eignen. Die Richtlinien wurden sogar noch mal verschärft, nachdem einige Unternehmen sich beschwert hatten, dass ihre Werbeclips vor anstößigen Videos liefen. Was dabei allerdings als «anstößig» definiert wird, liegt im Auge des Betrachters oder, besser gesagt, des Algorithmus. YouTube weist bestimmte Themen als werbeuntauglich aus und filtert per künstlicher Intelligenz Videos heraus, die diese Themen zum Inhalt haben. Zum Beispiel Tod, psychische Krankheiten oder sexuelle Themen. Bei diesen Videos wird tendenziell keine Werbung mehr gezeigt, die Betreiber verdienen mit ihnen kaum noch Geld. Über diesen Filtermechanismus wird kontrovers diskutiert. Denn klar, schlimme Videos gibt es, zum Beispiel mit gewalttätigen Inhalten. Trotzdem kann man über viele «schwierige» Themen ja auch auch seriös und informativ reden. Sollten die Betreiber dafür bestraft werden? Ich würde sagen, nein.

Trotzdem kann YouTube natürlich funktionieren, wenn ihr euer Thema, euer Publikum gefunden habt. Über Affiliate Marketing, bei dem ihr bestimmte Produkte von Unternehmen in euren Content einbindet, oder über Sponsorship, bei dem ihr euch gleich euren ganzen Kanal von einer Firma sponsern lasst, könnt ihr weitere Einnahmequellen erschließen. Oder ihr habt Glück und ein Medienanbieter wie «Funk» baut einen Kanal mit euch auf inklusive eigener Redaktion.

Ihr dürft nur nicht vergessen, dass Stars nicht einfach geboren werden. Sie müssen sich ihren Status hart erarbeiten. Bevor ich nennenswerten Erfolg mit meinen Videos hatte, und damit meine ich, dass ich etwas mit ihnen verdienen konnte, habe ich drei Jahre Videos produziert und hochgeladen, ohne dafür einen Penny zu sehen. Also nehmt Videos auf, ladet sie hoch, und **baut eure Community auf**. Aber erwartet nicht, dass ihr in den ersten Jahren genug verdienen werdet, um euch so euer Leben zu finanzieren.

Nicht umsonst haben fast alle meiner Freunde und Kollegen auf YouTube außer ihren privaten Kanälen noch einen weiteren Job, bei dem sie als Moderator arbeiten, zum Beispiel auf den YouTube-Branded-Kanälen. Dort wird man direkt von den Unternehmen bezahlt, die den Kanal als ihre Marketingplattform betreiben. Wir alle sind froh, so die Möglichkeit zu haben, ein regelmäßiges Einkommen zu erwirtschaften, ohne den Umweg über geschaltete Werbung.

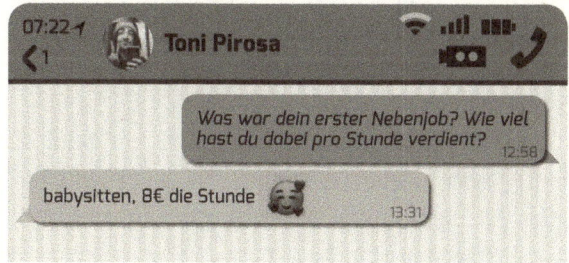

Microjobs – lohnt sich das?

Gut, vielleicht habe ich euch jetzt YouTube etwas madig gemacht. Sooorry. Aber auch wenn es damit erst mal nix wird, gibt es heute im digitalen Zeitalter genügend andere spannende Jobs. Wenn ihr euch noch nicht komplett selbst finanzieren müsst, kommen beispielsweise die sogenannten Microjobs in Frage. Ein paar dieser Microjobs, das Rolleraufladen und die Clickworking-Apps, habe ich in einem «Funk»-Video getestet, hier kriegt ihr den Überblick.

Abgefahren – Juicer, Ranger, Hunter

Nein, als Juicer müsst ihr nicht zwanzig Kilo Orangen auspressen, um an der Ecke leckere Limo zu verkaufen. Juice kommt von Strom, dem Saft aus der Steckdose. Als Juicer habt ihr die Aufgabe, abends E-Roller einzusammeln, deren Akku leer ist, und diese wieder aufzuladen. Sonst kann ja keiner damit fahren, logisch, oder? Juicer ist übrigens letztlich nur ein trendiges Kunstwort der Firma Lime, andere Anbieter nennen ihre Auflader «Ranger» oder «Hunter». Eure Aufgabe ist jedenfalls, die Roller nach Hause bringen und dort an die Steckdose anzuschließen. Ihr könnt allerdings maximal zehn Roller gleichzeitig aufladen und bekommt 4 Euro pro Aufladung, später können es dann auch mehr Roller werden, die ihr gleichzeitig laden dürft. Davon ab gehen die Stromkosten. Und ihr seid in jedem Fall eine Weile unterwegs.

Je nach Anbieter werdet ihr entweder auf Minijobbasis beschäftigt oder arbeitet selbständig. Nachrechnen lohnt sich auf jeden Fall: Selbst wenn es richtig gut läuft, kommt ihr bei fünf Arbeitstagen pro Woche auf maximal 800 Euro im Monat, wenn ihr zehn Roller ladet. Wenn ihr richtig fix seid und nur drei Stunden braucht, um alle Roller einzusammeln und nach dem Aufladen wieder zu verteilen, macht das 17 Euro pro Stunde, davon müsst ihr aber noch die Stromkosten abziehen. Außerdem braucht ihr noch eine Transportmöglichkeit für die Roller, also einen Transporter (oh ja, Führerschein!) oder wenigstens ein Lastenrad, was auch nicht gerade billig ist. Und dann ist da noch der Zeitdruck.

Meine Meinung: geht so. Ihr seid viel unterwegs, und das Geld stimmt nur, wenn alles immer perfekt läuft. Den Zeitaufwand dürft ihr auch nicht unterschätzen. Denn ihr verdient nur, wenn ihr permanent Roller bewegt.

Lauf, Hazel, lauf: Fotos und Produktbeschreibungen erstellen

Ihr habt zu allem eine Meinung und kennt euch ganz gut aus in eurer Gegend? Dann ist die Arbeit mit den Apps von Microjob-Anbietern vielleicht etwas für euch. Unternehmen wie Roamler, Streetspotr oder Appjobber wollen Auftraggeber und die Crowd zusammenbringen. Wie genau das aussieht? Ihr erhaltet eure Aufträge direkt in der App, und dann ab dafür. Ihr müsst zum Beispiel in eine bestimmte Apotheke gehen, euch dort beraten lassen zu einem bestimmten Thema und dann diese Beratung bewerten. In meinem Fall war es tatsächlich eine Blasenentzündung. Äh ... ja ... genau. Aber es hat geklappt, auch wenn ich es etwas awkward fand. Bei anderen Aufträgen sollt ihr bestimmte Produkte in einem Supermarkt oder in einer Tankstelle fotografieren, damit der Auftraggeber die Positionierung überprüfen kann. Oder ihr kauft ein als Mystery-Shopper und bewertet hinterher, ob an der Kasse alles gut lief. Apropos laufen: Bei diesem Job seid ihr definitiv viel unterwegs, weil die Spots oft ein Stück auseinanderliegen. Ich bin bei meinem Test etliche Kilometer gelaufen. Fahrrad, Bus oder U-Bahn braucht ihr sicher. Meistens gibt es zwischen 2 und 10 Euro pro Job, wenn ihr das Ganze eine Weile macht, solltet ihr auch an besser bezahlte Jobs kommen können.

In der Praxis ist das ganze Prozedere aber gar nicht so einfach, weil alles, was ihr tut, erst geprüft wird. Nicht immer kriegt ihr am Ende auch wirklich das Geld. Bei mir fehlten Produkte im Sortiment, ich konnte sie nicht fotografieren und deshalb war der ganze Auftrag futsch. Und gerade in Großstädten gibt es ein weiteres Problem: Sobald es zu viele Nutzer werden, gibt es nicht mehr genug Aufträge. Dann jagen alle den Spots hinterher und ärgern sich darüber, wenn sie kein Geld verdienen.

Ausprobieren könnt ihr es in jedem Fall, vielleicht gibt es ja auch regelmäßig Aufträge in eurer Lieblingsdrogerie oder im Supermarkt um die Ecke.

Clickworking: Plattformen mit Aufträgen und Umfragen

Unbestritten ist, dass wir im Zeitalter der Plattformen leben. Wir haben Freunde bei Plattformen, wir kaufen und verkaufen über Plattformen – und wir können natürlich auch für welche arbeiten. Auf Portalen wie Clickworker oder CrowdGuru gibt es ganz unterschiedliche Jobs: Manchmal geht es darum, kurze Texte zu schreiben oder nur zu korrigieren, andere Auftraggeber brauchen eine Recherche: Dann sucht ihr Telefonnummern oder Adressen raus und schreibt sie ab. Klingt erst mal easy, und das ist es prinzipiell auch. Ihr braucht euch zumindest körperlich nicht besonders anzustrengen und könnt ganz relaxt von zu Hause aus arbeiten. Jedenfalls, wenn euch der Stundenlohn egal ist. Denn in den meisten Fällen verdient ihr nicht mehr als 1 oder 2 Euro pro Stunde, während ihr euch die Finger wundklickt. Ist ja auch klar irgendwie: Die Betreiber der Plattform wollen ihr Stück vom Kuchen abhaben für diese Vermittlung zu einem Auftraggeber. Und da ihr auch keine gesonderten Qualifikationen mitbringen müsst, seid ihr natürlich austauschbar. Um euren Lebensunterhalt zu bestreiten, verdient ihr durch Clickworking auf jeden Fall nicht genug. Wenn es euch aber darum geht, am Freitag ein paar Euro mehr fürs Feierngehen im Portemonnaie zu haben, dann probiert es aus.

Das Gleiche gilt für das Beantworten von Online-Umfragen, für das euch Plattformen wie Toluna oder YouGov Geld geben (und manchmal auch nur Gutscheine). Auch dort dauert es, bis ein ordentlicher Betrag zusammenkommt, aber als kleiner Bonus kann es nett sein.

Also, die schöne neue Online-Welt ist in Sachen Nebenjob auch nicht so viel besser als die gute alte Real Word. Und dort muss es auch nicht immer der Standardjob sein, es gibt auch ein paar ausgefallene Möglichkeiten, um an Geld zu kommen ...

Wenn es etwas crazy sein darf

An der Universität freut man sich über kranke Schauspieler

Wenn ihr euch für den nächsten Brad Pitt oder die nächste Angelina Jolie haltet und nur noch niemand euer großartiges Schauspieltalent entdeckt hat, dann könnt ihr es auch erst einmal abseits der großen Bühnen versuchen. Und zwar als «professioneller Patient» im Rahmen der Ärzteausbildung. Als solcher simuliert ihr für angehende Ärzte Krankheiten und schildert euer «Leiden», damit die jungen Mediziner eine Diagnose stellen können und Praxiserfahrung sammeln. Ihr müsst euch also ziemlich intensiv mit eurer «Krankheit» beschäftigen und müsst schauspielern können. Aber vielleicht habt ihr während eurer Schulzeit schon geübt ... Wichtig ist bei diesem Job außerdem, dass ihr den jungen Ärzten nach eurer Schauspieleinlage sinnvolles Feedback gebt, wie gut ihr euch betreut und behandelt gefühlt habt. Der Lohn für eure Mühe ist recht ansehnlich: Ihr verdient zwischen 14 bis 20 Euro pro Stunde. Nachfragen könnt ihr bei Unis in eurer Nähe, an denen man Medizin studieren kann.

Party on!

Ob Eisverkäufer im Zoo oder Kellner auf einem Sektempfang – es scheint so eine Art Naturgesetz zu sein, dass ihr dort gut Geld nebenbei verdient, wo andere Spaß haben. Dies gilt auch für das Nachtleben. So könnt ihr als Party-Guide andere Menschen durchs Nachtleben begleiten. Von Club zu Club, von Bar zu Bar, so vergehen die Stunden zwischen Mitternacht und Morgengrauen im Flug, drin sind so um die 15 Euro die Stunde. Voraussetzungen für den Job sind auf jeden Fall jede Menge gute Laune, viel Toleranz und ein gewisses Durchhaltevermögen, weil ihr oft bis in die frühen Morgenstunden arbeitet. Außerdem müsst ihr volljährig sein und dürft euch natürlich nicht selbst komplett abschießen, während eure «Kunden» fröhlich trinken. Solche Jobs findet ihr bei Agenturen, die Party- und Clubtouren anbieten. Wenn ihr zu den geselligen Typen gehört und eh jedes Wochenende steil geht, kann das bestimmt Spaß machen.

Ein bisschen Pietät, bitte

Pie... was? Wenn ihr euch fragt, was eigentlich Pietät bedeutet, müsst ihr für den folgenden Job noch schnell ein paar Vokabeln büffeln. Aber im Ernst: Ihr könnt tatsächlich Geld auf Trauerfeiern verdienen. Und zwar als Bestattungshelfer. Eure Hauptaufgabe ist dabei, den Sarg des jeweilig Verstorbenen zum Grab zu tragen. Festangestellte Sargträger sind nämlich inzwischen eine Seltenheit. Wenn ihr pietätvoll, also respekt- und würdevoll, daherschreiten könnt und gerne Schwarz tragt, dann könnte dieser Nebenjob etwas für euch sein. Ihr solltet außerdem gut trainiert sein, denn ihr müsst Belastungen von bis zu 35 Kilo aushalten, und das auch über längere Strecken. Ihr versteht schon, Sarg und Inhalt. Der Job wird ordentlich bezahlt, 20 bis 40 Euro für einen meist einstündigen Einsatz. Ihr solltet aber nicht vergessen, dass der Job auch eine echte emotionale Belastung sein kann. Denn auf Trauerfeiern herrscht natürlich selten Partystimmung.

Einfach blankziehen

Achtung, jetzt wird es nicht ganz jugendfrei. Wer schon mal in einem Kunstmuseum war, weiß, dass die meisten Maler gar nicht genug davon bekommen konnten, die Menschen so zu malen, wie Gott (oder wer auch immer) sie schuf, nämlich nackt. Die Aktmalerei ist bis heute ein wichtiges Genre, und auch heutige Kunststudenten studieren die Anatomie des menschlichen Körpers. Deshalb suchen die Kunsthochschulen immer wieder nach Aktmodellen, Männern wie Frauen. Im Grunde ist der Job unaufregender, als er klingt – die größte Herausforderung besteht nämlich darin, für längere Zeiträume in derselben Pose zu verharren, was durchaus anstrengend sein kann. Zu schamhaft dürft ihr aber natürlich nicht sein, denn nein, ihr dürft eure Unterwäsche nicht anbehalten. Wenn ihr gerne zeigt, was ihr so habt, könnt ihr als Venus oder Amor zehn bis zwanzig Euro die Stunde verdienen.

Die Regeln für den Nebenjob – das müsst ihr beachten

Vielleicht habt ihr euch schon mal gefragt, warum ihr als Schüler von 17 Jahren nicht als Türsteher vorm Club arbeiten könnt, ihr seid schließlich Stammgast bei McFit. Oder warum ihr mit 15 spätabends nicht noch easy in der Bar um die Ecke kellnern könnt, ihr telefoniert eh immer bis um eins mit eurer besten Freundin.

Das liegt an den Gesetzen, die euch als noch nicht Volljährige besonders schützen. Die Menschen, die sich die Gesetze ausdenken, wollen, dass euch beim Arbeiten nichts passiert. Außerdem sollt ihr wirklich nur Dinge tun, für die ihr alt genug seid. Die oberste und absolute Regel lautet: Schule geht immer vor. Arbeit soll, solange ihr noch zur Schule geht, nur eine Nebensache sein. Auch wenn ihr gerade nichts lieber tun würdet als Zwölf-Stunden-Schichten auf dem Bau, weil gerade die Matheklausur ansteht und das Analysis-II-Buch fies grinsend auf eurem Schreibtisch wartet.

Die Vorgaben, die euch schützen sollen, sind nach Alter gestaffelt. Für alle unter 15 gilt, dass eure Eltern grundsätzlich mit eurer Arbeit einverstanden sein müssen. Ab 13 Jahren sind leichte Nebenjobs möglich, ihr könnt Zeitungen austragen, privat Nachhilfe geben, Tiere betreuen. Das Ganze nicht mehr als zwei Stunden täglich, nicht vor der Schule und nicht nach

18 Uhr. Auch mit 15 Jahren gelten diese Einschränkungen noch, wenn ihr zur Schule geht. Aber ab jetzt könnt ihr in den Ferien arbeiten, und zwar vier Wochen Vollzeit. Schwere und gesundheitsgefährdende Arbeiten sind aber weiter tabu. Mit 18 Jahren seid ihr volljährig und könnt arbeiten wie alle anderen Erwachsenen auch. Aber wenn ihr studiert, ist ein Vollzeitjob nicht das, was ihr sucht. Beim Nebenjob müsst ihr allerdings ein paar Sachen beachten, es gibt nämlich verschiedene Beschäftigungsmodelle. Ich erkläre euch, wie sich ein Werkstudent vom Minijobber unterscheidet und wie ihr als Selbständige Geld verdient.

9 to 5: angestellt arbeiten

In den meisten Fällen werdet ihr bei einem Nebenjob angestellt arbeiten. Ihr unterschreibt einen Arbeitsvertrag, in dem alle Einzelheiten festgehalten sind. Wie lange ihr arbeitet, was eure Tätigkeiten sind, wie viel euch pro Stunde bezahlt wird. Das heißt, euer Chef oder das Unternehmen sagt euch, was ihr zu tun habt. Und dafür bekommt ihr euer Geld.

Jobs mit Sozialversicherung

Bei einem normalen Job müsst ihr von eurem Grund- bzw. Bruttogehalt erst mal einiges abgeben. Normal heißt hier: sozialversicherungspflichtig. Wenn ihr auf diese Weise beschäftigt werdet, müsst ihr nämlich Beiträge für die Arbeitslosen-, Renten-, die Kranken- und die Pflegeversicherung zahlen. Diese Versicherungen sind gesetzliche Pflicht, dazu erzähle ich später im Versicherungskapitel noch mehr. Versicherung bedeutet auch: Der Staat nimmt euch hier nicht nur was weg, sondern

ihr bekommt auch was dafür: Für euren Beitrag zur Arbeitslosenversicherung kriegt ihr, falls ihr euren Job verliert, klar,
Arbeitslosengeld. Wie hoch eure Rente später sein wird, hängt,
ebenfalls klar, davon ab, wie viel ihr über die Jahre in die Rentenversicherung einzahlt. So viel wie unsere Großeltern werden
wir aber kaum noch rausbekommen, wir sind einfach zu wenige
junge Leute, die einzahlen. Daher herrscht bei den Rentenkassen Geldflaute, und deswegen ist es so wichtig, dass ihr privat
vorsorgt und Geld anlegt.

Der Krankenkassenbeitrag wird fällig, wenn ihr in der
gesetzlichen Krankenkasse versichert seid. Dabei übernehmt
ihr die eine Hälfte des Betrags, der Arbeitgeber die andere. Was
ihr davon habt? Zum Beispiel, dass ihr kostenlos zu jedem Arzt
gehen könnt – in den USA geht das oft nicht so selbstverständ-
lich. Aus der Pflegeversicherung schließlich werden die Pflege-
leistungen bezahlt, auf die ihr Anspruch habt, falls ihr pflege-
bedürftig werdet, aufgrund eines Unfalls, einer Krankheit und
natürlich im Alter. Das dürfte für die meisten von euch noch
nicht relevant sein – aber man weiß ja nie im Leben.

Außerdem geht bei sozialversicherungspflichtigen Angestell-
tenjobs die Lohnsteuer ab, eine spezielle Art der Einkommensteuer. Diese müssen grundsätzlich alle zahlen – als Angestellter leistet ihr aber jeden Monat schon eine Art Vorauszahlung.
Eben in Form der Lohnsteuer, die immer gleich von eurem
Gehalt abgezogen wird. Die gute Nachricht: Von der gezahlten
Lohnsteuer könnt ihr euch im nächsten Jahr oft wieder etwas
zurückholen; mehr dazu im Kapitel über die Steuererklärung.

Aber halt, Moment mal! Warum, fragt ihr euch jetzt, muss
ich dem Herrn Finanzminister denn überhaupt etwas von
meinem hart verdienten Geld abgeben? Was bitte hat der Typ
(demnächst hoffentlich auch mal: die Typin) jemals für mich

getan? Gute Frage! Tatsächlich werden mit dem Geld aber nicht nur Politikerpartys in Berlin geschmissen, sondern die Regierung macht mit eurem Steuergeld eine ganze Menge: Schulen und Kindergärten und Straßen bauen, Lehrer, Erzieher und Polizisten bezahlen, die Bundeswehr finanzieren, das Arbeitslosengeld II (bzw. «Hartz IV»), die Regierungsgeschäfte und vieles mehr. Auch das Glasfasernetz für besseres Internet wird mit Hilfe von Steuern ausgebaut – okay, das klappt noch nicht so gut. Jedenfalls landen eure Steuern nicht einfach im Nirwana. Wie viel genau ihr aber letztlich davon zahlen sollt, was gerecht ist und was zu viel, darüber batteln sich die Leute. Zum Beispiel die Politiker der Linken mit denen der FDP.

Auf jeden Fall: Bei einem sozialversicherungspflichtigen Job müsst ihr einen Anteil eures Gehalts abdrücken, euer Nettogehalt – nach Abzug der Sozialversicherung und der Steuern – ist nie so hoch wie euer Bruttogehalt. Ganz schön nervig und umständlich, wenn ihr euch nur mal schnell etwas dazuverdienen wollt und die Rente eh noch in weiter Ferne ist. Zum Glück gibt es für das Problem eine Lösung: den Minijob.

Taschengeld Plus: der Minijob

Bei einem Minijob heißt es ganz einfach: You get, what you see – standardmäßig wird nur etwas für die Rentenversicherung einbehalten. Wenn ihr das nicht möchtet, könnt ihr euch aber auch davon befreien lassen, dann bleibt noch mehr Geld übrig! Dafür stellt ihr einen Antrag bei eurem Arbeitgeber. Die Steuern fallen ganz weg. Das Ganze ist also schön unkompliziert.

Eine wichtige Voraussetzung für den Minijob gibt es allerdings, ihr dürft nicht mehr als 450 Euro im Monat verdienen. Das sind 5400 Euro im Jahr. Ihr dürft auch mehrere Minijobs ausüben, aber in der Summe dürft ihr auch mit allen Jobs zusammen nicht mehr als diese Summe verdienen, sonst werden Abgaben fällig. Wie viele Stunden ihr also maximal arbeiten könnt, hängt von eurem Stundenlohn ab. Dieser muss laut Mindestlohngesetz mindestens bei 9,35 Euro liegen! Das heißt hochgerechnet, im Moment dürft ihr in einem Minijob nicht mehr als 48 Stunden im Monat arbeiten. (Da für Schüler allerdings kein Mindestlohn gilt, kann der Stundenlohn in dem Fall auch niedriger liegen und die maximale Arbeitszeit höher sein.) Wichtig ist, dass auch Sonderzahlungen miteinberechnet werden. Zahlt euch euer Arbeitgeber Boni wie Weihnachts- oder Urlaubsgeld, sinkt auch die Zahl der maximal möglichen Arbeitsstunden.

Noch eine gute Nachricht: Falls ihr absoluter Fan eures Minijobs seid und ihn am liebsten niemals aufgeben würdet – ihr könnt ihn behalten. Selbst wenn ihr später einen «richtigen» Job ergattert. Jeder Arbeitnehmer kann neben seinem Angestelltenverhältnis einen Minijob ausüben, für den keine Sozialabgaben fällig werden. Aber klar: Dafür muss der Minijob schon richtig Spaß machen oder erfüllend sein. Denn täglich seine acht Stunden abzureißen und dann noch zu einer weiteren Stelle anzutreten, dürfte schon nach kurzer Zeit ziemlich anstrengend werden.

Wenn's etwas mehr sein darf: der Midijob

Nach Mini kommt … na, ist doch logisch, Midi! Hä? Na ja, hinter dieser super Wortschöpfung verbergen sich Jobs im sogenannten «Übergangsbereich». Er fängt bei genau 450,01 Euro an – wir sind ja Pfennigfuchser – und reicht bis zu einer Grenze von 1300 Euro. Ab da fangen dann die Maxijobs an, die so allerdings nicht genannt werden. «Maxi» sind einfach alle Jobs, bei denen ihr monatlich mehr als 1300 Euro verdient und deshalb den vollen Sozialversicherungsbeitrag zahlen müsst – siehe oben.

Warum aber der ganze Hassel mit dem Midijob? Ganz einfach: Der Midijob soll es möglich machen, mehr zu verdienen und trotzdem nicht direkt die vollen Abgaben zu zahlen. Das heißt, je nachdem, was ihr verdient, wird beim Midijob nur ein bestimmer prozentualer Anteil an Krankenkassenbeiträgen und Pflegeversicherung fällig, ihr zahlt also nicht gleich die volle Höhe der anfallenden Beiträge zur Sozialversicherung. Der Beitragsanteil beginnt bei 11 Prozent, erst am oberen Ende werden die üblichen 21 Prozent fällig. Die genauen Werte ergeben sich aus einem relativ komplizierten Formelwerk, das zudem auch noch jährlich angepasst wird. Was wir festhalten können: Mit dem Midijob kann man mehr als 450 Euro im Monat verdienen und muss trotzdem nicht automatisch die vollen Abgaben zahlen.

Short Cuts: kurzfristige Beschäftigung

Während ihr in eurem Minijob jahrelang das Gleiche arbeiten könnt, ist die kurzfristige Beschäftigung eine Art von Job-Eintagsfliege. Es gibt hier keine Verdienstgrenze, bei der Sozialabgaben fällig würden. Ihr könnt in kurzer Zeit ordentlich Kasse machen. Perfekt für die Schul- oder Semesterferien also! Nur in einigen Fällen wird Lohnsteuer fällig, die ihr aber zurückbekommen könnt. Dazu gleich mehr.

Bei einer kurzfristigen Beschäftigung steht normalerweise im Voraus fest, dass ihr den Job nur für einen genau vereinbarten Zeitraum übernehmt. Konkret heißt das: Falls ihr fünf Tage die Woche durchschuftet, dürft ihr das bei einem Kurzjob nicht länger als drei Monate tun. Bei weniger als fünf Arbeitstagen pro Woche liegt die Grenze bei 70 Tagen. Unternehmen können so für Urlaubs- oder Saisonzeiten vorübergehend Arbeitskräfte finden und Lücken auffüllen. Und ihr könnt easy die verschiedensten Jobs ausprobieren. Ihr könnt auch mehrere verschiedene kurzfristige Beschäftigungen innerhalb eines Jahres ausüben, nur die oben genannte Dauer darf insgesamt nicht überschritten werden.

Die kurzfristige Beschäftigung kommt also besonders dann in Frage, wenn ihr im Sommer einen Monat lang Eis verkaufen und im Winter einen Monat als Auslieferer bei der Paketzustellung oder auf dem Weihnachtsmarkt jobben wollt. Wenn ihr dann jeweils die volle Zeit arbeitet, ich gehe hier mal von fünf Tagen zu sieben Stunden und einem Stundenlohn von 10 Euro aus, dann könnt ihr im Sommer und im Winter jeweils brutto 1400 Euro verdienen. Ich schreibe brutto, denn leider kriegt ihr nicht den vollen Betrag ausgezahlt. 25 Prozent Lohnsteuer werden fällig. Zunächst! Denn ihr habt einen jährlichen Freibetrag. Und wenn ihr eure Steuererklärung erledigt (wie gesagt – kommt noch), kriegt ihr am Jahresende die gezahlte Lohnsteuer zurück. Der Freibetrag beträgt für Unverheiratete im Jahre 2020 genau 9408 Euro, ihr habt also ein bisschen Spielraum. Nur den Betrag, der darüber hinaus zusätzlich anfällt, müsst ihr versteuern. Sozialabgaben müsst ihr keine zahlen, das ist genauso wie beim Minijob. Es geht also nichts drauf für Kranken- oder Pflegekasse.

Jobben als Werkstudent

Jeder, der an einer Hochschule immatrikuliert ist, kann nicht nur günstig in der Mensa essen und mit dem Semesterticket durch die Gegend fahren – er kann auch Werkstudent werden.

Aber was ist der Unterschied zu den bisher vorgestellten Modellen?

Erst mal kann man ganz einfach sagen, dass ihr als Werkstudent nicht in einem beliebigen Nebenjob arbeitet. Meist hat das, was ein Werkstudent tut, schon einen direkten Bezug zu den Inhalten des Studiums. Das hilft euch fachlich weiter und bringt auch Vorteile für die spätere Jobsuche. Denn als Werkstudent könnt ihr oft schon erste Kontakte zu Unternehmen knüpfen und einen Einblick in euer angestrebtes Arbeitsgebiet erhalten.

Außerdem könnt ihr mehr verdienen als in einem 450-Euro-Job, denn es gibt keine Verdienstgrenze. Und es wird in jedem Fall der Mindestlohn gezahlt, häufig auch mehr.

Also: gute Arbeit, gute Bezahlung, Erfahrung, Kontakte – wo ist der Haken? So richtig viele Nachteile gibt es meiner Meinung nach nicht. Wie beim Minijob zahlt ihr keine Sozialabgaben. Es gilt ebenfalls der Freibetrag von 9408 Euro im Jahr 2020, alles darüber hinaus unterliegt der Lohnsteuer, die ihr euch aber, wie schon erwähnt, per Steuererklärung zurückholen könnt.

Eine Einschränkung gibt es zwar: Werkstudenten dürfen maximal 20 Stunden pro Woche arbeiten. DIe Regel gilt allerdings nur während der Vorlesungszeit, in den Semesterferien ist auch eine Vollzeitanstellung möglich. Außerdem könnt ihr mehr arbeiten, wenn es sich um Nacht- oder Wochenendarbeit handelt. Perfekt für alle Nachteulen und Partymuffel. Oder wenn ihr einfach schnell Geld braucht und richtig ranklotzen wollt.

Weil ich euch das Ganze jetzt gerade so schmackhaft gemacht habe, hier noch ein kleiner Downer. Studenten im Urlaubssemester dürfen nicht als Werkstudent arbeiten. Und auch für alle, die sich mit dem Studium dann doch sehr viel mehr Zeit gelassen haben, entfällt diese Art der Anstellung: Studenten über dem 25. Fachsemester dürfen nicht mehr als Werkstudenten tätig sein. Auch Teilzeitstudenten, Gasthörer und Menschen, die schon einen Hochschulabschluss haben, sind raus. Genau wie alle, die keine Studenten sind, natürlich!

All by myself: selbständig arbeiten

Gut, jetzt habe ich euch ja schon eine ganze Menge Möglichkeiten vorgestellt, wie ihr angestellt arbeiten könnt, ohne zu viel von eurem Verdienst abgeben zu müssen.

Es gibt aber auch bestimmte Jobs, bei denen ihr selbständig arbeitet. Aber was genau heißt das eigentlich: selbständig arbeiten? Also: Als Selbständiger seid ihr euer eigener Boss, ihr seid Unternehmer. Ihr erzielt regelmäßig Gewinn mit eurer Arbeit, so die juristisch etwas trockene Formulierung. Wirklich selbständig seid ihr, wenn ihr gleichzeitig für mehrere Auftraggeber tätig seid und selbst bestimmt, was ihr wann für wen tut. Wenn ihr also in einer Eisdiele arbeitet und dann noch in einem Klamottenladen und bestimmte Schichten übernehmt, dann seid ihr nicht selbständig, sondern, so sagt man, «abhängig beschäftigt». Weil die Chefin oder der Abteilungsleiter euch dort sagt, was ihr tun sollt und zu welchen Zeiten ihr zu erscheinen habt. Wenn ihr aber morgens Texte für ein Portal schreibt und am Nachmittag als Dogsitter die Hunde von anderen Leuten ausführt, dann tut ihr das auf eigene Faust und seid damit ein, wenn auch bescheidener, Unternehmer. Denn ihr vereinbart selbst mit den Auftraggebern, wann ihr die Hunde abholt oder wann ihr den fertigen Text abliefert und müsst eben nicht einem Schichtplan folgend von 14 bis 18 Uhr am Arbeitsplatz sein. Gerade wenn ihr nebenbei studiert, kann das ein Riesenvorteil sein, denn so könnt ihr eure Arbeit um eure Kurse herum organisieren statt eure Kurse um eure festen Arbeitszeiten. Der Haken: Ihr müsst selbst dafür sorgen, genügend Arbeit reinzubekommen, denn ein festes monatliches Gehalt gibt's nicht mehr.

Nun seid ihr also selbständig. Und weiter? Was müsst ihr noch beachten? Auf jeden Fall müsst ihr euer Einkommen versteuern wie jeder angestellte Arbeitnehmer auch. Während Angestellte Lohnsteuer zahlen, werden bei euch Einkommensteuervorauszahlungen fällig. Dabei gilt für euch zunächst derselbe Grundfreibetrag, den ich schon mehrmals erwähnt habe: 9408 Euro im Jahr 2020, wenn ihr unverheiratet seid. Viel wichtiger ist aber: Ihr seid nur noch **eingeschränkt sozialversicherungspflichtig**. Die gesetzliche Renten- und Arbeitslosenversicherung ist für euch freiwillig. Ihr könnt einzahlen, müsst aber nicht. Eine Krankenversicherung braucht ihr zwar per Gesetz trotzdem, könnt euch aber dafür bei einer privaten Krankenkasse versichern und hier eventuell geringere Beiträge zahlen.

Dafür müsst ihr euch als Selbständiger unter Umständen mit dem Thema **Umsatzsteuer** befassen. Ich sage unter Umständen, denn in Deutschland gibt es die Kleinunternehmerregelung, nach der ihr bis zu einem Jahresumsatz von 17 500 Euro von der Umsatzsteuer befreit seid. Die Steuer liegt zurzeit bei 19 %. Glücklicherweise müsst ihr, um als Student auf diesen Betrag zu kommen, schon ganz gut ackern, wahrscheinlich bleibt ihr also erst mal darunter. Aber Moment mal, was genau ist eigentlich mit Umsatz gemeint? Er meint den Betrag, den ihr als Unternehmer erwirtschaftet – eure Ausgaben, die wegen eures Jobs möglicherweise anfallen, sind hier nicht eingerechnet.

Es gibt grundsätzlich zwei Formen der Selbständigkeit: Ihr seid entweder Freiberufler oder Gewerbetreibender. Zuerst zum Freiberufler: Wenn ihr Sprachtalent habt und als Werbetexter, Online-Journalist oder Übersetzer eure Brötchen verdient, wenn ihr krasse Photoshop-Skills habt und als Grafikdesigner jobbt, oder wenn ihr gut mit Kids könnt und als Nachhilfe- oder Musiklehrer arbeitet – in all diesen Fällen werdet ihr wahrscheinlich freiberuflich arbeiten. Wahrscheinlich, weil nicht ganz eindeutig definiert ist, welche Tätigkeiten denn nun freiberuflich ausgeübt werden können. Der Gesetzgeber nennt eine Reihe von «Katalogberufen», die darunter fallen: Freiberufler sind zum Beispiel Steuerberater, Zahnärzte, Anwälte oder Notare. Für euch als Studenten erst mal unwichtig, weil für diese Berufe müsst ihr ja erst mal – studieren. Aber auch wissenschaftliche, schriftstellerische, unterrichtende oder erzieherische und künstlerische Tätigkeiten gelten als freiberuflich. Ihr seht schon, das ist ein ganz schön großer Haufen an verschiedenen Berufen. Und es braucht nicht in jedem Fall eine bestimmte Ausbildung. Natürlich will man sich nicht von jemandem im Mund rumbohren lassen, der kein Medizinstudium vorzuweisen hat. Aber ein Schriftsteller oder Musiker kann auch ohne formale Ausbildung einen Bestseller oder einen Hit schreiben. Wenn ihr der nächste Shakespeare, Picasso oder Justin Bieber werden wollt, tut ihr das auf jeden Fall als Freiberufler!

Weil es aber nicht immer ganz klar ist, ob eine Tätigkeit gewerblich oder freiberuflich ist, entscheidet letztlich das Finanzamt darüber, und zwar dann, wenn ihr euren Job anmeldet. Beim Texten kann es zum Beispiel so oder so sein: Wenn ihr nach Vorgabe schreibt, dann ist eure Tätigkeit eher gewerblich, habt ihr Freiheit beim Schreiben, würde man es eher frei-beruflich nennen.

Der große Vorteil als Freiberufler ist, dass ihr keine Gewerbe-steuer zahlen müsst – mehr dazu im nächsten Abschnitt. Alles, was ihr braucht, ist eine **Steuernummer**. Warum? Die Steu-ernummer muss auf all euren Rechnungen stehen, die ihr euren Auftraggebern für erledigte Arbeiten stellt. Das ist Pflicht. Eure Steuernummer müsst ihr deshalb vorher beim für euch zustän-digen Finanzamt beantragen. Dazu müsst ihr den sogenann-ten «Fragebogen zur steuerlichen Erfassung» ausfüllen und angeben, wie viel ihr ungefähr verdienen werdet. Ein bisschen kompliziert und bürokratisch, aber beim Amt helfen sie euch da sicher weiter. Ein paar Wochen später bekommt ihr per Post eure Steuernummer zugeschickt und das Geld kann zu euch rüberwachsen ... und wachsen ... und wachsen.

Wenn ihr einen künstlerischen Beruf ausübt, also Schrift-steller, Musiker oder Zeichner seid, habt ihr übrigens zusätzlich die Möglichkeit, euch in der **Künstlersozialkasse** zu versichern. Die fungiert dann wie der Arbeitgeber bei Angestellten und zahlt jeweils die Hälfte eurer Krankenkassen-, Renten- und Pflegebeiträge. Ziemlich cool, oder? Ihr müsst allerdings nach-weisen, dass ihr tatsächlich Künstler seid und mit eurer Kunst Geld verdient. Der Töpferkurs an der Volkshochschule reicht als Nachweis NICHT.

Selbständig mit Gewerbeschein

Kommen wir zur zweiten Form der Selbständigkeit: der als Gewerbetreibender. Angenommen, ihr löst euren Kleider-schrank auf und verkauft eure alten Teile: In dem Fall seid ihr noch nicht gewerbetreibend, denn das Ganze erfolgt ja einmalig bzw. nicht auf Dauer. Verkauft ihr aber jede Woche fabrikneue Hoodies mit einer von euch selbst entworfenen Beschriftung in einem speziell dafür eingerichteten Textilshop, dann seid ihr definitiv gewerbetreibender Unternehmer. Das gilt auch auf dem Flohmarkt: Verkauft ihr an einem Sonntag eure alten Sachen, weil ihr endlich mal ausmisten wollt, seid ihr natürlich kein Unternehmer im Sinne eines Gewerbes. Steht ihr aber jeden Sonntag am Stand und handelt mit alten und gebrauchten Dingen, dann seid ihr gewerbetreibender Unternehmer.

Was ihr dazu braucht? Auf jeden Fall den **Gewerbeschein**. Der ist eure Eintrittskarte, eure Anmeldung, mit der ihr dem Staat sagt: «Hallo, hier bin ich. Das hier ist mein Unternehmen.» Den Gewerbeschein könnt ihr beim Gewerbeamt beantragen, das sich in Berlin in jedem Bezirksamt befindet. Wenn ihr euch den Weg sparen wollt: Häufig geht die Anmeldung auch online. Wenn euch das Amt einen Gewerbeschein ausstellt, kostet das je nach Bundesland unterschiedlich viel. In Berlin werden 15 Euro fällig, wenn ihr den Schein komplett online beantragt, vor Ort im Amt zahlt ihr 26 Euro. In anderen Bundesländern können bis 65 Euro für die Ausstellung des Scheins fällig werden.

Nun seid ihr gewerblich angemeldet: Und weiter? Auf euren Unternehmensgewinn fällt die **Gewerbesteuer** an. Der Gewinn ist das, was – im Gegensatz zum Umsatz – nach Abzug eurer Ausgaben von euren Einnahmen noch übrig bleibt. Als Gewerbetreibender kommt zur bereits erwähnten Einkommens- und Umsatzsteuer also noch eine weitere Steuer hinzu – zum Glück kann die Gewerbesteuer oft mit der Einkommensteuer verrechnet werden. Auch die Gewerbesteuer hat einen Freibetrag: 24 500 Euro, allerdings gilt er nur für Einzelunternehmen und Personengesellschaften, was ihr in den meisten Fällen sein dürftet. Wie hoch die Gewerbesteuer genau ausfällt, ist nicht ganz einfach zu erklären und wird je nach Bundesland und Gemeinde unterschiedlich von den Finanzämtern festgelegt, abhängig vom sogenannten Hebesatz ... Hier wird es etwas kompliziert. Falls euer kleines Unternehmen wächst und ihr vielleicht sogar irgendwann Angestellte haben solltet, müsst ihr euch irgendwann einen Steuerberater suchen – sonst blickt ihr durch den Steuerdschungel nicht mehr durch.

Ein Rechenbeispiel

Hier trotzdem ein kurzes, vereinfachtes Beispiel. Wenn ihr T-Shirt-Motive entwerft, einen Versandhandel startet und dann 100 solcher bedruckter Shirts im Netz zu 24,99 Euro verkauft, dann habt ihr einen Umsatz von 2499 Euro. Damit seid ihr unter den Freibeträgen sowohl der Umsatzsteuer (17 500 Euro) als auch der Gewerbesteuer (24 500 Euro) – euer Gewinn kann ja schlecht höher sein als euer Umsatz – und schuldet dem Staat somit gar nichts, nada, alles paletti.

Wenn ihr nun aber 1000 solcher Shirts verkauft, dann seid ihr definitiv umsatzsteuerpflichtig, denn ihr erwirtschaftet einen Umsatz von 24 990 Euro. Das heißt, in dem Preis, den ihr für ein Shirt aufruft, sind automatisch 19 % Umsatzsteuer enthalten: 4,75 pro Shirt gehen als Steuer an den Staat. Wenn ihr also das Gleiche an eurem Shirt verdienen wollt, müsstet ihr nun 29,74 Euro dafür verlangen. Und genau das wird oft gemacht: Die Umsatzsteuer wird vom Unternehmer auf den Preis draufgelegt, der Käufer zahlt sie nun, umbenannt, als **Mehrwertsteuer** im Laden. Mehrwertsteuer und Umsatzsteuer sind daher im Grunde dasselbe.

Ein Gutes hat es aber doch, umsatzsteuerpflichtig zu sein: Ihr könnt von allen Dingen, die ihr für eure Selbständigkeit kauft,

19 % Mehrwert- bzw. Umsatzsteuer abziehen und sie mit euren Ausgaben verrechnen. Kauft ihr euch beispielsweise eine neue Druckmaschine für 3000 Euro brutto, also inklusive Steuern, dann könnt ihr die Mehrwertsteuer in Höhe von 478,99 Euro aus der Kaufsumme herausrechnen. Diese Summe schuldet euch dann das Finanzamt, ihr kauft die Maschine also effektiv für nur 2521,01 Euro. Was nun die Gewerbesteuer in unserem Beispiel angeht: Euer Gewinn berechnet sich ja aus euren Einnahmen (24 990 Euro) minus eure Ausgaben (2521,01 Euro). Er liegt also bei 22 468,99 Euro – und damit immer noch unter dem Freibetrag. Daher könnt ihr die Gewerbesteuer in diesem Fall ignorieren.

Ich selbst bin übrigens selbständig mit Gewerbeschein, so wie viele andere auch bei YouTube. Das liegt daran, dass bei mir nicht ganz klar ist, wo ich künstlerisch tätig bin und wo gewerblich. Einige YouTuber, die reine Animationsvideos erstellen, diese also zeichnen, sind Freiberufler. Aber bei mir könnte es sein, dass ich irgendwann meinen eigenen Merch verkaufen will – ja, Leute, näherkommen, hier gibt's Hazel-Shirts, oder vielleicht eine schöne Hazel-Tasse für den Herrn da vorn? –, und dieses Verkaufen wäre definitiv keine freiberufliche Tätigkeit mehr. Das Problem ist: Wenn meine Tätigkeit als gewerblich eingestuft wird, dann kann die Gewerbesteuer auch nachträglich erhoben werden. Ein echtes Risiko. Und Risiken: naha, nicht für mich.

Die erste eigene Wohnung

Konto habt ihr, Job, den findet ihr – eine Sache fehlt euch aber noch, um ganz unabhängig zu werden, und das ist die eigene Wohnung. Denn auch wenn es zu Hause bei den Eltern sehr schön sein kann – Stichwort voller Kühlschrank, keine Miete und äh … die gemütliche Lieblingscouch –, kommt irgendwann der Punkt, an dem ihr eure eigenen vier Wände braucht. Auch wenn ich ein sehr gutes Verhältnis zu meinen Eltern habe – irgendwann hatte ich die Nase voll davon, mit ihnen zusammenzuleben. Denn Eltern sehen einen immer als Kind, ist so, egal wie alt man ist. Und geben einem ungefragt Tipps, Ratschläge und so weiter. Aber man will ja nicht immer Kind bleiben, sondern eine eigene Persönlichkeit entwickeln. Deshalb raus in die Welt!

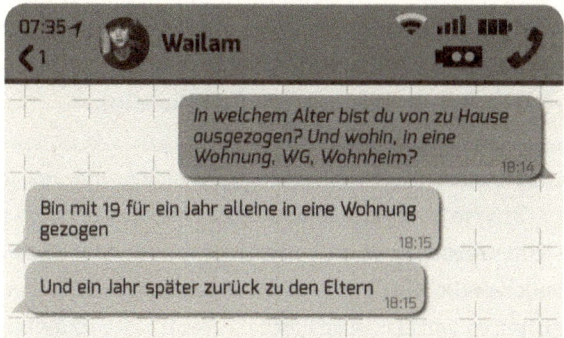

Also, easy as one, two, three? Leider nicht. Besonders in Großstädten wie Berlin gibt es kaum freie Wohnungen, oder die Angebote sind einfach unbezahlbar. Obwohl unser Auszug schon lange beschlossene Sache war, mussten ich und Dirk noch eine ganze Weile auf die erste eigene Wohnung warten, denn wir wollten erst sicher sein, dass wir unser eigenes Zuhause auch wirklich finanziell stemmen können und nicht jeden Monat gerade so bei null rauskommen, was den Kontostand angeht. Mit 23 Jahren und dem ersten Job nach dem Studium war es dann aber endlich so weit.

Von der Besichtigung bis zur Unterschrift

Eine Wohnung zu finden, kann allerdings echt Nerven kosten. Es ist schwierig geworden, etwas Vernünftiges (= nicht völlig Überteuertes) zu bekommen. Bei der Suche solltet ihr genau schauen und am besten etwas Zeit mitbringen. Dirk und ich haben nach unserer ersten eigenen Wohnung ungefähr zwei Jahre gesucht, was vielleicht etwas übertrieben ist. Allerdings hatten wir keinen Druck und haben nur ab und an eine Wohnung besichtigt. Wir wollten einfach das Richtige.

Ein guter Start für eure Suche sind Websites wie *Immobilienscout* oder auch *Immowelt*, dort haben auch wir uns umgeschaut. Private Vermieter bieten Wohnungen manchmal auch auf Kleinanzeigenseiten an. Ansonsten werdet ihr vielleicht im persönlichen Umfeld fündig. Schon als wir das erste Mal gesucht haben, hätten wir fast über Empfehlungen von Freunden eine Wohnung gefunden. Am Ende hat der Vermieter sie aber an jemanden aus seiner Familie vergeben, wir wurden schließlich über eine Website fündig. Dafür hatten wir bei unserer zweiten Wohnung Glück. Dort hat vorher nämlich meine Schwester gewohnt, und als sie ausgezogen ist und uns angeboten hat, die Wohnung zu übernehmen, haben wir direkt zugegriffen. Glück und Timing müssen also auf eurer Seite sein, die Suche über Kontakte vereinfacht auf jeden Fall vieles.

Der Mietpreis einer Wohnung ist von vielen Faktoren abhängig. Es kommt nicht nur auf Größe, Alter, Ausstattung und Energieeffizienz der Wohnung selbst an. Die Lage ist auch sehr wichtig und wirkt sich stark auf den Preis aus. In Berlin sind die Preise im mittlerweile sehr schicken Prenzlauer Berg völlig anders als im recht rauen Wedding. Aber auch innerhalb der Viertel gibt es große Unterschiede. Manchmal ist die Miete niedriger, wenn die Wohnung direkt an einer heftig befahrenen Straße liegt. Wenn ihr damit zurechtkommt: Gut für euch, so könnt ihr sparen. Für die erste eigene Wohnung sind solche Nachteile noch nicht so schlimm, und manchmal habt ihr auch Glück und die Wohnung zeigt auf den Hinterhof, dann bekommt ihr vom Verkehr gar nicht so viel mit. Ansonsten, je weiter ihr vom Zentrum weg wohnt, desto günstiger wird es normalerweise. Aber passt auf, wenn ihr lange zu eurer Ausbildungsstelle oder zur Uni pendeln müsst, kann das auch mit der Zeit viel Geld kosten. Und auf Dauer echt anstrengend sein.

Ob eure Miete im Vergleich zu anderen Wohnungen in eurer Stadt und eurem Viertel angemessen ist, könnt ihr übrigens mit Hilfe des **Mietspiegels** überprüfen. Der Mietspiegel ist eine Übersicht über die ortsübliche Vergleichsmiete, die von der Gemeinde und den Vermieter- und Mieterverbänden gemeinsam erstellt wird. Jede Gemeinde bietet diesen Service an. In Berlin könnt ihr einfach auf die entsprechende Website gehen, Straße, Hausnummer, Größe und Baujahr angeben und bekommt sofort die Information, welcher Preis für eine Wohnung in dieser Gegend angebracht ist. So könnt ihr schnell herausfinden, ob ein bestimmtes Angebot fair ist oder hier jemand Mondpreise verlangt.

In vielen Städten und Gemeinden Deutschlands gilt ohnehin die **Mietpreisbremse**. Sie legt fest, dass der neue Mietpreis bei Neuvermietungen die örtliche Vergleichsmiete – nachzulesen im Mietspiegel – um nicht mehr als 10 Prozent übersteigen darf. Wo sie genau gilt, könnt ihr online nachlesen. Wenn ihr jedenfalls merkt, dass eure Miete im Vergleich viel zu hoch liegt, solltet ihr euren Vermieter darauf hinweisen, er muss die Miete dann senken. Tut er das nicht, könnt ihr sogar klagen, denn das Ganze ist gesetzlich verankert. Portale wie *wenigermiete.de* helfen euch dabei, ohne finanzielles Risiko. Kosten für ihre Rechtshilfe fallen nämlich nur an, wenn ihr den Fall gewinnt. Win-win!

Die lieben Vermieter

Wohnungen werden von ganz verschiedenen Vermietern angeboten. Zum einen gibt es **private Vermieter**, die sich eine Wohnung gekauft haben und sie jetzt vermieten. Ihr bewohnt dann quasi die Geldanlage oder Altersvorsorge dieser Menschen. Meistens kümmern sich solche Eigentümer um ihre Wohnungen und ihr kriegt schnell einen direkten Draht zu ihnen. Versteht ihr euch gut, kann's super locker laufen. Manche Vermieter sind total nett und hilfsbereit, und zum Einzug steht eine Flasche Sekt auf dem Küchentisch. Wenn ihr euch dagegen nicht riechen könnt, wird's schwierig. Denn ihr könnt euch eben nicht einfach an einen anderen Menschen wenden, ihr habt es mit einer Persönlichkeit und keinem Unternehmen zu tun. Schaut am besten, wie die Gespräche bei der Besichtigung so laufen, da kriegt ihr ein Gefühl dafür, ob es zwischen euch funktioniert. Bei privaten Vermietern kann es außerdem passieren, dass ihr irgendwann eine Kündigung wegen **Eigen-**

bedarf bekommt. Dann will der Eigentümer oder jemand aus seiner Familie in der Wohnung leben, in dem Fall könnt ihr nicht viel tun (aber keine Sorge, es gilt eine Kündigungsfrist von mindestens drei Monaten). Allerdings muss er den Eigenbedarf schriftlich klar begründen, also welche Person warum in die Wohnung ziehen will. Ist die Begründung unzureichend, ist auch eure Kündigung unzulässig.

Es kann aber auch gut sein, dass eure Vermieter kleinere und größere private **Wohnungsunternehmen** sind. Diese Firmen vermieten und verwalten häufig sehr viele Wohnungen und teilweise ganze Siedlungen. Nicht immer haben solche Unternehmen eure Interessen als Mieter im Auge, weshalb es oft Kritik hagelt. Gerade die großen Player wie Deutsche Wohnen oder Vonovia versuchen, möglichst viel Gewinn zu machen, sie sind auch an der Börse notiert. Ihre Strategie ist oft, alte Wohnungen zu modernisieren – beispielsweise durch eine bessere Wärmeisolierung –, um dann die Mietpreise drastisch zu erhöhen. Für viele Mieter ist das ein Schock, und es gibt Vorwürfe, dass die Methoden der Unternehmen nicht immer fair sind. In Berlin wurde deshalb nun der **Mietendeckel** eingeführt, sozusagen eine verschärfte Mietpreisbremse. Die Mieten dürfen fünf Jahre lang nicht mehr erhöht werden oder müssen sogar gesenkt werden, falls sie überteuert sind. Ob das wirklich etwas ändert, kein Plan, auf jeden Fall gibt es das Problem mit den steigenden Mieten in vielen großen Städten, nicht nur in Berlin.

Wir haben auch so unsere Erfahrungen gemacht. Nach der Besichtigung unserer ersten Wohnung hat uns die Frau von der Wohnungsgesellschaft direkt gefragt, ob wir die Wohnung haben wollen. Merkt euch, das ist nicht unbedingt ein gutes Zeichen! Wir haben natürlich begeistert zugesagt, denn wir wollten ja unbedingt zusammenziehen. Letztendlich haben wir dann 100 Euro Miete mehr gezahlt als die Wohnung vorher gekostet hatte, und das alles wegen einer Sanierung. Statt 440 Euro mussten wir 540 Euro zahlen, eine ziemlich krasse Erhöhung für die kleine Wohnung. Seitdem haben wir uns vorgenommen, immer kritisch nachzuhaken.

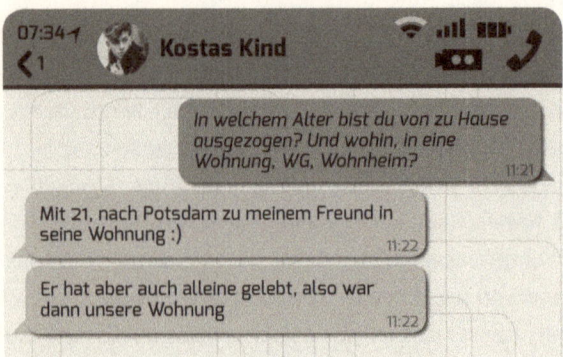

Viel fairer geht es meistens bei **Genossenschaften** zu. Die habe ich euch ja schon im Bankenkapitel vorgestellt, es gibt sie aber auch auf dem Wohnungsmarkt. Auch dort kauft man sich einen Mitgliedsanteil, der so ähnlich funktioniert wie eine Aktie. Man wird also nicht nur Mieter, sondern auch Miteigentümer der Genossenschaft. Mit dem Unterschied, dass eine Genossenschaft nicht profitorientiert arbeitet, sondern zum Wohl ihrer Mitglieder – zu denen ihr dann auch gehört. Deshalb sind die Mieten bei Genossenschaftswohnungen meist viel niedriger. Das bedeutet aber auch, dass sie sehr begehrt sind, es ist nicht einfach, an eine ranzukommen! Genossenschaften haben auch meist nicht so viele Wohnungen im Angebot. Teilweise muss man sich lange gedulden. Wenn ihr wollt, könnt ihr als Mitglied übrigens auch mitbestimmen, wer in den Vorstand gewählt wird und in was eure Genossenschaft Geld investieren soll. Die Mieter werden mehr eingebunden. Das ist aber keine Pflicht, nicht jeder hat ja Bock darauf, sich neben dem reinen Wohnen auch noch einzubringen.

So unglaublich große Unterschiede wird es gerade bei eurer ersten Wohnung nicht machen, bei wem ihr mietet. Langfristig macht sicher die Entscheidung für eine Genossenschaft Sinn, aber am Anfang wollt ihr ja vor allem etwas Eigenes finden und nicht schon dreißig Jahre voraus in die Zukunft denken.

Warm und kalt

Wenn ihr die Angebote der Vermieter durchgeht, solltet ihr auf ein paar bestimmte Dinge achten. Angegeben wird zuerst immer die Kaltmiete, das ist der Preis, den ihr grundsätzlich Monat für Monat zahlt. Die Warmmiete ergibt sich, wenn zum Kaltmietpreis noch Nebenkosten hinzukommen. Manchmal sind die Kosten für die Heizung schon in den Nebenkosten enthalten, manchmal kommen sie noch zusätzlich dazu. In den **Nebenkosten** sind Dinge wie die Reinigung des Treppenhauses, die Gartenpflege, Instandhaltungskosten, Müllabfuhr oder der Winterdienst enthalten. Auf diese Dinge habt ihr natürlich wenig Einfluss, die Heizkosten könnt ihr zu einem gewissen Teil aber selbst steuern, wenn ihr das Thermostat nicht immer bis zum Anschlag auf Stufe fünf stellt. Oder die Fenster nicht kippt, sondern ein paar Mal am Tag richtig durchlüftet. So sorgt ihr für frische Luft, aber der Raum kühlt nicht so schnell aus. Bonus: Die trockenere Luft von draußen beugt außerdem der Schimmelbildung vor. Und, oh oh, glaubt ihr: Schimmel in der

Wohnung wollt ihr nicht haben. Da reagieren Vermieter allergisch drauf, und die Entfernung kann teuer werden.

Anders als die Kaltmiete ist der Anteil für die Nebenkosten nicht von Anfang an festgeschrieben. Ihr zahlt im Voraus, am Ende wird abgerechnet. Je nachdem bekommt ihr etwas zurück, wenn ihr weniger verbraucht, oder müsst draufzahlen, wenn der Winter besonders kalt war oder ihr Frostbeulen seid und die Heizung grundsätzlich immer auf Stufe 5 stellt. Wegen dieser Schwankungen solltet ihr schauen, dass ihr euren Budgetrahmen in Sachen Warmmiete nicht komplett ausreizt, falls ihr etwas nachzahlen müsst.

Je nach Vermieter zahlt ihr auch noch eine bestimmte Summe als **Kaution** (oder den Genossenschaftsanteil), meist das Dreifache einer Monatskaltmiete. Was übrigens auch gesetzlich der höchstmögliche Betrag ist, wenn es um die Vermietung von Wohnraum geht! Die Kaution ist die Sicherheit für den Vermieter, falls ihr etwas kaputt macht. Oder die Miete nicht zahlt. Was ihr natürlich tut. Was der Vermieter euch aber nicht einfach so glaubt. So oder so habt ihr Anspruch auf Rückzahlung der Kaution, wenn ihr auszieht und immer eure Miete gezahlt habt. Das bedeutet allerdings nicht: sofort. Der Vermieter kann die Kaution noch drei bis sechs Monate behalten. Denn es könnte ja sein, dass ihr in der Zeit vor dem Auszug eure Wohnung zur Sauna umgewandelt habt, Heizung sei dank, oder ein paar Leichen im Keller vergraben habt. Soll heißen, der Vermieter wartet das Ergebnis der Nebenkostenrechnung (und Kellerbesichtigung) ab und zahlt euch die Kaution dann komplett aus. Oder behält einen Teil für die Nebenkostennachzahlung, Schönheitsreparaturen (oder Ausgrabungen) ein.

Bei eurer Wohnungssuche solltet ihr auch darauf achten, ob der Vermieter eine **Staffelmiete** verlangt: In diesem Fall steigt die Miete in Zukunft regelmäßig an. Nicht prozentual, sondern nach einem vorher festgelegten, konkreten Geldbetrag. Hier müsst ihr aufpassen. Denn was erst nach einem Mega-Deal klang, wird nach und nach eine teure Nummer. Ähnlich ist es mit der **Indexmiete**. Hier wird nach einer bestimmten Zeit, meist jährlich, geschaut, wie sich der Preisindex für die Lebenshaltung der privaten Haushalte entwickelt hat. Klingt erst einmal nach Fachchinesisch. Ist aber recht einfach. Der Preisindex sagt zusammengefasst aus, wie viel teurer oder billiger das Leben für Privatleute geworden ist. Was kosten die Dinge, die wir zum Leben brauchen, was haben sie im letzten Jahr gekostet? Wenn die Dinge teurer geworden sind, dann wird die Miete ebenso teurer – und umgekehrt. Doch der Fall, dass die Preise abnehmen, ist ziemlich unrealistisch. Von daher könnt ihr auch bei einer Indexmiete davon ausgehen, dass eure Miete Jahr für Jahr steigen wird.

Hallo, ich will Ihre Wohnung

Wenn die erste Kontaktaufnahme geklappt hat, steht endlich die Besichtigung an. Entweder nur für euch – was heute aber krasser Luxus ist – oder ihr seid einer von 142 verzweifelten Interessenten, die sich die Wohnung gleichzeitig anschauen und um die Aufmerksamkeit des Vermieters oder der Maklerin betteln. Das ist dann die Zeit der **Bewerbermappe**. Oh ja, die heilige Mappe. Diese Mappe enthält fein säuberlich geordnet alle Unterlagen, die der Vermieter sehen will. Welche das sind? Diese hier:

- Einkommensnachweis und ggf. Bürgschaftserklärung der Eltern: Vermieter wollen sichergehen, dass sie ihre Miete bekommen. Wenn ihr selbst kein Einkommen habt, können auch eure Eltern ihre Einkommensnachweise einreichen (in Kopie, meist die letzten drei Monate). Manchmal sollen sie dann außerdem für euch bürgen. Das heißt, sie garantieren, dass sie im Fall des Falles eure Schulden beim Vermieter bezahlen. Oft schließt der Vermieter den Vertrag auch einfach direkt mit euren Eltern.

- Schufa-Auskunft: Je nachdem, wer der Mieter wird: Von euch oder euren Eltern wird eine Schufa-Auskunft verlangt. Die Schufa speichert, ob ihr Kredite aufgenommen habt, ob ihr alle eure Rechnung pünktlich bezahlt und solche Dinge. Daraus ergibt sich, wie zahlungskräftig ihr seid, das nennt man Bonität. Eine gute Bonität ist neben dem passenden Einkommen ein wichtiger Punkt bei der Auswahl der Bewerber.

- Personalausweiskopie (Bonus!): Wenn ihr die schon dabeihabt, spart ihr dem Vermieter Arbeit. Und schmeichelt euch ordentlich ein.

Fast immer müsst ihr vor Ort noch einen **Informationsbogen** mit euren persönlichen Angaben ausfüllen. Es kommt auf jeden Fall immer gut, wenn ihr alles direkt zur Besichtigung vorlegen könnt. Es gibt sogar Statistiken, dass so vorbereitete Interessenten im Durchschnitt häufiger den Zuschlag bekommen. Wohnungsbesichtigungen sind immer mehr zu einer Art Vorstellungsgespräch geworden, bei dem der beste Bewerber zum Zug kommt. Und wer ist der Beste? Der, der sich am überzeugendsten präsentiert. Und vielleicht auch keine richtig dummen Fragen stellt. Ja, ich weiß, es gibt keine dummen Fragen. Aber macht euch ein eigenes Bild. Bei der Besichtigung einer Wohnung, bei der wir dabei waren, hat eine junge Frau den

Verwalter gefragt, ob die Wohnung denn einen Balkon habe. Der Verwalter hat sie kurz angeschaut, dann hat er sie gefragt: «Haben Sie einen Balkon gesehen?» Hatte sie nicht. Hatte niemand. Es gab keinen Balkon. In der Wohnung nicht und in der Anzeige auch nicht. Also, Vorbereitung ist Trumpf.

Drum prüfe, wer ... einen Mietvertrag unterschreibt

Wenn ihr alles richtig gemacht habt und auch ein bisschen Glück dabei war, könnt ihr nun ganz stolz den Mietvertrag unterschreiben. Kosten dafür, dass ein **Makler** im Spiel war, dürfen übrigens keine mehr anfallen, Mieter müssen den Makler heutzutage nicht länger bezahlen. Es gilt das Bestellerprinzip: Derjenige bezahlt den Makler, der ihn beauftragt hat. In der Regel ist das der Vermieter. Na, dann los. Aber halt, bevor ihr loslegt, durchlesen dürft ihr euch den Mietvertrag trotzdem noch. Oder besser gesagt: Bitte macht es. Denn Lesen bildet. Deshalb lest ihr ja dieses Buch, richtiiig?! Das Prüfen des Vertrags erledigt ihr, wie vorher die Suche nach der passenden Anzeige, am besten in Ruhe. Denn in der Ruhe liegt die Kraft. Ommm. Okay, habt ihr's gelesen? Was stand drin?

Im Ernst, es gibt natürlich gefühlt tausend Varianten, was alles in einem Mietvertrag drinstehen kann. Wie ist eure Kündigungsfrist? Bis zu welchem Betrag müsst ihr Reparaturen, die sogenannten Schönheitsreparaturen, selbst zahlen? Ein wichtiger Punkt ist dazu fast immer, wie der Auszug geregelt ist. Wie sieht es mit der Nachmietersuche aus, wenn ihr rauswollt? Demgegenüber steht der Einzug: Wie wird euch die Wohnung übergeben? Meistens gibt es ein Übergabeprotokoll, darin sollte unbedingt stehen, welche Schäden in der Wohnung schon vorhanden waren. Also eine Bestandsaufnahme darüber, wie die Wände aussehen, ob es Anstriche gab, was beim Boden geht. Gerade in Berlin gibt es ja viel Parkett und abgezogene Dielen. Kratzer darin können später teuer werden, wenn nirgendwo vermerkt ist, dass sie schon beim Einzug da waren. Am besten begleitet ihr daher die Übernahme auch mit eigenen Fotos kritischer Stellen.

Manchmal sollt ihr auch **Abstand** zahlen, für die Küche oder andere Einbauten. Abstand heißt, dass ihr den Vormietern anteilig das bezahlt, was sie zuvor für Dinge gezahlt haben, die ihr jetzt übernehmt. Manchmal braucht man das Zeug überhaupt nicht oder fragt sich, was man mit dem hässlichen Einbauschrank der Marke Asbach Uralt soll. Das ist immer ein kleines Pokerspiel, ob man das ablehnen kann oder lieber in den sauren Apfel beißt, wenn man die Wohnung krass gerne haben will.

Grundsätzlich gibt es übrigens keine Pflicht vom Vermieter, euch eine Einbauküche oder irgendwelchen Küchengeräte zur Verfügung zu stellen. Berlin ist eine Ausnahme, hier muss euch der Vermieter mindestens eine Spüle und eine Kochgelegenheit zur Verfügung stellen. Anspruch auf ein bestimmtes Modell habt ihr aber nicht. Darum wird es meistens der solide weiße Schrank mit Schiebetüren und oben zwei Spülbecken. Ansonsten ein Herd, Grundmodell, mit Strom oder Gas betrieben. Für den Anfang völlig ausreichend. Also, wenn ihr bei der Küche sparen wollt, ab nach Berlin!

14 Uhr aufwachen, vier Stunden Serien streamen und dabei frühstücken, dann vollkommen chillaxt Pizza bestellen, den Karton einfach stehen lassen, während ihr wieder schön feiern geht – und die ganze Zeit meckert keiner? Herzlich willkommen in eurer ersten eigenen Wohnung! Kleiner Joke – natürlich geht es nicht nur darum, maximal zu chillen und alles schön liegen zu lassen. Aber ob Studentenwohnheimzimmer, WG oder eigene Bude, wenn ihr auszieht, habt ihr auf jeden Fall die maximale Portion Freiheit. Das Ganze hat jedoch seinen Preis, nicht nur, was das Geld angeht. Erst mal für euch selbst natürlich: Denn die Wäsche wascht *ihr* jetzt, einkaufen müsst ihr auch. Kochen! Also: das volle Leben.

Aber als Mieter übernehmt ihr auch Verantwortung für das Mietobjekt oder, besser gesagt, eben eure Wohnung. Ihr solltet sie also pfleglich behandeln. Dazu seid ihr nun in den allermeisten Fällen Teil einer Hausgemeinschaft und habt auch dort gewisse Verpflichtungen. Welche Rechte und Pflichten ihr als Mieter genau habt, erkläre ich im nächsten Abschnitt.

Rechte und Pflichten

Grundsätzlich steht in eurem Mietvertrag, was ihr dürft und was nicht. Zuallererst seid ihr in jedem Fall Herr über eure Wohnung. Der Vermieter darf nicht einfach nach Lust und Laune bei euch rein- und rausspazieren. Wenn gerade eine umfassende Sanierung ansteht oder er, falls ihr auszieht, die Wohnung potentiellen Nachmietern zeigen will, hat er zwar das Recht zur **Besichtigung**. Aber er muss den Termin mit mindestens einem Tag Vorlauf mit euch vereinbaren. Einfach spontan auf der Matte stehen, is' jedenfalls nicht, dann dürft ihr ihn wieder wegschicken.

Gestalten dürft ihr eure Wohnung dann so, wie es auch gefällt! Vom grellpinken Prinzessinnenzimmer bis zur komplett schwarzen Gothic-Höhle, vom Industrial-Style-Loft mit blanken Betonwänden bis zur behaglichen Hippiebude mit zig Wandteppichen – alles ist erlaubt. Sich ein Hochbett ins Zimmer zu bauen, ist genauso legal, wie Laminat oder Parkett verlegen. Nägel in den Wänden sind genauso okay wie Bohrlöcher, und das selbst in Fliesen (hier solltet ihr nur besser versuchen, nicht direkt in die Fliesen, sondern in die Fliesenfugen zu bohren).

Auf jeden Fall kann es super genial sein, sich ein eigenes Reich zu erschaffen. Eine leere Wohnung ist ja wie ein weißes Blatt. Man fängt einfach an, es so auszumalen, wie es einem gefällt. Ihr liebt Pflanzen? Dann immer rein damit. Ihr wollt alles möglichst geschmackvoll und individuell? Dann ab mit euch auf den Flohmarkt oder auf die Kleinanzeigenseiten. Genauso okay ist es natürlich, einfach zu Ikea zu fahren und sich einmal quer durch die Halle zu shoppen. Auch wir haben damals unsere erste Wohnungseinrichtung direkt bei Ikea gekauft. Eher die günstigen Serien, für mehr reichte es damals noch nicht. Aber das Schöne bei Ikea ist ja, dass selbst die billigen Sachen noch stylish aussehen.

Beim Ausleben eurer Kreativität solltet ihr nur eins bedenken: Am Ende der Mietzeit seid ihr fast immer verpflichtet, die Wohnung wieder in dem Zustand zu übergeben, in dem ihr sie erhalten habt – mehr dazu weiter unten beim Abschnitt über den Auszug.

Auf gar keinen Fall müsst ihr während eures Mietverhältnisses für alle Schäden aufkommen! Ihr seid nur für die schon erwähnten **Schönheits- oder Kleinreparaturen** in der Pflicht.

Das können häufig genutzte Dinge sein wie ein kaputter Lichtschalter oder ein Fenstergriff, der regelmäßig klemmt. Wie der Name schon sagt, geht es nur um kleine Beträge. 75 bis 100 Euro maximal für die Reparatur, so ungefähr. Insgesamt soll die Summe in einem Jahr nicht mehr als sechs bis acht Prozent eurer Kaltmiete ausmachen, wobei ein Höchstbetrag von um die 200 Euro jährlich gilt. Auch gut zu wissen: Kostet die Reparatur anteilig mehr, dann seid ihr nicht verpflichtet, einen Anteil zu übernehmen. Also entweder ganz oder gar nicht.

Eindeutig nicht zu den Kleinreparaturen gehören Defekte an Stromleitungen oder Heizungen, Wasserschäden oder Risse in der Decke. Also alles, was mit dem Gebäude zu tun hat und nicht mit der Wohnung. Dann ist euer Vermieter in der Pflicht. Auch wenn im Treppenhaus das Licht ausfällt oder die Klingel defekt ist, muss er einen Handwerker beauftragen.

Leider kommt es manchmal vor, dass der Vermieter eure Bitten ignoriert. Das müsst ihr euch aber nicht gefallen lassen. Wenn euch diese Dinge mega nerven, könnt ihr nämlich – immer nur für die Zeit, in der der Mangel auch wirklich besteht – eine **Mietminderung** vornehmen. Ein defektes Hausflurlicht lässt eine Minderung um ein Prozent zu, für eine defekte Klingel kann man die Miete zum Beispiel um ungefähr drei bis fünf Prozent mindern. Okay, das lohnt nicht wirklich. Bei fehlendem Warmwasser in der Dusche werden aber schon bis zu 15, bei Heizungsausfall im Winter sogar 30 bis 50 Prozent fällig. Voraussetzung ist immer, den Vermieter vorher zu informieren und ihm eine Frist zu setzen. Generell ist das Thema Mietminderung kompliziert und mit vielen Fallstricken verbunden, deshalb holt euch in solchen Fällen am besten Rat von einem Fachmann.

Kommen wir zum Thema **Mitbewohner**: Wenn noch jemand

mit einziehen soll bei euch, muss der Vermieter zustimmen. Die Ausnahme sind nahe Verwandte wie eure Eltern sowie Ehepartner und Partner in eingetragener Lebenspartnerschaft. Auch euer neugeborenes Kind müsst ihr nicht extra melden, haha. Anders sieht es bei Tanten, Onkeln und eurem total netten Cousin dritten Grades aus. Aus Höflichkeit solltet ihr eurem Vermieter generell immer mitteilen, wenn ihr in eurer Wohnung Zuwachs erhaltet. Und wenn ihr in eurer Nebenkostenabrechnung Pro-Kopf-Berechnungen habt, ist es sogar Pflicht!

Besuch dürft ihr dagegen empfangen, so oft ihr wollt. Er darf auch über Nacht bleiben, zwinker zwinker. Das war nicht immer so, früher stand in Mietverträgen gerne mal: «Herren- oder Damenbesuch nach 22 Uhr verboten!» Diese Zeiten sind aber zum Glück per Gesetz vorbei, ihr dürft gerne die ganze Nacht Spaß haben.

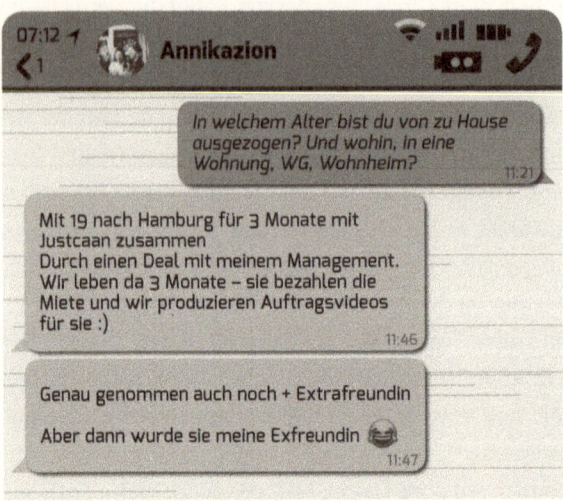

Wichtig ist nur, dass ihr, zumindest so gut wie es geht, die **Hausordnung** einhaltet. Die bekommt ihr meistens zusammen mit dem Mietvertrag ausgehändigt, sie enthält die Verhaltensregeln des Hauses wie etwa die Ruhezeiten. Ihr dürft also gern bis in die Morgenstunden quatschen oder sonstige interessante Sachen tun, aber nur so laut, dass der Mieter nebenan nicht zähneknirschend oder entsetzt im Bett liegt. Andere wichtige Fragen, die eine Hausordnung beantwortet: Müsst ihr Putzdienst machen im Treppenhaus, und wenn ja, wie oft? Müsst ihr im Innenhof Laub kehren oder im Winter Schnee schippen? Und vielleicht das Wichtigste: Dürft ihr auf dem Balkon grillen?

Ein Wort noch in Sachen tierische Mitbewohner: Alle **Tiere**, die in Käfigen oder im Aquarium gehalten werden, darf euch der Vermieter nicht verbieten. Meerschwein, Wellensittich und Co. ziehen also in jedem Fall ein. Hunde und Katzen brauchen aber das Vermieterokay.

Noch Fragen?

Wenn ihr euch in all diesen Dingen Sicherheit holen wollt, damit ihr bei Reibereien Unterstützung bekommt und nirgendwo unnötig draufzahlt, könnt ihr einem **Mieterverein** beitreten. Diese Vereine sind dafür da, Wohnungsmieter zu beraten und zu unterstützen. Dazu bieten sie auch eine Rechtsschutzversicherung für ihre Mitglieder an, die die Kosten bei Streitigkeiten übernimmt, die vor Gericht landen. Als Mitglied könnt ihr gegen einen Jahresbeitrag alle Services nutzen, aber auch ohne Mitgliedschaft beraten euch die Vereine gegen eine Gebühr am Telefon oder online zu rechtlichen Fragen. Allemal besser als zwei Stunden zu googeln und am Ende drei verschiedene und sich widersprechende Aussagen zu eurer Frage zu finden. Denn gerade beim Thema Mietrecht ist vieles nicht fest gesetzlich geregelt, sondern orientiert sich an Gerichtsurteilen. Dadurch ändern sich auch regelmäßig die Sachen, die im Mietvertrag stehen dürfen, und die Rechte und Pflichten von Mietern und Eigentümern.

Im Idealfall habt ihr natürlich einen coolen Vermieter und kriegt all diese Dinge mit ihm gut geregelt. Wichtig ist immer, dass ihr bei Defekten oder Reparaturbedarf erst eurem Vermieter Bescheid gebt und nicht selbst einen Handwerker ruft. Denn dann seid ihr Auftraggeber und seid auch dafür verantwortlich, wenn die Arbeit nicht ordentlich erledigt wird. Wir haben das damals schmerzlich in unserer ersten 40-Quadrat-meter-Wohnung gelernt. Ihr erinnert euch, die mit der Sanie-rung, 540 Euro? Leider war das Türschloss nicht mit erneuert worden und so klemmte es schon in der ersten Woche, sodass wir nicht mehr reinkamen. Und das um 22 Uhr, als wir nach Hause kamen. Also haben wir einen Schlüsseldienst gerufen. Eine Viertelstunde später war die Tür geöffnet – und wir um 300 Euro ärmer. Ein ziemlicher Hammerpreis. Aber wir waren froh, dass die Tür offen war und wollten keinen Stress, also haben wir bezahlt. Wahrscheinlich hätten wir aber gar nicht so viel zu bezahlen brauchen. Die 300 Euro hätten wir nämlich vom Vermieter zurückgekriegt, denn unser Wohnungsunter-nehmen hatte einen Aushang mit Notfallnummern unten im Hausflur. Die hätten wir zuerst anrufen müssen. Haben wir aber nicht. Das ist wohl so einer der Fehler, den man in der ers-ten Wohnung macht. Immerhin konnte ich die 300 Euro von der Steuer absetzen. Ka-ching!

Wasser kommt aus dem Hahn, Strom aus der Steckdose, das Internet ... ja und woher kommt eigentlich das Internet? Halten wir erst mal kurz fest: Ums Wasser müsst ihr euch nicht kümmern, das ist der Teil der Nebenkosten und damit Vermietersache.

Auch Strom gibt es in eurer neuen Wohnung wahrscheinlich schon, das liegt daran, dass die Grundversorgung in Deutschland vorgeschrieben ist. Vor Ort gibt es ein Unternehmen, den sogenannten **Grundversorger**, das ohnehin viele Kunden mit Elektrizität versorgt und deshalb dafür sorgt, dass auch in eurer neu bezogenen Wohnung das Licht funktioniert und die Steckdosen Saft haben. In Berlin ist das Vattenfall. Ihr seid gesetzlich verpflichtet, eurem Stromlieferanten Bescheid zu sagen, dass ihr eingezogen seid. Denn indem ihr Strom bezieht, stimmt ihr stillschweigend zu, auch dafür zu bezahlen. Auch wenn ihr die Anmeldung vergesst, werdet ihr also trotzdem mit Strom versorgt. Nur in echt krassen Fällen kann der Strom komplett abgedreht werden, zum Beispiel wenn ihr Rechnungen trotz mehrfacher Mahnungen nicht bezahlt. Aber ich gehe mal ganz stark davon aus, dass euch das nicht passieren wird. Theoretisch könnt ihr auf Dauer im Grundversorgungstarif bleiben und müsst euch um nichts kümmern. Wirklich sinnvoll wird das aber nur sein, wenn ihr ohnehin nur eine kurze Zeit in einer Wohnung bleibt.

Besser ist es, euch aktiv einen Versorger zu suchen und einen Vertrag abzuschließen. Dann wird es nämlich gleich deutlich billiger. Dazu könnt ihr Vergleichsanbieter im Internet nutzen wie *Verivox* oder *Check24*. Ihr dürft allerdings nicht vergessen, dass diese Anbieter nicht einfach nur das Beste für euch wollen, sondern an der Vermittlung verdienen, wenn ihr über sie einen Vertrag abschließt. Trotzdem kriegt ihr einen guten Überblick. Ihr solltet euch nur nicht automatisch auf die dort gezeigten Ranglisten oder irgendwelche von den Portalen ausgesuchten Siegertarife verlassen, sondern die Konditionen selbst noch einmal überprüfen. Und zwar auf den Webseiten der Anbieter selbst.

Übrigens: Euer zukünftiger Versorger kann auch aus einer ganz anderen Stadt kommen. Ihr braucht also keine Angst zu haben, dass euch ein Unternehmen aus einer ganz anderen Ecke in Deutschland nicht mit Strom versorgen kann. Ihr seid immer über die Grundversorgung abgesichert, selbst wenn beim Wechseln etwas schiefgeht.

Wichtige Eckpunkte jedes Stromvertrags sind der **Grundpreis** und der **Preis pro Kilowattstunde**. Das eine zahlt ihr Monat für Monat, egal, ob ihr überhaupt Strom braucht. Manche Verträge arbeiten ganz ohne einen festen Grundpreis. Beim Preis pro Kilowattstunde zahlt ihr für den Verbrauch. Achtet hier darauf, dass ihr eine Preisgarantie bekommt, mindestens für das erste Jahr. Gerade Paketpreise, bei denen ihr im Voraus eine gewisse Strommenge kauft, sind nicht optimal. Denn meistens ist es so, dass ihr nichts zurückbekommt, wenn ihr weniger verbraucht. Umgekehrt zahlt ihr drauf, wenn ihr die Grenze eures Pakets reißt.

Gerade am Anfang solltet ihr achtgeben, ihr werdet nämlich nicht genau wissen, was ihr so im Jahr verbraucht. Die Vergleichsportale oder auch die Versorger geben euch einen Wert pro Person vor, etwa 1500 Kilowattstunden im Jahr. Gut zu wissen: Wenn ihr, wie in Berlin häufig üblich, einen Gasherd zum Kochen nutzt, werdet ihr etwas weniger verbrauchen, als in den gängigen Übersichten angegeben.

Generell wird sich für die erste Wohnung wahrscheinlich eher ein geringerer Grundpreis anbieten und höhere Kosten für die von euch verbrauchten Kilowattstunden. So zahlt ihr nur, was ihr wirklich verbraucht, und bekommt ein Gefühl für euren Energiekonsum. Wenn ihr dann irgendwann eine Großfamilie gegründet habt, mit vielen Mitgliedern, sprich Variablen, ist ein niedriger Verbrauchspreis das Optimum.

Ganz wichtig: Schaut auf die **Laufzeit** und die **Kündigungsfrist**. Viele Verträge laufen zwei Jahre und sind im ersten Jahr ordentlich günstig. Das liegt daran, dass euch viele Energieversorger als Neukunden mehrere Boni zahlen und diese mit dem Gesamtpreis verrechnen. Auf den Portalen seht ihr zuerst nur diesen verrechneten Preis. Im zweiten Jahr wird's dann plötzlich krass teuer, denn die Boni fallen weg. Deshalb mein Tipp für Sparfüchse: Lieber nur für ein Jahr abschließen, Preise vergleichen, regelmäßig Anbieter wechseln und Boni einsacken! Wenn ihr so vorgeht, dürft ihr allerdings nicht vergessen, rechtzeitig zu kündigen, sonst verlängert sich euer Vertrag oft gleich für ein Jahr. Die Kündigungsfristen liegen meistens zwischen zwei und sechs Wochen.

Wenn ihr einen Vertrag geschlossen habt, müsst ihr monatlich einen **Abschlag** bezahlen. Das ist einfach die Vorauszahlung für euren Strom. Die eigentliche Abrechnung kommt dann meist am Ende des ersten Jahres, und ihr kriegt etwas zurück oder müsst nachzahlen, je nachdem, ob ihr weniger oder mehr verbraucht habt, als Abschläge bezahlt. Auch hier gilt: Ihr habt einen finanziellen Puffer eingeplant? Sehr gut! Übrigens mögen manche Versorger nichts lieber, als die Abschläge schön hoch anzusetzen. Mit ihren vielen Millionen Kunden geben die Unternehmen sich auf diese Weise sozusagen selbst einen Kredit – zinslos und mit euch als Kreditgeber. Muss aber nicht sein, jedenfalls habt ihr fast immer die Möglichkeit, solche hohen Abschläge auch wieder zurückzuschrauben bis zu einem gewissen Betrag. Ruft einfach an. Es sei denn, ihr bekommt grundsätzlich gerne Geld zurück und leitet es, sobald es da ist, direkt aufs Sparkonto. Oder finanziert damit eure lang geplante Reise. Wenn euch das hilft, eure Finanzen besser zu regeln – super!

Grüner Strom?

Wie bei den Banken und Konten wollt ihr die Wahl des Anbieters aber vielleicht auch mit eurem ökologischen Gewissen abstimmen. Wenn ihr Kohlekraftwerke nicht länger unterstützen wollt und auch Atomkraftwerke kritisch seht, solltet ihr euch ein **Ökostromunternehmen** suchen. So geht ihr sicher, dass euer Strom nur durch Wind, Wasser und Sonne erzeugt wird. Hier geht es dann nicht mehr darum, wer am billigsten ist, sondern dass der Strom wirklich nachhaltig erzeugt wird. Dabei solltet ihr euch am besten einen Anbieter suchen, der gar keine anderen konventionellen Tarife anbietet. Denn auch die großen Energie-Dinos wie RWE oder E.ON bieten mittlerweile Ökostromtarife an – daneben aber eben auch weiter ihren Kohle-Gas-Atom-Mix. «Echte» Öko-Unternehmen wie Naturstrom, EWS – Elektrizitätswerke Schönau oder Greenpeace Energy setzen dagegen ausschließlich auf erneuerbare Energie. Ihr könnt also tatsächlich bei der Stromanbieterwahl ein bisschen die Welt retten. Nur eins muss euch klar sein, ihr müsst dafür ein bisschen mehr zahlen.

Falls ihr einen Gasanschluss habt: Alles, was ich über Stromanbieter geschrieben habt, gilt so ungefähr auch fürs Gas. Meist ist euer Strom- gleichzeitig auch ein Gasversorger und hat entsprechende Tarife im Angebot. Und auch hier gibt es Öko-anbieter, die kein Erdgas, sondern Biogas liefern, das aus nach-wachsenden organischen Materialien erzeugt wird.

Gute Unterhaltung

Damit ihr surfen könnt und euch euer Datenvolumen nicht ruiniert, ist natürlich auch ein Internetanschluss Pflicht. Das WLAN kommt dabei entweder per DSL aus der Telefon-dose oder über den Kabelanschluss zu euch. Oder sogar per 5G-Funk-Router komplett kabellos. Anders als beim Strom gibt es weniger Anbieter und manchmal habt ihr auch keine Wahl, als den Anbieter zu nehmen, der bei euch aktiv ist. Und dass der Anschluss wirklich gelegt wird, ist auch nicht immer so ein-fach ... Geschichten über geplatzte Verabredungen mit dem Tele-komtechniker kennt ihr bestimmt. Jedenfalls könnt ihr auch hier wieder auf den Vergleichsportalen Tarife checken und bei den Anbietern selbst alles noch mal überprüfen.

Zum Schluss noch das Lieblingsthema aller Netflix-Abon-nenten, der Rundfunkbeitrag, formerly known as GEZ. Ja, auch wenn ihr gar kein Fernsehen mehr schaut, wird die Rundfunk-gebühr fällig. Denn anders als früher hängt euer Beitrag, aktuell 17,50 Euro im Monat, nicht mehr von der Anzahl der Geräte ab oder ob ihr sie wirklich nutzt. Gezahlt wird pro Wohnung. Also für alle, die sich schon die Hände gerieben haben, weil sie mal gehört haben, dass man nicht zahlen muss, wenn man den Kon-trolleuren vom Beitragsservice nicht die Tür aufmacht. Es muss gar niemand bei euch klingeln. Es wird einfach abgeglichen, wer wo gemeldet ist und wer schon zahlt und wer nicht. Der Fest-betrag pro Monat gilt auch, wenn sich eine WG die Wohnung teilt. Wenn ihr also in einer 18-Leute-WG wohnt, kriegt ihr die

Öffentlich-Rechtlichen für weniger als einen Euro pro Monat rein. Gleich der nächste Spartipp, oder?

Das Nichtzahlen von Rundfunkgebühren ist übrigens nur eine Ordnungswidrigkeit, keine Straftat. Außer dass ihr bis zu drei Jahre nachzahlen müsst, habt ihr sonst nichts zu befürchten. Allerdings, drei Jahre, das sind aktuell 630 Euro *plus* Mahngebühren, auch nicht gerade wenig. Wer BAföG, Berufsausbildungshilfe oder Arbeitslosengeld II erhält, kann sich übrigens vom Rundfunkbeitrag befreien lassen. Ansonsten gibt es leider keine Ermäßigungen oder Befreiungen für euch. Egal ob ihr Azubi oder Student seid, dem Rundfunkbeitrag entkommt ihr nicht.

Alles hat ein Ende

Keine Frage: Ausziehen ist nervig. Aber egal ob ihr gerade erst euer Elternhaus verlasst oder von einer in die nächste Wohnung zieht, dem Abschied folgt zum Glück in neuer Anfang zwischen vier neuen Wänden. Unser Umzug in unsere erste Wohnung war zum Glück total unkompliziert, weil wir noch gar keine Möbel hatten. Alles Nötige haben wir bei einer kleinen Shopping-Orgie bei IKEA besorgt. Beim Umzug in unsere zweite Wohnung mussten dann schon ein paar mehr Möbel mit, aber eher die Standards wie Bett, Schrank, Stühle. Deshalb konnten wir ein Umzugsunternehmen beauftragen, das innerhalb von zwei Stunden unser Mobiliar und die gepackten Umzugskisten von der alten in die neue Wohnung bewegt hat. Das waren sehr, sehr sinnvoll investierte 150 Euro! Und nach und nach haben wir uns nun schönere und wertigere Möbel angeschafft. Weil wir jetzt eine größere Wohnung haben, haben wir uns sogar einen Küchentisch aus Massivholz gegönnt. Vorher war einfach kein Platz dafür. Aber jetzt haben wir diesen Ort, wo wir auch noch in zehn Jahren zusammensitzen wollen. Da kann man sich so ein schweres, unbewegliches Teil mal zulegen. Wir sind jetzt schon stolz auf unseren Holztisch, dass er es so lange mit uns aushalten wird.

Wenn ihr auszieht, müsst ihr immer ein paar Sachen beachten, damit alles glatt läuft. Zuerst ist natürlich die **fristgerechte Kündigung** wichtig. Gesetzlich sind mindestens drei Monate Kündigungsfrist vorgeschrieben. Es kann auch sein, dass in eurem Vertrag eine kürzere Spanne angegeben ist, dann dürft ihr auch schon früher raus. Wichtig ist, dass die Frist von drei Monaten immer gilt, wenn euch der Vermieter kündigt. Ein kürzerer Zeitraum wäre gegen das Gesetz, selbst wenn er so im Vertrag stünde.

Laufende Strom- und Internetverträge könnt ihr normalerweise nicht einfach so kündigen, wenn ihr umzieht. Die vereinbarte Laufzeit gilt weiter. Allerdings gibt es die Möglichkeit der **Vertragsmitnahme**, dann können diese Verträge mit zur neuen Adresse umziehen. Wenn dort der entsprechende Anbieter gar kein Internet bietet, dürft ihr häufig auch eine **außerordentliche Kündigung** schreiben. Andernfalls könnt ihr, gerade in einer WG, euren Nachmieter fragen, ob er eure alten Verträge übernehmen will. Diese **Vertragsübertragung** ist oft kein Problem. So bleibt ihr nicht auf den Kosten sitzen.

Mit dem Vermieter wird es eine **Übergabe** der Wohnung geben, bei der abgeglichen wird, ob und wie sich der Zustand der Wohnung seit eurem Einzug verändert hat. Vielleicht habt ihr vorher auch schon einen Termin gehabt, bei dem euch gesagt wurde, was ihr alles noch zu tun habt. Dübellöcher schließen, Einbauten wie Hochbett und Bodenbelag wieder entfernen, Wände wieder in neutralen Farben streichen. Ja, beim Auszug heißt es: kanarienvogelgelbe Wand, motivierende Wandtattoos, Buntheit, Freshness, adé! Okay, in Berlin könnte die Wand wahrscheinlich auch spinatfarben und verziert mit großen roten Punkten sein, und es würden trotzdem dreißig Bewerber Schlange stehen. Aber dem Gesetzgeber geht es um die maximale Vermietbarkeit, deshalb sind Universalfarben Pflicht. Außerdem müsst ihr die Wohnung besenrein übergeben, ihr müsst also Teppiche saugen, Steinböden kehren und Spinnweben entfernen, immerhin aber nicht nass wischen. Nervig, aber ein Muss – sonst kann der Vermieter die Kosten für die Renovierung auf euch abwälzen.

Was im Einzelfall genau zu tun ist, steht in eurem Mietvertrag. Eine Klausel zu Schönheitsreparaturen und **Renovierung** muss auf jeden Fall vermerkt sein. Ansonsten müsst ihr gar nichts tun und könnt hart chillen. Im Zweifelsfall lohnt sich hier ein bisschen Recherche. Denn nicht alle Klauseln sind auch legal. Zum Beispiel wenn von euch eine Komplettrenovierung verlangt wird, obwohl ihr nur kurz in der Wohnung gelebt habt. Oder ihr alles in Schuss bringen sollt, obwohl ihr selbst die Wohnung unrenoviert übernommen habt. Was genau an Schönheitsreparaturen zu erledigen ist, dürfte einer der Dauerbrenner beim Auszug aus Mietwohnungen sein. Diese Frage füllt sicher einen enormen Stapel an Aktenordnern bei den Gerichten.

WGs & Co.: zu zweit, zu dritt, mit vielen?

Jetzt habe ich euch ziemlich basic erklärt, wie die Wohnungssuche abläuft, was ihr beim Ein- und Ausziehen beachten solltet und wie ihr vermeidet, zu viel Geld zu bezahlen. Trotzdem kann eine eigene Wohnung immer noch zu teuer sein. Dirk und ich waren uns zwar von Anfang an sicher, dass wir unsere eigene Butze haben wollen. Aber wir sind ja schon zu zweit. Alleine ist die Miete aber nicht so easy zu stemmen, denn wenn ihr eine Ausbildung startet, wird eure Bezahlung selten üppig sein, und als Studenten habt ihr am Anfang sowieso kein Arbeitseinkommen. Die allein bewohnte Einzimmerwohnung, das Loft in Mitte bleiben deshalb am Anfang meistens ein Traum, und ihr müsst euch nach Alternativen umschauen. Aber vielleicht wollt ihr auch gar nicht allein wohnen, sondern sucht Leute, mit denen ihr zusammen wohnen, kochen und feiern könnt.

Auf zum WG-Casting

Die Wohngemeinschaft ist *das* Modell, wenn ihr ein schönes Zimmer sucht, aber nicht so viel bezahlen könnt. Die meisten WGs bewegen sich dabei zwischen BFF-Gang und Freundschaft light. In Inseraten bei Wohnungsportalen steht häufig so was wie: «Wir machen viel zusammen, aber jeder hat auch mal Ruhe und nimmt sich Zeit für sich.» Das ist so ein bisschen die Zauberformel: Alles kann, nichts muss. Klar, wenn mehrere ziemlich verschiedene Menschen zusammen unter einem Dach wohnen, kommen eine Menge Interessen zusammen. Der eine hat vielleicht eine Riesenclique und dauernd Besuch, die nächste wünscht sich eher, was im kleinen Kreis zu machen. Die einen stehen auf Filmabende, die anderen gehen lieber feiern. Erstaunlicherweise passt am Ende meistens doch alles ganz gut zusammen. Das liegt auch daran, dass die Zusammensetzungen von WGs nur selten ein Zufallsprodukt sind.

Berühmt-berüchtigt ist ja das WG-Casting, bei dem die bisherigen Bewohner ein Zimmer vergeben und jemanden Neues suchen. Stellt man sich vielleicht so vor, dass die Bewohner dort wie Dieter Bohlen und Co. sitzen und die Bewerber und Bewerberinnen knallhart mit Fragen löchern. Gibt es, aber meist ist es viel, viel relaxter. Man sitzt zusammen, isst Chips, trinkt Cola oder auch mal Bier, plaudert und beschnuppert sich ein bisschen (also im übertragenen Sinne). Und dann schauen beide Seiten, ob sie zusammenpassen. Die Chemie sollte auf jeden Fall stimmen, ihr solltet euch einfach wohlfühlen und einander ein bisschen interessant finden. Für manche wird die WG dann fast ein bisschen wie eine neue Familie – nur mit den Bonus-Features, dass ihr in eurem Zimmer machen könnt, was ihr wollt, nicht mehr bis Mitternacht zu Hause sein müsst und euch eure «Familienmitglieder» selbst aussuchen könnt. Ein paar Gemeinsamkeiten sind dabei schon wichtig: Als Sauberkeitsfan werdet ihr in einer Gammlerbude kaum glücklich werden und als ruhiger Bücherwurm in einer 24/7-Party-WG vermutlich auch nicht. Auf der anderen Seite bietet das WG-Leben die Möglichkeit, auch mal ganz andere Menschen kennenzulernen, mit denen man sonst vielleicht nicht sofort abhängen würde. Das kann auch spannend sein.

Letztlich ist es eine persönliche Frage, ob das WG-Leben das Richtige für einen ist. Für mich ist es eher nichts, da ich es nicht so mögen würde, wenn etwa meine Mitbewohner Besuch haben und ich die Leute gar nicht kenne. Das ist aber meine persönliche Einstellung, vielleicht seid ihr da ganz anders drauf.

Finanziell lohnt sich das WG-Leben oft sehr. Erst einmal bei den Nebenkosten: Beim Internet und beim Rundfunkbeitrag spart ihr auf jeden Fall, da ihr euch diese Fixbeträge ja jetzt teilt. Bei Strom und Gas ist je nach Personenanzahl natürlich auch der Verbrauch höher, dennoch zahlt ihr zusammen immer weniger, als wenn jeder einzeln zahlen würde. Das Gleiche gilt

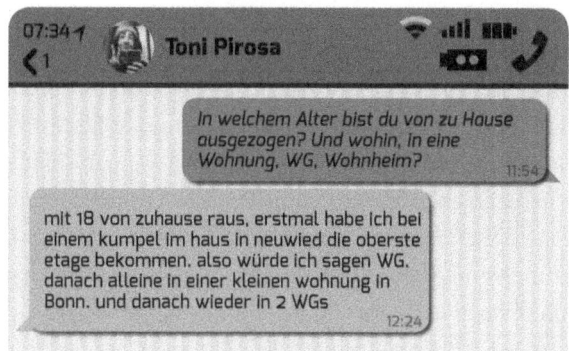

In welchem Alter bist du von zu Hause ausgezogen? Und wohin, in eine Wohnung, WG, Wohnheim?
11:54

mit 18 von zuhause raus, erstmal habe ich bei einem kumpel im haus in neuwied die oberste etage bekommen. also würde ich sagen WG. danach alleine in einer kleinen wohnung in Bonn. und danach wieder in 2 WGs
12:24

für die Miete. Eine Fünf-Zimmer-Wohnung ist immer billiger als fünf Ein-Zimmer-Wohnungen. Bedeutet: Die Chance, dass ihr auch als armer Student in euer hippes Lieblingsviertel ziehen könnt, liegen mit einer WG *wesentlich höher.* Vielleicht bleibt euch sogar genug Geld übrig, um ein Zimmer zusätzlich als Wohnzimmer nutzen zu können. So habt ihr noch mehr Luxus.

Schließlich, wenn in der Wohnung mal etwas kaputtgeht, teilt ihr euch die Kosten. Viele WGs kaufen auch bestimmte Lebensmittel oder Hygieneartikel zusammen ein. Hier müsst ihr natürlich darauf achten, dass es fair bleibt und nicht immer nur einer alles besorgt – eine gemeinsame **WG-Kasse** kann eine gute Idee sein. Beim gemeinsamen Einkauf spart ihr meist indirekt, weil größere Mengen oft günstiger daherkommen als Mini-Single-Packungen. Außerdem werdet ihr wahrscheinlich weniger wegwerfen, weil sich immer jemand findet, der euren Joghurt isst, wenn ihr mal verreist seid ... okay, manchmal auch, wenn ihr eigentlich da seid.

Beachten solltet ihr, dass WGs nicht ganz einfach beim Thema Mietrecht sind. Wenn ihr die Möglichkeit habt, die Wohnung gleichberechtigt mit euren Mitbewohnern zu mieten, ist das gut und schlecht für euch. Was, beides? Ja. Denn ihr seid dann alle **Hauptmieter** mit gleichen Rechten und Pflichten. Das Problem ist hier, dass das Mietverhältnis jedes Mal geändert oder neu beginnen muss, wenn einer auszieht. Im blödesten Fall wird dann auch immer gleich die Miete angepasst und nach oben korrigiert. Häufig versuchen WGs, solche Wechsel ohne Änderungen im Mietvertrag durchzuziehen, aber irgendwann fällt dann doch auf, dass ein neuer Name am Briefkasten steht. Und das sehen Vermieter natürlich gar nicht gern. Und noch was anderes: Ihr seid bei diesem Modell Gesamtschuldner. Das bedeutet, dass jeder einzeln für die anderen mithaftet. Wenn eure Mitbewohner nicht zahlen, kann der Vermieter völlig legal die gesamte Miete von euch allein einfordern. Deshalb ist es noch wichtiger, sich seine Mitbewohner gut auszusuchen.

Einfacher ist ein **Untermietverhältnis**. Das schließt ihr dann nicht mit dem Vermieter selbst, sondern mit dem Mitbewohner ab, der Hauptmieter ist. Der Mietvertrag muss in diesem Fall nicht jedes Mal geändert werden. Allerdings muss der Vermieter einer Untervermietung fast immer zustimmen, und er kann dann einen Mietaufschlag verlangen. Außerdem seid ihr abhängig vom Hauptmieter, was bei Streitigkeiten in der WG ein Problem sein kann.

Möglich ist auch, dass jeder WG-Mitbewohner einen eigenen Vertrag mit dem Vermieter abschließt. Dann wird quasi jedes Zimmer einzeln vermietet, auch die Nebenkosten werden individuell abgerechnet. Bei einer solchen Regelung kann man sich aber im Zweifel nicht aussuchen, mit wem man zusammenwohnt, weil diese Entscheidung dann grundsätzlich beim Vermieter liegt. Er kann sie zwar an euch abtreten, eine Garantie habt ihr aber nicht dafür. Diese Variante ist daher eher etwas für kurzfristige Anmietungen oder eine reine **Zweck-WG**, bei der es nur um die finanziellen Vorteile geht und ein richtiges freundschaftliches WG-Leben gar nicht gewünscht ist.

In den meisten Fällen werdet ihr euch nicht aussuchen können, wie genau das Mietverhältnis rechtlich aussieht, denn es besteht ja schon. Deshalb solltet ihr euch vorher schon mal Gedanken machen, was an eurer Unterschrift hängt. Die einzige Ausnahme ist, wenn ihr euch mit Freunden und Bekannten zusammentut und eine **WG-Neugründung** versucht. Gar nicht einfach, die Wohnungssuche kann ähnlich schwierig werden wie bei einer eigenen Wohnung, und dann muss der Vermieter vorher einer Nutzung als WG zustimmen. Aber so könnt ihr sichergehen, dass die Art der Miete und das Zusammenleben genau euren Vorstellungen entspricht.

Andere Wohnformen

Eine andere Möglichkeit, günstig an ein Zimmer zu kommen, sind **Studentenwohnheime**. Häufig werden sie von den Studentenwerken betrieben, die sich als öffentliche Einrichtungen um die Belange der Studenten kümmern, indem sie Mensen betreiben, kulturelle Sachen organisieren und eben auch Wohnraum anbieten. In Studentenheimen kann man eine Menge Leute kennenlernen, aber man kann sich auch in seinem Zimmer verbarrikadieren. Prinzipiell kommt hier also jeder auf seine Kosten, partywütige Dauer-Connecter genauso wie Menschen, die lieber für sich sind und den ganzen Tag lernen müssen (oder wollen). Und man hat den sehr großen Vorteil, dass die Studentenwohnheime direkt an der Uni liegen. Ich habe immer alle beneidet, die nach einem kurzen Spaziergang direkt zu Hause waren, während ich mit der U-Bahn durch halb Berlin gezuckelt bin.

Allerdings ist es ist meistens gar nicht so einfach, ein Zimmer im Studentenwohnheim zu kriegen. Nach der Anmeldung landet man auf Bewerberlisten, und dann kann man warten. Diese Zimmer sind auch bei ausländischen Studierenden sehr beliebt, weil meistens schon alle Möbel drin sind und man so eine Bleibe auch für ein halbes oder ganzes Erasmus-Jahr findet. Die Küchen und Bäder werden häufig gemeinschaftlich genutzt, die Studentenwohnheime haben daher auch so eine Art WG-Charakter, der aber eher in Richtung Jugendherberge geht. Ein Freund von mir wohnte auch in einem Studentenwohnheim und fand es ganz gut da. Das einzig Negative: Es wurde alles geklaut, was er auf den Flur gestellt hat. Sogar Schuhe. Ein Mysterium waren hingegen Eierpappen. Wenn er die rausgestellt hat, wurden immer nur die Eier geklaut, nie aber der Karton. Wer weiß, vielleicht wollten die Diebe meinem Freund zu verstehen geben, dass er ruhig neue Eier kaufen soll ...

Da man für ein Zimmer im Wohnheim auch wirklich studieren muss, kommt das Wohnen dort nur in diesem Zeitraum in Frage. Nach dem Studium muss man sich also etwas Neues suchen. Die Wohnheimmieten sind moderat, und ihr macht sicher nichts falsch, wenn ihr euch als Student oder Studentin nach einem Wohnheimzimmer umschaut. Übrigens: Sogenannte **Studentenappartements** von Anbietern wie Smartments oder The Fizz sind, anders als ihr Name verspricht, häufig unglaublich teuer. Was aber auch kein Wunder ist, denn diese Unternehmen sind eben keine öffentlichen Institutionen wie die Studentenwerke, sondern normale Unternehmen, die gewinnorientiert arbeiten.

Und wie wäre es mit einer Villa in guter Lage? Für ganz wenig Geld? Ja, das gibt es auch. Aber meistens hängt da ein dicker Rattenschwanz dran. Ich rede von **Burschenschaften** und **Stu-**

dentenverbindungen. Ihr wisst schon, die Männer mit Hütchen auf dem Kopf und Schärpe ums Jackett. Manche fechten auch, sogenannte «schlagende» Verbindungen, und vereinzelt gibt es auch gemischte oder Frauenverbindungen. Tatsächlich wohnen Verbindungsmitglieder oft in schönen Häusern. Das günstige Zimmer bekommt ihr allerdings nur unter der Bedingung, dass ihr euch voll in die Gemeinschaft integriert. Und Gemeinschaft bedeutet in diesem Fall nicht selten: Feste Regeln und – Saufrituale. Nicht jedermanns Cup of Beer, äh, Tea, würde ich sagen. Außerdem gibt es unter den Verbindungen manche, die politisch sehr zweifelhaft, also rechtsextrem sind. Das gilt natürlich nicht für alle, aber hier solltet ihr in jedem Fall aufpassen.

Noch eine andere Möglichkeit, gerade in Unistädten, sind Zimmer von Privatleuten. Was dagegen spricht? Nichts. Dafür? Auch nicht so richtig viel. Ihr habt ein eigenes Zimmer und nutzt sonst die Wohnung des Vermieters mit, der meistens schon etwas älter sein dürfte. Besonders günstig sind solche Zimmer im Regelfall nicht, und sehr studentisch geht es auch nicht zu. Vielleicht könnte man am ehesten sagen: Okay, gerade wenn ihr ganz schnell was braucht, schlagt zu, aber auf Dauer wird es wahrscheinlich ein bisschen langweilig.

Übrigens, viele meiner Berliner Freunde wohnen tatsächlich noch bei ihren Eltern. Es scheint also doch für viele gar nicht so nervig und einengend zu sein, wie es sich zumindest für mich am Ende anfühlte. Wohnen ist halt eine sehr persönliche Sache, bei der jeder seine Vorlieben hat und seinen Weg finden muss.

Welche Versicherungen brauche ich?

Wenn ich durch Berlin laufe, sehe ich an Wohnhäusern häufig diese vielen kleinen Schilder mit den Flammen drauf, auf denen «Feuersozietät» steht. Tatsächlich ist die «Feuersozietät» eine Versicherung für die Wohnhäuser, für den Fall, dass es brennt. Und es gibt sie schon ziemlich lange: mehr als dreihundert Jahre. Nun wird der größte Teil von euch kein eigenes Wohnhaus in Berlin besitzen, nehme ich an. Und es brennt ja zum Glück auch nicht so oft. Eine Brandversicherung braucht ihr also nicht. Aber es gibt Situationen, in denen euch oder anderen etwas passieren kann und wo es dann sehr schnell sehr teuer wird. Einmal nicht aufgepasst, schon ist es passiert. Ihr rennt bei Rot über die Straße, weil ihr zu spät dran seid, ein Autofahrer muss bremsen und der Hintermann knallt ihm in den Kofferraum. Ihr tragt eine (Mit-)Schuld und müsst für eventuelle Schäden aufkommen.

Genauso gibt es Dinge, die einfach passieren, ohne dass ihr sie groß beeinflussen könntet. Vielleicht werdet ihr krank und könnt euren Job nicht mehr ausüben. Oder ihr habt die schlechten Zähne der Familie geerbt und braucht plötzlich sündhaft teure Zahnimplantate.

Um euch vor solchen Kostenfallen zu schützen, könnt ihr so ziemlich jede Sache versichern. Was euch aber keine Versicherung der Welt ehrlich sagen wird, ist, ob sich so ein Schutz auch lohnt. Nicht in jedem Fall müsst ihr Monat für Monat fünf Euro hier und zehn Euro da abdrücken. Denn auf diese Weise verschwindet schnell ein ordentliches Sümmchen von eurem Konto. Was sind die Essentials, wo lohnt es sich weniger, was ist Pflicht und was Kür? Ich gebe euch in diesem Kapitel einen kleinen Überblick.

Gesetzliche Krankenversicherung

Ich habe euch im Jobkapitel schon ein bisschen was zu den Sozialversicherungen erzählt. Hier kommen noch mehr Details, fangen wir mit der Krankenversicherung an. In Deutschland besteht eine Versicherungspflicht in der gesetzlichen Krankenkasse. Nur weil ihr diese Versicherung habt, könnt ihr jederzeit easy beim Arzt vorbeischauen, egal ob in der Grippe- oder Heuschnupfensaison: Ihr geht hin, zeigt eure Versicherungskarte vor und lasst euch behandeln. In einigen Fällen ist es aber auch möglich, sich privat zu versichern, dazu später mehr.

Wenn ihr noch Schüler seid, müsst ihr euch normalerweise keine Gedanken machen. Dann seid ihr mitversichert, wenn eure Eltern in der gesetzlichen Krankenkasse versichert sind. Eine solche **Familienversicherung** gilt, bis ihr 23 seid. Als Studenten, aber auch in einer schulischen oder beruflichen Ausbildung seid ihr sogar bis zum Alter von 25 Jahren oder 14 Fachsemestern auf diese Weise versichert. Wichtig ist, dass ihr monatlich nicht mehr als 450 Euro im Minijob verdient.

Danach oder wenn ihr mehr verdient, könnt ihr in die gesetzliche, immer noch günstige **studentische Krankenversicherung** wechseln. Während der Vorlesungszeit dürft ihr dann aber nicht mehr als 20 Stunden pro Woche arbeiten. In den Semesterferien schon, aber auch hier nicht mehr als insgesamt 26 Wochen im Jahr. Warum? Weil euer Studium oder euer Ausbildung im Vordergrund stehen soll, nicht euer Job.

Falls ihr auch mit über 30 Jahren noch studiert, müsst ihr eure gesetzliche studentische Krankenversicherung in eine

freiwillige gesetzliche Krankenversicherung umwandeln oder euch privat versichern.

Absolviert ihr eine duale (berufliche) Ausbildung, müsst ihr auf jeden Fall eine eigene gesetzliche Krankenversicherung haben. Ihr zahlt die normalen Beiträge – es sei denn, eure Vergütung liegt bei unter 325 Euro, dann zahlt der Arbeitgeber komplett euren Beitrag.

Hier das Ganze noch mal im Überblick:

nicht erwerbstätig	**familienversichert bis 23 Jahre,** wenn eure Eltern in der gesetzlichen Krankenkasse versichert sind	maximaler Verdienst: 450 Euro (Minijob)
schulische Ausbildung	**familienversichert bis 25 Jahre,** wenn eure Eltern in der gesetzlichen Krankenkasse versichert sind	maximaler Verdienst: 450 Euro (Minijob)
Studium	**familienversichert bis 25 Jahre,** wenn eure Eltern in der gesetzlichen Krankenkasse versichert sind, danach oder bei höherem Verdienst **studentische Krankenversicherung** bis 30 Jahre mit niedrigen Beiträgen	maximaler Verdienst: 450 Euro (Minijob), maximale Arbeitszeit: 20 Stunden / Woche (Vorlesungszeit), mehr Arbeitsstunden in den Semesterferien möglich, (maximal für 26 Wochen)
duale Ausbildung	ihr müsst euch selbst voll gesetzlich versichern	bei Vergütung unter 325 Euro übernimmt der Arbeitgeber die Beiträge
		Stand: Januar 2020

Grundsätzlich könnt ihr bei der Wahl eurer gesetzlichen Krankenversicherung – kurz GKV – erst einmal nicht viel falsch machen. Denn die meisten Leistungen sind gesetzlich vorgeschrieben. Die gesetzlichen Krankenkassen unterscheiden sich nur in bestimmten Punkten: Und zwar darin, welche **Zusatzleistungen** sie anbieten und welchen Zusatzbeitrag sie dafür erheben. Zusatzleistungen können etwa sein: (Teil-)

Übernahme der Kosten für Zahnreinigungen, Hautkrebsuntersuchungen oder Reiseimpfungen. Wenn ihr mal – yay! – nach Vietnam reisen wollt, müsst ihr beispielsweise Tabletten zur Vorsorge gegen Malaria nehmen. Das zahlen viele, aber nicht alle Kassen. Manche Kassen sponsern euch außerdem bis zu einem bestimmten Betrag verschiedene Gesundheits- und Sportkurse, damit ihr immer schön fit bleibt. Manche geben euch sogar einen Bonus, wenn ihr nachweisen könnt, dass ihr gesund lebt und Sport treibt. Kleiner Tipp: Mit 'ner Raucherlunge wird das nix. Und dann gibt es noch Unterschiede beim Service, also wie viele Geschäftsstellen eure Krankenkasse vor Ort hat oder ob es eine Telefon-Hotline gibt.

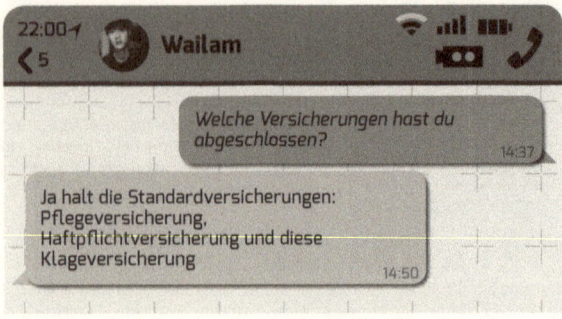

Für die Krankenkasse werden aktuell **14,6 Prozent eures Bruttoeinkommens** fällig. Das müsst ihr als Angestellter aber nicht alleine zahlen – euer Arbeitgeber übernimmt die Hälfte. Das gilt auch für den Zusatzbeitrag, der zwischen 0,3 und 2,5 Prozent schwankt. (Anders liegt die Sache, wenn ihr selbständig seid – dann zahlt ihr den vollen Betrag!) Die Sparmöglichkeiten sind hier letztlich recht gering, denn im Normalfall steigt mit eingesparten Krankenkassenbeiträgen auch die Höhe eurer Steuern. Am besten schaut ihr im Vorfeld, welche Leistungen euch wichtig sind und welche Kasse sie anbietet. **Zusatzversicherungen** für Zahnersatz oder Krankenhausaufenthalte gehören übrigens nicht zur gesetzlichen Krankenversicherung, sondern ihr schließt sie mit privaten Anbietern ab, die euch eure GKV eventuell aber vermittelt. Dazu gleich noch mehr.

Wenn ihr euch jetzt umschaut und eine andere Kasse besser findet als eure aktuelle, ist der Wechsel übrigens kein großes Problem. Bei der Kasse, für die ihr euch zuerst entschieden habt, müsst ihr zwar 18 Monate bleiben. Danach könnt ihr aber mit Frist von zwei Monaten kündigen. Falls eure Krankenkasse den Zusatzbeitrag erhöht, könnt ihr auch sofort kündigen.

Private Krankenversicherung

Vielleicht habt ihr das mal in einer Arztpraxis mitbekommen: Ihr meldet euch gerade bei der Arzthelferin an, da stürmt ein rüpeliger Typ an den Tresen mit den Worten «Ich hab zwar keinen Termin, aber ...» und knallt seine Karte auf den Tisch. «Kein Problem, der Herr Doktor hat gleich Zeit für Sie», säuselt die freundliche Angestellte. What the ...? Dabei musstet ihr sechs Wochen auf den Termin warten!

Okay, auch wenn ich gerade ein bisschen übertrieben habe, privat versichert sein, hat immer eine gewisse Aura, so von wegen «reich und schön». Ärzte, die ausschließlich Privatpatienten in ihren fancy ausgestatteten Praxen behandeln, lassen Privatversicherte fast wie Auserwählte erscheinen. Gesetzlich? Entsetzlich! Geht bitte woanders hin, aber nicht zu uns! Na gut ... aber lohnt sich eine private Krankenversicherung (PKV) abseits von dem ganzen Checker-Gehabe überhaupt, und wer kann sich eigentlich privat versichern? Die Antwort: Wenn ihr als Angestellter sehr gut verdient – also mehr als 60 750 Euro brutto im Jahr –, wenn ihr hauptberuflich selbständig seid oder wenn ihr Beamter seid. Aber auch als Student könnt ihr euch privat krankenversichern.

Und was bringt das? Erstens: Ihr könnt euch ein absolut **individuelles Paket an Leistungen** schnüren lassen. Zweitens: Ihr sichert euch die **bestmögliche Behandlung**. Meistens heißt das, dass ihr an die ganz besonderen Spezialisten herankommt und dass ihr tatsächlich bevorzugt behandelt werdet bei den Ärzten. Die können für euch als Privatpatienten nämlich für die gleichen Leistungen viel mehr Geld abrechnen als bei gesetzlich Versicherten: im Durchschnitt das 2,3-fache. Im Gegenzug bekommt ihr meistens tatsächlich besseren Service.

Genau deswegen hat eine private Versicherung aber auch ihren Preis. Solange ihr noch studiert, lohnt sich eine PKV fast immer nur in zwei Fällen: Wenn eure Eltern Beamte sind, denn dann kriegt ihr bis 25 sehr günstige Tarife. Oder wenn ihr bereits wisst, dass ihr später auf jeden Fall eine private Krankenversicherung wollt – ein früher Einstieg ist oft sinnvoll. Aber Achtung, die Entscheidung für eine PKV ist für die Dauer des Studiums bindend, erst hinterher könnt ihr wieder in die GKV wechseln.

Anders als bei der GKV müsst ihr bei der PKV in **Vorleistung** gehen. Als Privatpatient zahlt ihr eure Arztrechnungen also erst mal selbst. Erst hinterher könnt ihr sie bei eurer privaten Krankenversicherung einreichen und bekommt sie dann – wenn die Leistung in eurem Paket enthalten ist – erstattet.

Es gibt auch einige Punkte, die wirklich schwierig sind an einer Privatversicherung. Zum einen: Die PKVs sind nicht verpflichtet, euch aufzunehmen, sondern können euch wegen **Vor-**

erkrankungen auch ablehnen. Zum Beispiel, wenn ihr vorher schon mal Krebs, Herzprobleme oder eine psychische Erkrankung hattet. Weil, die Krankheit könnte ja wiederkommen, und das käme teuer für die Versicherung. Und auch wenn sie euch aufnehmen, können sie bestimmte Leistungen für euch ausschließen oder einen Risikozuschlag von euch verlangen.

Zum anderen: Sparen ist auf Dauer nicht wirklich drin. Am Anfang, wenn ihr noch jung seid, sind PKVs wirklich verlockend, denn die Beiträge, auch genannt **Prämien**, sind manchmal sogar niedriger als bei GKVs. Wenn ihr älter werdet, steigen sie aber an, besonders, wenn ihr öfter krank werdet und eure Rechnungen plötzlich höher sind als von der PKV kalkuliert. Außerdem müsst ihr bedenken, dass der Beitrag bei den GKVs immer ans Einkommen gekoppelt ist – 14,6 %, remember? –, während die Prämien bei der PKV fix sind. Falls ihr plötzlich weniger verdient, könnt ihr sie zwar neu verhandeln, indem ihr ein günstigeres Paket wählt, aber damit fallen auch Leistungen weg. Ein Wechsel zurück in die gesetzliche Krankenversicherung ist übrigens nicht einfach und ab 55 Jahren fast unmöglich. Das heißt, eine private Krankenversicherung muss man sich leisten können – und das ein Leben lang. Immerhin übernimmt euer Arbeitgeber auch bei der PKV die Hälfte der Beiträge, zumindest bis zu einem bestimmten Höchstbetrag.

Ich empfehle euch, euch reichlich Zeit zu nehmen bei der Entscheidung, ob sich ein Wechsel zu einer privaten Krankenkasse für euch lohnt. Im Idealfall gönnt ihr euch einen unabhängigen Honorarberater, den ihr selbst bezahlt. Denn die Berater der jeweiligen Kassen sind befangen – ihr eigenes Produkt ist natürlich immer das beste!

Oh boy. Das interessiert euch bestimmt am meisten, was so in 50 Jahren in eurem Geldbeutel los ist. Schon das Wort «Altersvorsorge» ist ja ungefähr so sexy wie Omas rosa Rüschennachthemd. Und leben wir dann nicht eh schon auf dem Mars? Oder schippern, wenn es dumm läuft, auf Hausbooten auf der überschwemmten Erde herum?

Wie auch immer, wenn ihr angestellt arbeitet, dann zahlt ihr sie immer automatisch: die **gesetzliche Rentenversicherung**. Als Selbständiger könnt ihr euch, wie erwähnt, unter Umständen davon befreien lassen. Je mehr ihr monatlich einzahlt, desto höher wird später eure gesetzliche Rente sein. Dafür gibt es extra ein Punktesystem, ihr erhaltet sogenannte **Entgeltpunkte**. Das Prinzip ist einfach: Je mehr Punkte ihr verdient, desto höher wird später eure Rente sein. Ihr bekommt pro Jahr einen Punkt, wenn ihr im Jahr so viel verdient wie der Durchschnittsdeutsche, aktuell etwas weniger als 40 000 Euro. Und wenn ihr länger arbeitet, als ihr eigentlich müsstet, bekommt ihr Punkte dazu. Umgekehrt werden euch Punkte abgezogen, wenn ihr beschließt, euch schon früher auf eure Finca auf Malle zurückzuziehen. Das reguläre Renteneintrittsalter liegt übrigens heute, im Jahr 2020, bei 65 Jahren und 9 Monaten, wird aber bis 2029 auf 67 Jahre angehoben. Allerfrühestens könnt ihr unter bestimmten Bedingungen derzeit mit 63 Jahren in Rente gehen – verlasst euch aber nicht darauf, dass das so bleibt.

Wer Kinder erzieht, bekommt als Vater oder Mutter ein paar Extrapunkte, genauso wie Menschen, die Angehörige pflegen. Was genau am Ende rauskommt, hängt also von verschiedenen Faktoren ab. Auskunft über den aktuellen Stand gibt euch die Deutsche Rentenversicherung. Ab eurem 27. Geburtstag kriegt ihr jährlich einen Rentenbescheid, wenn ihr bereits fünf Jahre in die Rentenversicherung eingezahlt habt.

Aber rechnen wir doch mal kurz durch, wie so eine **Durchschnittsrente** aussieht. Angenommen, ihr hört heute a) genau zum gesetzlichen Eintrittsalter auf, habt b) 45 Jahre lang gearbeitet, außerdem c) in jedem dieser Jahre genau das deutsche Durchschnittsgehalt verdient, und zwar d) in Ost-Berlin, dann ergibt sich folgende Rechnung:

$$45 \text{ Entgeltpunkte} \times 31,89 \text{ Euro} = 1435,05 \text{ Euro}$$

Aha, und wo zum Teufel kommen diese 31,89 Euro her, hab ich mir die ausgedacht? Nein, das ist der sogenannte **Rentenwert**, der sich an den Durchschnittseinkommen orientiert – siehe oben – und jedes Jahr neu festgelegt wird. 2019 lag der Rentenwert für die neuen Bundesländer, und dazu gehört Ost-Berlin, bei 31,89 Euro. Nächstes Jahr wird es aber schon wieder anders aussehen.

Deshalb ist das nur ein Beispiel, die eigentliche Rechnung ist auch noch etwas komplizierter. Und natürlich werdet ihr nie immer *genau* das Durchschnittseinkommen verdienen, aber so ungefähr könnt ihr euch das mit der Rente vorstellen. Außerdem müsst ihr wissen, dass es sich bei dem obigen Betrag um eure Bruttorente handelt. Ja, auch auf eure Rente müsst ihr **Steuern und Sozialabgaben** zahlen! Zwar weniger als normale Arbeitnehmer, aber eure Nettorente, das, was ihr also am Ende tatsächlich rausbekommt, wird auf jeden Fall noch mal niedriger ausfallen.

Klar ist in jedem Fall, dass ihr euch auf die gesetzliche Rente allein nicht verlassen könnt, denn es wird in den nächsten Jahren bestimmt immer wieder Anpassungen geben. Und da es in Deutschland immer mehr Omas und Opas gibt und immer weniger junge Menschen, immer weniger Arbeitende also für immer mehr Rentner zahlen müssen, wird bei diesen Anpassungen sicher nicht *mehr* Rente rausspringen. Vorsorgen müsst ihr immer mehr selbst, und da habt ihr verschiedene Möglichkeiten.

Wenn ihr angestellt seid, kann die **betriebliche Altersversorgung** für euch richtig sein. Hier gibt es verschiedene Modelle, alle zu beschreiben, würde den Rahmen sprengen. Jedenfalls, wenn ihr eine besonders nette Firma habt, zahlt sie ganz ohne euer Zutun in eine Versicherung ein, die euch dann im Alter die Betriebsrente auszahlt. Andernfalls könnt ihr einen Teil eures Bruttogehalts selbst in eine Versicherung stecken, im Idealfall zahlt euer Arbeitgeber etwas dazu (und muss das bei neuen Arbeitsverträgen sogar!).

Eine weitere Möglichkeit zur Altervorsorge ist die **Riester-Rente**. Dabei schließt ihr eine private Rentenversicherung mit einem Unternehmen ab, das Ganze wird aber vom Staat gefördert. Er gibt euch also jedes Jahr etwas dazu, eine sogenannte Zulage. Falls ihr Kinder habt, oder als Berufseinsteiger, gibt es einen Bonus. Die Riester-Rente garantiert euch eine zusätzliche niedrige Rente bis zu eurem Lebensende.

Eine rein **private Rentenversicherung** lohnt sich übrigens nach Expertenmeinung heute nicht mehr. Die Kosten sind recht hoch und die garantierten Zinsen sehr niedrig. Legt euer Geld lieber anders an.

Die Arbeitslosenversicherung

Wie bei der gesetzlichen Rentenversicherung gilt: Wenn ihr als Angestellter arbeitet, zahlt ihr automatisch und verpflichtend in die Arbeitslosenversicherung ein, als Selbständiger steht es euch häufig frei. Falls ihr arbeitslos werden solltet, habt ihr durch die Versicherung einen Anspruch, **Arbeitslosengeld I** zu erhalten. Bedingung ist, dass ihr in den letzten zwei Jahren mindestens zwölf Monate versicherungspflichtig gearbeitet habt. Dann bekommt ihr sechs Monate lang Arbeitslosengeld I, wenn ihr die vollen zwei Jahre durchgearbeitet habt, sogar ein ganzes Jahr lang. Wie viel ihr bekommt, hängt von eurem bisherigen Netto-Einkommen ab. Normalerweise bekommt ihr 60 Prozent eures früheren Gehalts, mit Kind 67 Prozent. ALG I zu beziehen, kann sehr nützlich sein, weil es wahrscheinlich nicht immer hinhauen wird, dass ihr nahtlos von einem in den nächsten Job wechseln könnt. So könnt ihr die Zeit dazwischen geldmäßig überbrücken. Darüber hinaus können euch die Arbeitsagenturen auch Weiterbildungen und Umschulungen finanzieren. Acht geben müsst ihr bei den Fristen: Mindestens drei Monate vorher müsst ihr euch bei der Agentur für Arbeit melden, sonst gibt es Abzüge.

Arbeitslosengeld II, oft auch Hartz IV genannt, hat übrigens trotz des Namens nichts mit der Arbeitslosenversicherung zu tun – verwirrend. Es wird durch Steuern finanziert und dient der existenziellen Grundsicherung. Ihr könnt es beantragen, wenn euer Anspruch auf ALG I verfällt und ihr sonst kaum noch Rücklagen habt. Um ALG II zu bekommen, müsst ihr den Jobcentern aber erst komplett eure finanzielle Situation darlegen. Ziemlich unangenehm und ein ganz schöner Struggle. Trotzdem gut, dass es so ein Notgeld gibt.

Die Haftpflichtversicherung

Ihr habt keine private Haftpflichtversicherung? Uiuiui, dann lasst euch am besten ganz schnell in mehrere Lagen Luftpolsterfolie einwickeln, bleibt dann ganz ruhig auf dem Boden eures Zimmers liegen und rührt euch nicht. Wann ihr euch wieder bewegen dürft? Na ja, am besten gar nicht mehr. Das wäre jedenfalls mein Tipp für euch.

Okay, gut, alternativ könnt ihr natürlich auch einfach eine Haftpflichtversicherung abschließen. Sie sichert euch ab **gegen Schäden, für die ihr verantwortlich seid**, und ist deshalb euer Lifesaver in vielen denkbaren Situationen. Und Lifesaver meine ich in dem Fall wörtlich, denn in Deutschland haftet ihr als Verursacher für entstandene Schäden *mit eurem gesamten Vermögen*. Im schlimmsten Fall könnt ihr euch so durch einen unachtsamen Moment euer Leben ruinieren.

Natürlich sind die allermeisten Fälle nicht so dramatisch. Angenommen, ihr daddelt mit euren Freunden bis spät in die Nacht, im Eifer des Gefechts stoßt ihr euren Energydrink um und das Zeug landet auf der Konsole eures Freundes. Ein kurzes Knistern, und das Teil geht qualmend in die ewigen Jagdgründe ein. Oder ihr cruist lässig mit dem E-Roller durch die Stadt, habt den Dreh mit dem Lenken aber irgendwie noch nicht raus und kracht in den am Seitenstreifen parkenden Benz inklusive Kratzer im Lack. Alles ärgerlich, aber bei solchen **Sachschäden** sind die Kosten noch überschaubar.

Teurer wird es dagegen oft bei **Personenschäden**, wie es so schön im Versicherungsdeutsch heißt. Und das geht ganz fix. Vielleicht seid ihr morgens zu spät dran für euer Seminar und stürmt aus dem Haus und direkt, ohne zu gucken, über den Radweg. Ein Reifenquietschen, und schon liegt der Fahrradfahrer, dessen Fahrtweg ihr abrupt gekreuzt habt, auf dem Boden und hält sich das Knie. Arzt- und Rehakosten, Schmerzensgeld und auch der Verdienstausfall, wenn der gute Mann zum Beispiel als Fahrradkurier arbeitet – all das müsst ihr als Unfallverursacher bezahlen. Hier seid ihr schnell bei Beträgen weit über 10 000 Euro. Im absoluten *worst case* trägt die verletzte Person dauerhafte Verletzungen davon, beispielsweise eine Lähmung, und ihr müsst ein Leben lang für die Folgekosten aufkommen. In dem Fall geht es um Millionenbeträge!

Deswegen auch die hohen Summen, bis zu der die Haftpflichtversicherungen für verursachte Schäden aufkommen. Denn erst mal denkt man sich ja direkt: Hä, warum, ich will doch nicht die ganze Stadt in die Luft jagen? Aber das ist absolut sinnvoll, denn die Kosten können schneller steigen, als man denkt. Was allein achtlos weggeworfene Zigarettenkippen anrichten können ... Eure Versicherung sollte deswegen mindestens 10, besser noch bis zu **50 Millionen Euro an Schäden** übernehmen.

Die gute Nachricht lautet, dass eine Haftpflichtversicherung schon ab vier bis fünf Euro im Monat zu haben ist und euch gegen alle beschriebenen Fälle und vieles mehr schützt. Auch die Sparfüchse unter euch müssen also nicht allzu tief in die Tasche greifen. Welche Schäden versichert sind, solltet ihr euch vorher genau anschauen. Seid ihr ein bisschen schusselig und lasst gerne euren Schlüssel liegen? Dann schaut, ob eure Versicherung für Schlüsselverlust aufkommt – ihr wisst ja schon, ein Schlüsseldienst kann teuer werden. Ihr habt einen jungen wilden Kater, der gerne mal Sachen zerkratzt, auch fremde? Dann achtet darauf, dass Haustierschäden mitversichert sind (für Hunde braucht ihr meist eine extra Hundehaftpflicht). Ihr habt euch eine schicke Flugdrohne zugelegt? Auch hier sollte euer Tarif mögliche Schäden abdecken.

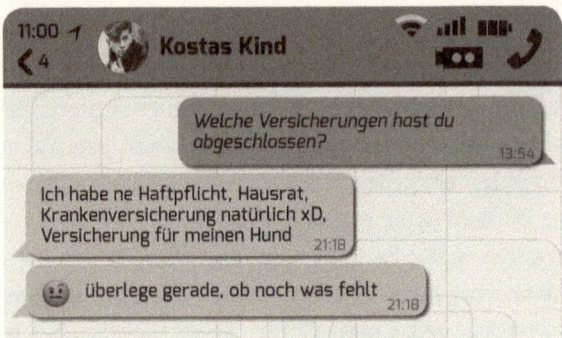

Noch ein Pluspunkt: Private Haftpflichtversicherungen können auch den Partner oder eigene Kinder mit einschließen, das nennt sich dann Familienhaftpflicht. Falls ihr schon mal einen Vertrag abgeschlossen habt, lohnt es sich übrigens, dass ihr euch noch mal umschaut. In der Regel erhöhen sich nämlich die Deckungssummen, die Tarife werden aber nicht teurer. So könnt ihr euch bei einem Wechsel der Versicherung vielleicht sogar besser absichern, aber weniger zahlen.

Für Reiselustige: die Auslandskrankenversicherung

Beim Wort «internationaler Jetset» fühlt ihr euch direkt angesprochen? Die First Class bei Emirates ist euer zweites Zuhause? Okay, dann habt ihr bestimmt auch eine vernünftige

Auslandskrankenversicherung abgeschlossen. Nein, im Ernst, auch wenn ihr nur «gewöhnliche» Weltenbummler seid und lieber low budget durch Thailand backpackt – oder gerade dann –, solltet ihr darüber nachdenken, euch so was zu besorgen. Denn während ihr in den Ländern der EU noch einen Teil der Behandlungskosten erstattet bekommt, sieht es im Rest der Welt eher mau aus. Medikamente müsst ihr sogar in der EU selbst zahlen. Für einen echten finanziellen Knall kann es sorgen, wenn ihr nach Deutschland zurückgeflogen werden müsst für die weitere Behandlung. Seid ihr am anderen Ende der Welt, zum Beispiel in Australien, kann so ein Flug 60 000 bis 80 000 Euro kosten. Und ihr dachtet, die First Class wäre teuer! Eine Krankenversicherung fürs Ausland ist dagegen günstig: Sie kostet für Singles ab 10 Euro im Jahr. Zwar könnt ihr euch auch nur für einzelne Reisen versichern, meistens lohnt sich das «Abo» aber mehr.

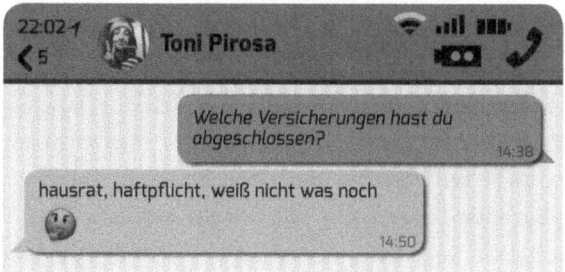

Wenn ihr länger im Ausland bleibt, weil ihr dort ein Semester studiert oder auf Weltreise geht, solltet ihr vorher eine spezielle **Langzeitversicherung** abschließen. Die normale Auslandskrankenversicherung gilt nämlich meist nur für begrenzte

Zeiträume, nach acht bis zehn Wochen ist Schluss. Anders liegt die Sache, wenn ihr von eurem deutschen Arbeitgeber ins Ausland geschickt werdet, dann greift euer normaler Krankenversicherungsschutz. Werdet ihr dagegen im Ausland angestellt, müsst ihr euch eine Versicherung in dem entsprechenden Land suchen.

Also, ein verdorbener Magen aka «Montezumas Rache», ein Hitzschlag in der Sahara oder ein umgeknickter Knöchel im Himalaja können euch den Urlaub ziemlich versauen – und so was passiert gar nicht mal so selten. Besser, wenn ihr dann nicht auch noch auf den Kosten für die Behandlung sitzen bleibt.

Für fleißige Bienchen: die Berufsunfähigkeitsversicherung

Oh ja, jung sein ist toll. Wir sind fit, sprühen vor Energie und können richtig powern im Job. Das kann auch lange so weitergehen. Nur weiß man eben nie. Ihr arbeitet in der Altenpflege und habt plötzlich höllische Rückenschmerzen, die gar nicht mehr weggehen? Ihr seid Pilot und entwickelt eine Sehschwäche? Es kann euch immer irgendeine Erkrankung einen Strich durch die Rechnung machen. Immer mehr Menschen können heute auch aus psychischen Gründen, etwa Depressionen oder Burnout, ihren Beruf nicht mehr ausüben. Und dann: keine Arbeit, kein Geld. Leider. Jeder Vierte wird heute vor dem Erreichen des Rentenalters zumindest zeitweise berufsunfähig.

Um euch dagegen abzusichern, könnt ihr eine Berufsunfähigkeitsversicherung (BU) abschließen. Die Versicherung zahlt euch dann eine Rente, wenn ihr euren ursprünglichen Beruf wegen einer Erkrankung oder eines Unfalls dauerhaft nicht

mehr ausüben könnt. Zwar zahlt euch auch der Staat die sogenannte **Erwerbsminderungsrente**, aber nur, wenn bei euch
beruflich wirklich gar nichts mehr geht, in keinem Bereich. Die
Erwerbsminderungsrente orientiert sich daran, wie viel ihr vor
eurer Berufsunfähigkeit an Rentenbeiträgen eingezahlt habt.
Sie reicht aber mit durchschnittlich 716 Euro im Jahr 2017 kaum
für ein gutes Leben aus. Eine zusätzliche Berufsunfähigkeitsversicherung kann deshalb sehr wichtig sein.

Die Kosten sind dabei unterschiedlich, je nach Anbieter und
ausgeübtem Beruf. Das liegt daran, dass die Versicherer bei körperlich intensiven Berufen eher einen krankheits- oder unfall-
bedingten Ausfall erwarten. Wer fast nur am Schreibtisch sitzt,
zahlt weniger als ein Versicherter in einem körperlich aktiven
Beruf. Maurer und Malerinnen zahlen also deutlich mehr als
Bänker oder Ingenieurinnen – irgendwie unfair. Übrigens: Eine
reine **Unfallversicherung** ist meistens weniger sinnvoll, weil
Krankheiten, die im Schnitt viel häufiger zu Ausfällen führen,
nicht berücksichtigt werden.

Ihr habt Vorteile, wenn ihr die BU sehr früh abschließt. Wenn
ihr noch jung und gesund seid, steigt ihr mit einer günstigen
Beitragsrate ein. Setzt die geplante Rente beim Abschluss des
Vertrages auch nicht zu niedrig an. Je höher sie ist, desto mehr
Beitrag müsst ihr natürlich auch zahlen. Am besten rechnet
ihr aus, wie hoch eure Ausgaben pro Monat sind und orientiert
euch daran. Als Faustregel sollte eure BU-Rente nicht unter
1000 Euro liegen, selbst wenn euch das dann wenig kostet.

Bei der Auswahl der richtigen Berufsunfähigkeitsversicherung sind etliche Punkte zu beachten, weswegen ihr euch am
besten von unabhängigen Versicherungsmaklern beraten lasst.

Falls ihr ein eigenes Auto habt:
Kfz-Haftpflicht und Kasko

Da ist sie noch mal, die Haftpflicht. Diesmal tiefergelegt als Kfz-Haftpflichtversicherung. Wenn ihr ein Auto habt, braucht ihr sie auf jeden Fall, sonst wird euer Gefährt gar nicht erst zugelassen. Die Kfz-Haftpflicht müsst ihr extra abschließen, sie ist in der Standardhaftpflicht nicht enthalten. Sie übernimmt die Kosten für Schäden, die ihr bei anderen im Autoverkehr verursacht, also die Abschlepp- und Reparaturkosten anderer Autofahrer bei einem Unfall. Auch die Kosten für die ärztliche Behandlung von verletzten Personen werden übernommen. Empfohlen werden Versicherungssummen von **100 Millionen Euro**. Bei einem Unfall mit mehreren Verletzten wird es nämlich schnell sehr teuer.

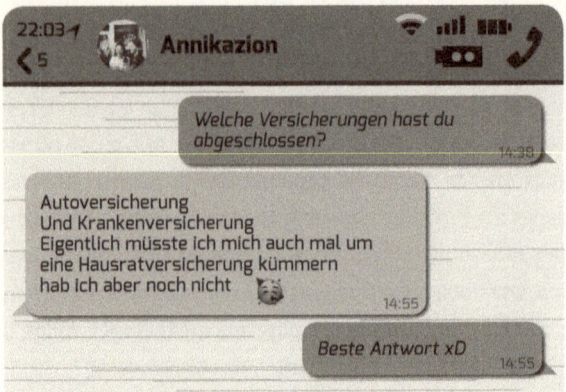

22:03 ‹ 5 Annikazion

Welche Versicherungen hast du abgeschlossen?
14:38

Autoversicherung
Und Krankenversicherung
Eigentlich müsste ich mich auch mal um eine Hausratversicherung kümmern hab ich aber noch nicht 😼
14:55

Beste Antwort xD
14:55

Die Kfz-Haftpflicht zahlt aber nicht für Schäden an eurem Auto selbst – das übernimmt die **Teil- oder Vollkaskoversicherung**. Eine Teilkaskoversicherung bezahlt euch Schäden, wenn euch ein Ast aufs Auto fällt oder es geklaut wird. Bei einer Vollkasko-versicherung erhaltet ihr auch Geld, wenn ihr euren Schlitten aus Versehen gegen eine Mauer setzt oder beim Ausparken einen Baum streift. Meistens ist ein kleinerer Selbstbehalt vorteilhaft, denn damit sinkt der zu zahlende Versicherungs-betrag. Selbstbehalt bedeutet, dass ihr einen Teil des Schadens, meistens 200, 500 Euro oder mehr, aus eigener Tasche bezahlt. Wenn euer Auto nicht so teuer war oder wegen des Alters im Wert schon sehr gesunken ist, dann lohnt sich eine Vollkasko-versicherung seltener.

Die Kfz-Haftplicht ist streng genommen keine «Very-impor-tant-», sondern eine «Must-have-Versicherung». Wenn ihr ein Auto habt, kommt ihr also nicht daran vorbei.

Not-so-important-Versicherungen

Bei manchen Versicherungen kommt es auf eure konkrete Lebenslage und das zu erwartende Risiko an. Sind eure Eltern zum Beispiel leidgeplagte Zahnarztpatienten, habt ihr aufgrund eurer Gene ebenfalls gute «Chancen», öfter Bekanntschaft mit Bohrer und Mundspiegel zu machen. Um die zukünftig anfal-lenden Kosten für Zahnersatz abzufangen, macht es Sinn, früh eine **Zahnzusatzversicherung** abzuschließen. Denn wenn ihr erst einmal bei einem Zahnarzt wart, der euch eine Behand-lung empfohlen hat, könnt ihr so eine Versicherung nicht mehr abschließen. Die Kosten tragt dann ihr.

Für alle Ängstlichen mit hochwertiger Wohnungsaus-stattung ist eine **Hausratversicherung** sicher keine schlechte Idee. Der neue 4K-Beamer und das sauteure MacBook sind so versichert, falls ein fieser Dieb sie bei einem Einbruch mitgehen lässt. Auch Brand- oder Wasserschäden werden von der Hausratversicherung bezahlt, falls euer ganzes Zeug danach nur noch unbrauchbarer Müll ist. Ihr könnt meistens auch euer Fahrrad mit aufnehmen und es gegen Diebstahl versichern. Generell gilt: Je weniger ihr in eure Einrichtung investiert habt, desto weniger lohnt sich für euch eine Hausratversicherung.

Falls ihr besonders hitzköpfig seid oder euch regelmäßig mit euren Chefs, Vermietern oder nervigen Nachbarn anlegt, könnte eine **Rechtsschutzversicherung** etwas für euch sein. Spaß beiseite: Mit dieser Versicherung finanziert ihr euren Anwalt, die Prozesskosten und diverse Gebühren, wenn es zu einem gerichtlichen Verfahren kommt. Rechtsschutz funktioniert meist modular, ihr könnt euch also in genau definierten Rechtsbereichen wie Arbeitsrecht, Mietrecht oder Erbrecht absichern. Die Versicherung zahlt nur, wenn der entsprechende Bereich versichert ist. Lasst ihr euch scheiden, nützt eine Verkehrsrechtsschutzversicherung also nichts.

Werft-euer-Geld-doch-zum-Fenster-raus-Versicherungen

Da ich kein Risiko mag, finde ich Versicherungen wirklich wichtig. Aber: Je mehr ihr euch versichert, desto mehr monatliche Beiträge müsst ihr auch zahlen. Deshalb braucht ihr wirklich nicht jede Versicherung, die sich die Versicherungsunternehmen so ausgedacht haben. Die Faustregel lautet: Könntet ihr den Schaden im Zweifelsfall selbst bezahlen? Dann braucht ihr keine Versicherung. Deshalb könnt ihr euch Kleinkram wie **Handy-** oder **Brillenversicherung** sparen. Und, haha, eine **Hochzeitsrücktrittskostenversicherung**? Ich muss euch enttäuschen, sie zahlt nicht, wenn euer Liebster oder eure Herzdame im letzten Moment einen Rückzieher macht, sondern nur, wenn ihr beispielsweise einen Unfall habt oder die Partylocation abbrennt.

Auch eine **Sterbegeldversicherung** braucht ihr eher nicht. Dabei bekommen eure Hinterbliebenen Geld, um eure Beerdigung zu bezahlen, die durchaus ein paar Tausend Euro kosten kann. Aber erstens kann man das Geld selbst ansparen und zweitens dürfte das in eurem Alter kein Thema sein.

Über eine Lebensversicherung müsst ihr euch ebenfalls keine großen Gedanken machen. Sie *kann* Sinn machen, falls ihr schon Familie habt und euren Partner oder Kinder finanziell absichern wollt. Bei der **Risikolebensversicherung** zahlt ihr regelmäßig Beiträge ein, und im Fall eures Todes wird eine bestimmte größere Summe an eure Hinterbliebenen ausgezahlt. So schützt ihr sie vor Armut, wenn euch was zustößt.

Daneben gibt es auch noch die **Kapitallebensversicherung**, die nicht nur im Falle eures Todes, sondern auch zu einem vorher bestimmten Zeitpunkt an euch ausgezahlt wird, wenn ihr noch lebt. Früher galt sie als der heiße Scheiß in Sachen Altersvorsorge, da man zwar recht hohe Beiträge zahlen muss, aber früher garantierte Zinsen von 4 Prozent bekommen konnte. Diese Zeiten sind lange vorbei – wir haben ja schon über die niedrigen Zinsen heutzutage gesprochen. Euer Geld investiert ihr lieber woanders – dazu komme ich noch.

Es gilt also: Erst nachdenken, was ihr wirklich braucht, dann vergleichen und dann abschließen. Das ist der beste Weg, das kann ich euch versichern. Versichern ... versteht ihr ... versichern!

Knowhow

Konto, Job, Wohnung, Versicherungen – die Basics habt ihr jetzt drauf. Mit diesem Wissen im Gepäck habt ihr alles, was ihr braucht, um ins eigene Leben durchzustarten. Dass ihr richtig mitmischt in der Welt der Erwachsenen, merkt ihr spätestens daran, dass ihr unter zig Dokumente eure Unterschrift setzen müsst. Ihr habt nun die Freiheit, mit eurer Zeit anzufangen, was ihr wollt, und Geld auszugeben für die Dinge, die ihr gut findet.

An die neue Freiheit müsst ihr euch aber vielleicht erst gewöhnen. Denn frei zu sein, bedeutet ja auch, dass ihr von jetzt an selbst Verantwortung für euer Leben übernehmen müsst. Das heißt, auch für eure Finanzen. Und das ist nicht immer so easy. Vielleicht habt ihr euch gerade einen echt nicen Nebenjob geangelt. Aber wenn man schon Geld verdient, will man es ja auch für coole Sachen ausgeben. Und so ist die Knete manchmal schneller weg, als man «Ups» sagen kann. Und irgendwann kommt vielleicht auch mal eine Situation, bei der plötzlich mehr vom Konto abgeht, als reinkommt. Dann braucht es ein bisschen Knowhow, wie ihr solche Situationen meistert und wie ihr es während eurer meist nicht so üppigen Lehrjahre schafft, Oberwasser zu behalten.

In den nächsten vier Kapiteln erkläre ich euch deshalb, wer euch finanziell unter die Arme greifen kann, wenn über Jobs partout nicht genug Geld reinkommt und eure Eltern nicht gerade die Geissens sind. Denn Jobben ist schön und gut, wenn ihr aber daneben gar nicht mehr zum Studieren kommt, kommt ihr eurem eigentlichen Traumberuf kein Stück näher. Aber nicht verzagen, Hazel fragen! Ihr erfahrt außerdem, wie ihr mit Hilfe des nützlichsten Buchs der Welt, dem Haushaltsbuch, den Überblick über eure Finanzen behaltet. Danach stelle ich euch Möglichkeiten vor, Geld einzusparen und dabei gleichzeitig bewusst zu leben. Am Ende zeige ich euch, was ihr tun könnt, wenn ihr im Schuldenschlamassel steckt, und wie ihr vermeidet, da reinzugeraten.

Wie ihr euer Studium oder eure Ausbildung finanziert

Übers Studium habe ich ja schon viel geredet. Und immer mehr junge Leute entscheiden sich dafür, nach der Schule zur Uni zu gehen. Bachelor, Master, das sind heute die Standards. Aber vielleicht wollt ihr nach eurem Schulabschluss lieber direkt in einem Beruf starten. Oder beides machen, sowohl arbeiten als auch studieren. Geht auch problemlos. Diese Alternativen, die vielleicht nicht so bekannt sind, stelle ich euch hier vor.

Alternativen zum Studium

Duale Ausbildung

Von der dualen Ausbildung spricht man, wenn ihr euch eine Lehrstelle sucht und dann in dem Unternehmen arbeitet, das euch anstellt, und gleichzeitig eine Berufsschule besucht, um euch dort die Theorie reinzuziehen. Als Azubi lernt und arbeitet ihr also abwechselnd und verdient auf dem Weg zum Berufsabschluss schon etwas Geld. Manchmal arbeitet ihr drei Tage und besucht an zwei Tagen die Berufsschule, in anderen Fällen wechseln sich Praxis und Theorie in Wochenblöcken ab. Azubis sind übrigens gefragt: Manche Betriebe suchen händeringend neue Lehrlinge, weil nicht mehr so viel Nachwuchs wie früher nachkommt.

Das Gute an der dualen Ausbildung ist, dass sie in ganz Deutschland auf die gleiche Weise erfolgt. Wer sich also in Hamburg zum Bürokaufmann ausbilden lässt, kommt damit auch in München weiter. Außerdem bekommt ihr eine Ausbildungsvergütung, die zwischen 250 und 950 Euro liegt. Klingt erst mal nach nicht so viel, aber falls euer Lehrlingslohn zu gering ist, gibt es ein paar Möglichkeiten, euch vom Staat unterstützen zu lassen, etwa mit der Berufsausbildungsbeihilfe – dazu komme ich gleich noch. Und nach eurem Abschluss winkt ja ein volles Gehalt, und das nicht selten schneller als beim Studium.

Auf jeden Fall habt ihr eine ganze Menge verschiedenster **Ausbildungsberufe** zur Auswahl: Vom Koch und Konditor, wenn ihr voll auf gutes Essen abfahrt, bis zum Bierbrauer, Winzer und Destillateur, wenn ihr eher einen guten Tropfen zu schätzen wisst. Als Maskenbildner schminkt ihr Schauspielerinnen oder entwerft als Textilgestalter schicke Kleider. So ungewöhnliche Berufe wie Bestatter oder Orgelbauer sind hier zu finden, die Klassiker wie Bankkauffrau, Polizistin, Friseur oder Zimmermann aber auch. Die Liste aller etwa 350 möglichen Ausbildungsberufe findet ihr im Netz.

Ihr braucht übrigens streng genommen nicht einmal einen bestimmten Schulabschluss, um eine duale Ausbildung zu beginnen. So zumindest die Gesetzeslage. Die meisten Unternehmen werden von euch trotzdem irgendeine Art von Nachweis erwarten, dass ihr in der Lage seid, alle Ausbildungsinhalte zu kapieren, und dass ihr motiviert seid, den von euch ausgesuchten Beruf zu erlernen. Wenn alles gut geht, habt ihr das nach zweieinhalb bis dreieinhalb Jahren geschafft und werdet vielleicht direkt übernommen.

Schulische Ausbildung

Die schulische Ausbildung spielt vor allem im pädagogischen, sozialen und medizinischen Bereich eine Rolle. Mit einer schulischen Ausbildung könnt ihr zum Beispiel Erzieher, Physiotherapeut, pharmazeutisch- oder operations-technischer Assistent oder Musik- und Tanzlehrer werden.

Der große Unterschied zur dualen Ausbildung: Es gibt während der schulischen Ausbildung in der Regel keine Vergütung! (Eine Ausnahme ist aber beispielsweise der Krankenpfleger.) Ihr lernt euren Beruf nicht im Betrieb, sondern komplett in der Berufsfachschule. Wobei ihr zwischendurch oder am Ende auch Praktika macht. Die Ausbildung an staatlichen Berufsfachschulen ist kostenlos, Lernmaterialien müsst ihr euch aber selbst kaufen. Um eure schulische Ausbildung zu finanzieren, könnt ihr in einigen Fällen Schüler-BAföG beantragen. Wenn das nicht klappt, kommt noch Wohngeld in Frage oder ein Bildungskredit für den letzten Teil eurer Ausbildungszeit.

Duales Studium

Während ein Abiturient eine duale Ausbildung in einem Betrieb starten kann, ist es andersherum nicht möglich, ein duales Studium ohne Hochschulreife zu beginnen, also das Abitur oder das Fachabi. Beim dualen Studium gibt es kein einheitliches Modell für ganz Deutschland. Je nach Bundesland gibt es Berufsakademien oder auch andere Unis, die solche Studiengänge anbieten.

Prinzipiell vereint das duale Studium das Beste beider Welten: Ihr seid bei einem Unternehmen angestellt, schließt also einen Ausbildungsvertrag. Im selben Atemzug schreibt ihr euch bei der Uni ein. Je nach Modell habt ihr dann mehr oder weniger ausgedehnte Phasen, in denen ihr im Unternehmen arbeitet, davor, danach oder auch dazwischen lernt ihr an der Uni. Der Vorteil: Ihr bekommt auch während eurer Studienphase ganz normal Gehalt. Das steigt meist vom ersten bis zum dritten Studienjahr an, manchmal gibt es auch noch Zusatzleistungen wie Weihnachtsgeld. Die Höhe des Gehalts ist sehr unterschiedlich, je nach Branche und Unternehmen. Manche Studenten starten schon mit beinahe 1000 Euro Gehalt ins Studium, andere mit 400. Ihr solltet euch aber nicht allein an der Höhe orientieren. Denn so ein duales Studium müsst ihr knallhart durchziehen. Ihr habt keine Semesterferien wie andere Studenten. Während andere ihr Studentenleben genießen und Zeit in der Bibliothek oder der Mensa vertrödeln, müsst ihr arbeiten. Und natürlich will euer Arbeitgeber auch gute Studienleistungen sehen. Dementsprechend müsst ihr besonders motiviert sein, sonst kann das duale Studium zur Tortur werden.

Aber wenn euch der Job Spaß macht, ist das schon die halbe Miete, und ihr fühlt euch sowieso mehr als erwachsener Arbeitnehmer, gar nicht als Student. Und ihr habt meistens gute Chancen, nach dem Studium einfach direkt weiterzuarbeiten. Das duale Studium bietet sich also an, wenn ihr besonders schnell die Karriereleiter raufklettern wollt.

Beim **ausbildungsintegrierten Studium** habt ihr hinterher sogar gleich zwei Abschlüsse in der Tasche: den Bachelor und einen Abschluss in einem Ausbildungsberuf. Es dauert etwas länger als das **praxisintegrierende Studium**, vier statt drei Jahre, dafür seid ihr danach wirklich top ausgebildet und flexibel. Falls ihr nicht in eurem Ausbildungsunternehmen weiterarbeiten wollt oder nicht übernommen werdet, findet ihr in der Branche, in der ihr euer Studium absolviert habt, meist problemlos eine neue Stelle. Denn anders als Otto-Normal-Studenten seid ihr ja schon praxistauglich und könnt direkt und ohne lange Einarbeitung loslegen.

Ihr konntet ja sicher schon herauslesen, dass sich Nebenjob und Studium nur eingeschränkt vertragen. Wer ständig schuftet, der kann sich nicht mehr so auf das eigentliche Ziel konzentrieren: das Studium abschließen, um dann «richtiges» Geld zu verdienen. Auch eine duale Ausbildung ist für gewöhnlich erst mal keine Goldmine, besonders wenn ihr für den Ausbildungsplatz in eine neue Stadt ziehen müsst und dann nicht bei euren Eltern wohnen könnt. Damit ihr trotzdem genug Geld habt, um über die Runden zu kommen und eure Ziele zu verwirklichen, gibt es einige Möglichkeiten, mit denen euch der Staat, aber auch Stiftungen oder Unternehmen fördern. Ich möchte euch an dieser Stelle einen kleinen Überblick geben, von wem ihr euch finanzielle Unterstützung holen könnt. Denn ihr sollt auch eure Lehrjahre nicht nur bei Brot und Wasser bzw. Nudeln mit Ketchup verbringen.

BAföG

Fangen wir mit dem BAföG an – diese Abkürzung steht für das **Bundes-Ausbildungsförderungs-Gesetz**. Diese Art der Förderung gibt es bereits seit 1971. Im Kern soll sie bewirken, dass euch in Sachen Bildung alle Türen offen stehen, auch wenn eure Eltern es nicht so dicke haben, dass sie euch über Jahre Miete und Partys finanzieren können. Der Staat möchte, dass ihr trotzdem den Bildungsabschluss erwerbt, den ihr euch wünscht.

In jedem Fall erhaltet ihr BAföG nur auf Antrag. Zuständig ist das Amt für Ausbildungsförderung, in den Unis findet ihr häufig beim Studentenwerk eine Möglichkeit, den Antrag zu

stellen, außerdem könnt ihr ihn zumindest teilweise online ausfüllen. Teilweise heißt, dass es meistens noch nötig ist, den aus-
gefüllten Antrag auszudrucken, zu unterschreiben und dann
abzuschicken. Je nach Bundesland kann sich die Beantragung
leicht unterscheiden.

Sicher wisst ihr schon, dass ihr BAföG beantragen könnt,
wenn ihr an einer Universität studiert. Aber wie das im Leben
so ist, nicht jeder kriegt das goldene BAföG-Ticket, es gibt einige
Voraussetzungen dafür. Erstens, ihr dürft nicht älter als 30 sein,
wenn ihr ein Bachelorstudium beginnt. Beim Masterstudium
ist mit 35 Jahren Schluss. Zweitens, das Einkommen eurer
Eltern wird überprüft, um festzustellen, ob sie euch unterstützen können oder nicht. Denn im Kern geht es beim BAföG eben
darum, die Leute zu unterstützen, die es wirklich nötig haben.
Solltet ihr schon verheiratet sein – Respekt! –, wird auch das
Einkommen des Partners herangezogen. Euer eigenes Einkommen spielt nur eine Rolle, wenn ihr mehr verdient als 450 Euro
im Monat, also mehr als ein Minijob euch einbringt. Außerdem
darf euer Vermögen nicht höher als 8200 Euro (Stand: ab dem
Wintersemester 2020/21) liegen. Falls ihr darüberliegt, wird das
auf euren Bedarf angerechnet.

Wenn ihr die Grundvoraussetzungen erfüllt und berechtigt seid, BAföG zu erhalten, dann könnt ihr die Höhe eures
Anspruchs zum Beispiel mit einem BAföG-Rechner im Internet überprüfen. Die Beträge werden immer wieder angepasst,
maximal könnt ihr zurzeit 853 Euro erhalten, das ist der
aktuelle BAföG-Höchstsatz (Stand: Januar 2020). Er setzt sich
zusammen aus einem Grundbedarf, dem Wohngeld und einem
Zuschlag zu Pflege- und Krankenversicherung. Falls ihr während des Studiums ein Kind betreut, kommt noch ein Kinder-
zuschlag hinzu.

Gezahlt wird das BAföG normalerweise so lange, wie die Regelstudienzeit dauert. Beim Bachelor sind das sechs Semester beziehungsweise drei Jahre, beim Master vier Semester beziehungsweise zwei Jahre. Für Auslandssemester oder wenn ihr eine Sprache lernen müsst, bekommt ihr aber eine Verlängerung. Dabei ist es so, dass die Hälfte des Betrags ein **Zuschuss** ist, den ihr nicht zurückzuzahlen braucht. Dieses Geld kriegt ihr also quasi geschenkt!

Die andere Hälfte ist ein **zinsloses Darlehen**, also eine Art Kredit, den ihr nach dem Studium zurückzahlt. Zurückzahlen müsst ihr die Hälfte des erhaltenen Geldes aber erst fünf Jahre nach Ende eurer Regelstudienzeit. Ihr könnt also erst mal in Ruhe ins Berufsleben einsteigen, selbst wenn ihr ein bisschen länger braucht. Wenn ihr 2020 den Bachelor anfangt und danach noch einen Master anschließt, endet 2025 eure Regelstudienzeit. Sagen wir mal, ihr genießt das Studentenleben ein wenig länger und macht 2026 euren Abschluss (wobei ihr das letzte Jahr dann natürlich selbst finanzieren müsst), dann startet die Rückzahlungsphase 2028, denn die fünf Jahre beziehen sich auf euren Bachelorabschluss. Wobei ihr euch das nicht genau merken müsst, ihr bekommt rechtzeitig vorher per Post Bescheid. Ihr zahlt das BAföG-Darlehen in niedrigen Monatsraten zurück, zurzeit liegen sie bei 130 Euro. Die gute Nachricht: Insgesamt müsst ihr als Studierende nie mehr als 10 000 Euro zurückzahlen. Und wenn ihr besonders schnell seid mit der Rückzahlung, wird euch ein Teil der Schulden erlassen. Seid ihr umgekehrt sehr knapp bei Kasse? Wenn euer Gehalt nach dem Studium zu niedrig ist, könnt ihr die Rückzahlung aufschieben.

Ich habe auch BAföG bezogen. Weil ich damals noch bei meinen Eltern wohnte, habe ich kein Wohngeld bekommen, aber fast den gesamten Grundbedarf. Zusammen mit meinem

450-Euro-Job war das schon ziemlich okay als Studentin. Nur den Antrag rechtzeitig vor Ablauf der Frist für das kommende Semester abzugeben, solltet ihr nicht vergessen. Ich war nämlich meistens unglaublich spät dran und habe ihn oft erst kurz vor knapp eingereicht. Weil ich wollte, dass er auch wirklich ankommt, bin ich selbst zum BAföG-Amt gehechelt, um ihn persönlich abgeben. Haut den Antrag also lieber früher raus, man kann immer noch Sachen nachreichen. Im Master konnte ich dann kein BAföG mehr beantragen, da ich vorher ein Jahr Vollzeit gearbeitet hatte.

Schüler-BAföG

BAföG gibt es übrigens auch für Schüler, und zwar ab der 10. Klasse, egal ob ihr die Hauptschule, Realschule oder ein Gymnasium besucht. Bedingung ist, dass eure Schule zu weit weg vom Wohnort eurer Eltern ist und ihr deshalb in der Nähe der Schule wohnen müsst, um euren gewünschten Abschluss zu erreichen. Wohnt ihr noch bei euren Eltern, seid ihr nicht antragsberechtigt. Und wie beim normalen BAföG wird ihr Einkommen überprüft.

Ganz wichtig, Schüler-BAföG bekommt ihr auch dann, wenn ihr eine schulische Ausbildung absolviert. In dem Fall ist es auch wurscht, wenn ihr noch im Hotel Mama wohnt – euer Beitrag ist dann nur ein wenig niedriger als für Leute mit eigenem Zuhause. Ebenfalls berechtigt seid ihr, wenn ihr eine Fachschule nach einer abgeschlossenen Berufsausbildung besucht, also zum Beispiel als sozialpädagogische Assistentin noch den Erzieher draufsetzt oder das Abitur an einem Abendgymnasium oder in einem Kolleg nachholt. Das Beste am Schüler-BAföG ist eindeutig, dass es ein **kompletter Zuschuss** ist: Im Gegensatz zu den Studenten und Studentinnen müsst ihr das Geld, das ihr erhaltet, nicht zurückzahlen!

Und dann gibt es noch das **Aufstiegs-BAföG**, früher Meister-BAföG genannt. Das könnt ihr nutzen, wenn ihr schon eine Ausbildung oder auch einen Bachelor abgeschlossen habt, aber euch noch weiterbilden wollt. Etwa vom Tischlergesellen zum Tischlermeister. Diese Förderung ist einkommensunabhängig und wieder eine Mischung aus Darlehen und Zuschuss.

Über das Thema BAföG allein könnte man, wie ihr vielleicht schon seht, ein kleines Buch schreiben, so viele Regelungen und Ausnahmen gibt es. Es lohnt sich in jedem Fall, sich vor Antragstellung intensiv damit zu beschäftigen und alles abzuchecken. Dann wisst ihr ganz genau, was in eurem Fall zutrifft.

Berufsausbildungsbeihilfe

Wenn ihr eine duale Ausbildung absolviert, dann könnt ihr kein BAföG bekommen. Dafür aber Berufsbildungsbeihilfe, kurz BAB. Die Berufsausbildungsbeihilfe ist dafür da, euch zu helfen, wenn ihr während einer beruflichen Ausbildung Miete für eine eigene Wohnung zahlen müsst. Wenn beispielsweise der Ausbildungsplatz nicht in dem Ort liegt, in dem eure Eltern wohnen. Auch wenn ihr über 18 seid und mit Ehepartner oder Partner in einer eigenen Wohnung lebt oder ein Kind habt und nicht bei euren Eltern lebt, könnt ihr BAB bekommen. Das Ganze ist ebenfalls eine reine Förderung, muss also nicht zurückgezahlt werden, den Antrag stellt ihr bei der Bundesagentur für Arbeit. Das ist online möglich, und dort könnt ihr vorher mit dem sogenannten BAB-Rechner auch prüfen, ob ihr einen Anspruch habt. Same like BAföG, but different.

Wohngeld

Das Wohngeld ist ein Mietzuschuss, es kann bei der Wohn-geldbehörde beantragt werden. Beziehst ihr schon BAföG oder Berufsausbildungsbeihilfe, ist ein Antrag nicht möglich. Auch wenn ihr in einer beruflichen Ausbildung seid, werdet ihr in den meisten Fällen kein Wohngeld erhalten. Wenn ihr allerdings fürs Schüler-BAföG abgelehnt werdet, könnt ihr in einer schu-lischen Ausbildung Wohngeld beantragen und euch so zumin-dest die Miete finanzieren.

Kindergeld

Für Kinder bekommen Eltern in Deutschland Kindergeld, das ist klar. Auch für Jugendliche und junge Erwachsene wird Kin-dergeld gezahlt und zwar bis zum 18. Lebensjahr. Darüber hin-aus können eure Eltern aber auch Kindergeld beantragen, wenn ihr älter als 18 Jahre seid und eine Ausbildung absolviert oder studiert. Und lassen euch, wenn sie nett sind, das Geld direkt zukommen als Unterstützung. Mit 25 Jahren ist allerdings end-gültig Schluss mit dem Kindergeld.

Für Engagierte und Überflieger: Stipendien

Die meisten Förderungen, die ich euch bisher vorgestellt habe, kommen mit einer Menge an Regeln und Auflagen daher. Wohn-geld, Beihilfen und so weiter sind hauptsächlich dafür gedacht, Menschen zu supporten, die nicht genug Geld verdienen. Bei den Stipendien ist es etwas anders. Sie sind eher darauf aus-gerichtet, eure guten Leistungen zu belohnen und euch weiter zu fördern. Hier geht es nicht darum, ob eure Familie viel oder wenig Kohle hat, worauf ihr ja keinen Einfluss habt. Sondern darum, was ihr selbst geleistet habt und ob ihr euch in der Vergangenheit für gute Sachen engagiert habt.

Die Zauberformel lautet also: Gute Schul- oder Studiennoten plus soziales Engagement. Engagement kann dabei vieles bedeuten: Wenn ihr bei der Schülerzeitung mitgemacht, ehrenamtlich Behinderten geholfen, die F-Jugend eurer Fußballmannschaft trainiert habt oder Schulsprecher wart, hilft euch das auf jeden Fall. All das honorieren die Stiftungen bei ihrer Auswahl.

Besonders viele Stipendien gibt es im universitären Bereich. Studentinnen und Studenten haben verschiedene Möglichkeiten, sich fördern zu lassen. Ich stelle euch kurz ein paar passende Stipendien vor.

- **Deutschlandstipendium**: Beim Deutschlandstipendium erhalten Geförderte 300 Euro pro Monat, selbst wenn sie bereits BAföG beziehen oder im Zweitstudium lernen. Die Summe wird zur Hälfte vom Staat und zur Hälfte von einem privaten Förderer finanziert. Bewerben kann sich jeder, der studiert. Besonderes Augenmerk liegt auf dem Studienerfolg und der Bildungsbiographie. Soll heißen: Wenn ihr es aus welchen Gründen auch immer schwerer auf dem Weg zur Uni hattet, weil eure Eltern keine Uni besucht haben oder ihr als Kind aus dem Ausland nach Deutschland kamt, dann stehen eure Chancen besser.
- **Studienstiftung des deutschen Volkes**: Hier können Studentinnen und Studenten unter 35 Jahren 300 Euro fix und dann noch mal, je nach Einkommen der Eltern, zusätzlich bis zu 597 Euro bekommen. Dafür müsst ihr allerdings von einem

Professor oder einer Professorin, vom Prüfungsamt oder der Schulleitung vorgeschlagen werden. Alternativ könnt ihr euch im zweiten Semester mittels Auswahltest selbst bewerben. Die Hürden sind hoch, dieses Stipendium gilt als leicht elitär.

- **Begabtenförderungswerke:** Alle Parteien haben ihre eigenen Stiftungen. Für die SPD ist es die Friedrich-Ebert-Stiftung, für die CDU die Konrad-Adenauer-Stiftung, für die Grünen die Heinrich-Böll-Stiftung. Auch CSU, FDP und Linke haben eigene Stiftungen. Dazu kommen religionsnahe Stiftungen, die katholische, evangelische, jüdische oder muslimische Studenten fördern, die unternehmensfreundliche Stiftung der Deutschen Wirtschaft und die gewerkschaftsnahe Hans-Böckler-Stiftung. Insgesamt sollen die Begabtenförderwerke die Vielfalt Deutschlands abbilden. Wenn ihr euch für so ein Stipendium interessiert, solltet ihr euch mit den Zielen der Parteien oder Organisationen auseinandersetzen und euch idealerweise damit identifizieren können. Als Atheist bei einer christlichen Stiftung – läuft nicht. Grundsätzlich begrüßt wird, wenn ihr euch schon zuvor politisch engagiert habt, zum Beispiel in NGOs oder bei der Kirche. Bei allen Stiftungen entspricht der Höchstförderungssatz dem BAföG-Höchstsatz für nicht bei den Eltern lebende Studierende.

- **Kleine Stiftungen & Unternehmensstiftungen:** Neben den großen staatlichen Förderwerken gibt es viele kleinere, deren Namen man kaum kennt. Über 2000 Stiftungen vergeben jedes Jahr Stipendien, es lohnt sich also, sich umzuschauen. Auch wenn ihr nicht der absolute Überflieger seid, habt ihr hier gute Chancen, denn oft haben diese Stiftungen ganz spezielle Zielgruppen im Blick. Ihr habt einen Migrationshintergrund und wollt Lehrer in Hamburg werden? Dann bewerbt euch fürs Horizonte-Stipendium bei der Jürgen-Sengpiel-Stiftung. Ihr wollt eure Bachelorarbeit unbedingt über das Thema Wohnen schreiben? Dann könnt ihr euch an die IKEA-Stiftung wenden. Oder seid ihr bisher eher so durchs Leben gestolpert? Kein Problem, auch für euch hab ich da was: Das ZU-Stipendium der Zeppelin Universität in Berlin richtet sich nämlich ausdrücklich an alle Sitzenbleiber, Studienabbrecher und, ja, «Nerds»!

Aber nicht nur für Studentinnen und Studenten gibt es Stipendien. Gefördert wird auch der Weg an die Uni oder die weitere Qualifizierung im Beruf. Hierfür gibt es zwei verschiedene staatliche Stipendien:

- **Weiterbildungsstipendium**: Wenn ihr gerade eure Berufs-ausbildung besser als «gut» abgeschlossen habt, ist ja alles schicki. Sogar noch schicki-er ist es, weil ihr euch durch das Weiterbildungsstipendium spannende Lehrgänge finanzie-ren lassen könnt. Bis zu 7200 Euro könnt ihr dafür im Jahr erhalten und müsst dabei nur einen kleinen Eigenanteil von zehn Prozent übernehmen. Gefördert werden Lehrgänge, bei denen ihr fachliches Know-how bekommt, aber auch die Vorbereitung auf Meisterprüfungen oder ein berufsbeglei-tendes Studium. Die konkreten Voraussetzungen: Ihr seid jünger als 25 und habt eine duale Ausbildung besser als mit «gut» abgeschlossen. Auch ein Platz auf dem Treppchen bei einem überregionalen Leistungswettbewerb, beispielsweise vom Handwerkerverband, hilft, oder eine Empfehlung eures Arbeitgeber oder eurer Berufsschule.
- **Aufstiegsstipendium**: Wenn ihr nach einer erfolgreichen Ausbildung schon zwei Jahre gearbeitet habt, aber merkt,

dass ihr doch eigentlich noch mehr könnt, ist das Aufstiegs-stipendium was für euch. Wenn ihr beruflich echt was auf dem Kasten habt, könnt ihr so doch noch einen Hochschul-abschluss erwerben. Das Stipendium gilt sowohl für ein Vollzeitstudium als auch für einen berufsbegleitenden Studiengang. In Vollzeit bekommt ihr einkommensunabhängig 853 Euro im Monat, dazu kommen 80 Euro Büchergeld. In einem berufsbegleitenden Studium erhaltet ihr jährlich bis zu 2700 Euro an sogenannten Maßnahmekosten. Eure besondere Leistungsfähigkeit müsst ihr ähnlich wie beim Weiterbildungsstipendium nachweisen. Also, dann macht euch mal leistungsfähig an eine Bewerbung!

Vertrauensvorschuss: Kredite vom Staat

Nehmen wir mal an, eure Eltern verdienen zu viel, als dass ihr BAföG erhalten würdet, und mit den Stipendien hat es bisher nicht geklappt. Und okay, ihr arbeitet nebenbei, aber das Geld will einfach nicht reichen. Außerdem werdet ihr durch das ständige Arbeiten einfach nicht fertig mit dem Studium. In diesem Fall gibt es verschiedene Möglichkeiten, sich günstig Geld zu leihen. Klar, ihr müsst das Geld am Ende zurückzahlen. Aber wenn ihr sonst gerade keine Unterstützung bekommt, kann so ein Kredit kurzzeitig aushelfen. Und wenn ihr später einen guten Job gefunden habt, fließen die Moneten ja nur so auf euer Konto, richtig? Dann könnt ihr eure Schulden begleichen. Besser, als sein Leben lang Tellerwäscher zu bleiben, würde ich sagen.

Wie der Name schon sagt, wird der Studienkredit von der KfW angeboten, der Kreditanstalt für Wiederaufbau, einer staatlichen Förderbank. Beim Studienkredit erfolgt keine Bedarfsprüfung, es ist also im Unterschied zum BAföG egal, was eure Eltern oder euer Partner verdienen und wie viel Geld ihr zur Verfügung habt. Mit dem Studienkredit könnt ihr euch das Bachelor- oder Masterstudium, aber auch eine Promotion oder ein Zusatz- oder Aufbaustudium finanzieren.

Ihr erhaltet den Studienkredit in monatlichen Raten, je nach Bedarf könnt ihr euch zwischen 100 und 650 Euro auszahlen lassen, bei einem Erst- oder Zweitstudium bis zu 14 Semester lang. Wenn ihr schon älter seid, verringert sich allerdings eure Förderdauer, und für alle über 44 gibt es keinen Studienkredit mehr. Der maximale Gesamtbetrag beträgt in jedem Fall 54 600 Euro. Ein ordentlicher Batzen! Für den Studienkredit braucht ihr außerdem keine Sicherheiten.

Der Zinssatz ist moderat und auf jeden Fall besser als bei Privatbanken. Zum Zeitpunkt meiner Recherche betrug er effektiv 3,95 Prozent pro Jahr. **Effektiver Jahreszins** bezeichnet übrigens die Gesamtkosten, die sich aus eurem Zinssatz, der Laufzeit eures Kredits und weiteren Kosten wie Verwaltungs- und Kontogebühren ergeben. Mit der Rückzahlung habt ihr dann wieder Zeit, allerdings nicht ganz so lang wie beim BAföG. 18 Monate nachdem ihr eure letzte Ratenzahlung erhalten habt, müsst ihr anfangen, eure Schulden zu tilgen. Klingt alles ganz gut, oder? Vielleicht, aber trotzdem Vorsicht, mit den Zinsen ist es nämlich so eine Sache.

Angenommen, ihr macht euren Bachelor und Master in der Regelstudienzeit, also in fünf Jahren, und lasst euch während dieser Zeit jeden Monat 400 Euro auszahlen. Nach eurem Studium findet ihr sofort einen Job mit gutem Gehalt und fangt schon nach einem halben Jahr an, eure Schulden zurückzuzahlen, und zwar wieder genau 400 Euro, jeden Monat. Nach fünfeinhalb Jahren habt ihr's geschafft und seid schuldenfrei. *Aber*: Ihr werdet am Ende knapp 5500 Euro an Zinsen bezahlt haben, denn ihr zahlt natürlich auch noch, während ihr euren Kredit abstottert. So ist das nämlich mit den Zinsen, so niedliche 3,95 % sind über eine lange Zeit gar nicht mehr so niedlich. Also, bevor ihr einen Kredit beantragt: **RECHNET ES DURCH!** Im Netz gibt es viele Tools wie *finanzrechner.org* dafür.

Bildungskredit

Der Bildungskredit ist etwas für die Schlussphase eures Studiums oder eurer schulischen Ausbildung. Wichtig ist, dass ihr zwischen 18 und 35 seid und in Vollzeit lernt. Als Student müsst ihr außerdem bereits eine Zwischenprüfung erfolgreich bestanden oder einen ersten Studienabschluss wie den Bachelor in der Tasche haben. Der Bildungskredit wird ebenfalls von der KfW angeboten, aber eigentlich von der Bundesregierung gefördert.

Der effektive Jahreszins ist deshalb besonders niedrig, er beträgt derzeit 0,62 % (Stand: Januar 2020). Beim Bildungskredit entspricht er dem Sollzins, denn es gibt keine weiteren Kosten.

Beim Bildungskredit könnt ihr in zwei Jahren in Raten von monatlich 100, 200 oder 300 Euro maximal 7200 Euro erhalten. Viel weniger als beim Studienkredit also, aber dafür sind die Zinsen viel niedriger. Falls ihr euch zum Ende eures Studiums auf eure Abschlussarbeit konzentrieren oder eure letzte Prüfung in der Ausbildung wirklich gut machen wollt, ist der Bildungskredit eine gute Wahl. Auch hier gibt es keine finanziellen Bedingungen, es ist egal, was eure Eltern oder euer Partner verdienen, und ihr könnt auch zusätzlich BAföG beziehen. Bonus: Ihr könnt euch sogar einen größeren **einmaligen Betrag** auszahlen lassen, falls ihr akut eine Finanzspritze benötigt.

Zurückzahlen könnt ihr das Geld dann wieder in Raten, und zwar vier Jahre nach Erhalt der ersten Rate. Habt ihr also zum Beispiel im Dezember 2020 das erste Mal Geld bekommen, müsst ihr im Dezember 2024 zum ersten Mal etwas zurückzahlen. Aber ihr könnt auch früher alles zurückzahlen, ohne irgendwelche weiteren Kosten. Auch das ist ziemlich cool und besser als bei anderen Krediten.

Kredite von Privatbanken sind übrigens fast immer weniger sinnvoll. Erstens sind die Zinsen fast immer höher. Zweitens müsst ihr die Bank überzeugen, dass ihr das Geld auch wirklich zurückzahlen könnt. Wenn ihr Wirtschaft, Medizin oder etwas Technisches studiert, klappt das vielleicht, ansonsten wird's schwierig.

Egal ob ihr BAföG kassiert, ein Stipendium bekommt oder am Ende doch auf einen Kredit angewiesen seid – damit ihr den Überblick behaltet, was euch das Leben in der Schule oder Universität kostet, gibt es nur einen Weg: Ihr müsst aufschreiben, was an Geld reinkommt und was ihr ausgebt. Das ist besonders dann ultrawichtig, wenn noch Ratenzahlungen dazukommen, mit denen ihr eure Kredite abbezahlt. Dafür stelle ich euch im nächsten Kapitel das Haushaltsbuch vor. Eines meiner Lieblingshelferlein, seit ich klein war. Und, oh yes, bald auch schon eures!

Mit dem Haushaltsbuch zur finanziellen Sicherheit

Kommen wir jetzt mal zu einer Sache, die mir super wichtig ist. Egal, ob ihr gern lest oder nicht, dieses Kapitel ist Pflichtlektüre. Das Haushaltsbuch ist *der* Life-Hack, wenn ihr sparen wollt. Wenn ihr jetzt denkt, krass, Haushaltsbuch, ist das nicht irgendwas, das alte Leute mit Zahlen vollkritzeln? Ja, ihr habt recht – *reiche* alte Leute. Nein, Quatsch, das Ding ist definitiv auch was für euch. Und wenn ihr noch gar keine Idee habt, was ein Haushaltsbuch ist und wofür man es braucht, hier kommt die Erklärung.

Stellt euch mal vor, ihr wärt als Start-up-Gründer unterwegs. So übertrieben schick mit Hemd, Sonnenbrille, Ring am Finger, fettem Auto (oder Fahrrad oder Roller, denn ihr denkt natürlich an die Umwelt!) und so weiter. Ihr verdient euer Geld mit der Programmierung einer Smartphone-App, sie verkauft sich gut – läuft bei euch. Als CEO müsst ihr aber alles gleichzeitig im Blick haben: Was zahlt ihr den Programmierern pro Stunde, wie viel geht an Miete für die Büroräume drauf, was kosten die dringend benötigten neuen Firmenrechner? Und dann kommt auch noch das Finanzamt um die Ecke und will die Einkommensteuer im Voraus. Wenn ihr jetzt nicht aufpasst, dann seid ihr nach kurzer Zeit alles wieder los und zwar super schnell. Chaos. Schulden. Horrorfilm. Und anders als im Kino hilft es absolut gar nicht, einfach wegzuschauen.

Aber ihr wärt ja nicht der krasse Unternehmer, wenn ihr euch nicht zu helfen wüsstet. Und eure besten Freunde dabei heißen **Buchführung** und **Bilanz**. Buchführung, ja, das kommt von Buch – in dem schreibt ihr täglich alles auf, was ihr für euer Unternehmen ausgebt und einnehmt. Darin seht ihr zum Beispiel, dass ihr in einer Woche 100 Apps zu 2,99 Euro verkauft habt. Aber auch das Wochengehalt eurer zwei Co-Programmierer zusammen, nämlich 800 Euro. Miete anteilig: 200 Euro. Neuer Rechner: 1200 Euro. Euren App-Einnahmen von 299 Euro stehen also Kosten von 2200 Euro gegenüber. Keine gute Woche, würde ich sagen. Aber das muss noch nichts heißen. Am Ende des Jahres kann trotzdem ein Plus stehen, und zwar in der Bilanz, in der alles miteinander verrechnet wird. Damit es kein böses Erwachen gibt und ihr rechtzeitig gegensteuern könnt, solltet ihr aber regelmäßig in der Buchhaltung nachschauen, wohin sich alles entwickelt.

Ein Haushaltsbuch zu führen, ist im Grunde nichts anderes als private Buchhaltung. Wenn das Unternehmen machen, könnt ihr das nicht auch? Klar könnt ihr das. Die Entscheidun-

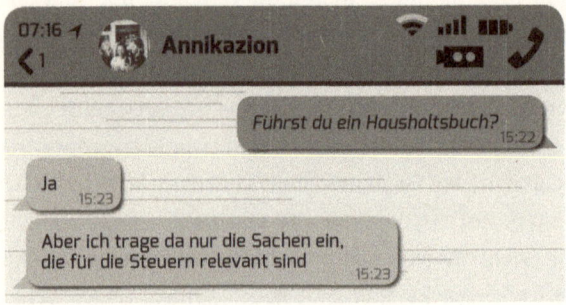

gen von Unternehmern unterscheiden sich im Grunde gar nicht so sehr von denen ganz normaler Menschen. Aber macht der ganze Aufwand überhaupt Sinn?

Dazu eine kleine Story von mir. Ich habe mit dem Eintragen schon sehr früh angefangen, also mit vierzehn Jahren etwa, so wie das alle coolen Jugendlichen machen ... NICHT. Denn es ist natürlich schon krass komisch, sich in dem Alter extra alles aufzuschreiben, was man gekauft hat. Vor allem, weil es damals noch gar nicht nötig war. Ich habe damals Sachen ausschließlich zu meinem Vergnügen gekauft, Verpflichtungen gab es noch keine. Schokolade, ein neues T-Shirt, solche Dinge. Wahrscheinlich waren mir meine Eltern mit ihrer Sparsamkeit aber ein Vorbild. Und nerdy nerdy habe ich dann auf dem Bett gesessen und alles fein säuberlich in mein Heft geschrieben, so ein rosa-gelb gestreiftes Notizbuch war das. Unglaublich girly, obwohl ich gar keine Girly-Sachen reingeschrieben habe. Na, vorher vielleicht doch ein paar. Aber ich hab das Ding einfach umfunktioniert. Statt einen Zweizeiler an meinen Traumtypen oder irgendwelchen kleinen Bildchen hab ich reingekritzelt, wie viel ich für belegte Brötchen und Schokolade ausgegeben habe. Fühlte sich erst awkward an, aber dann irgendwann voll befriedigend. Denn so habe ich rausbekommen, ob mein Gefühl stimmte, was ich so ausgegeben hatte am Tag. Und wusste so immer, was noch übrig war und wie viel es in ein paar Monaten zusammengerechnet sein würde. Geld dabei zuzuschauen, wie es mehr wird, macht mich übertrieben glücklich!

Mit meinem Nebenjob im Steuerbüro wurde das Aufschreiben für mich dann noch wichtiger. Denn jetzt kam ordentlich Geld rein, aber ich hatte plötzlich auch Ausgaben für die Fahrt zur Arbeit. Am Anfang habe ich 90 Euro pro Monat verdient. Klar, 90 Euro, das klingt als Schüler erst mal gut. Aber davon ging auch etwas ab für das Schülerticket. Ich hatte damals ein

Schüler-Geschwisterticket, das immerhin etwas billiger war. Meine Eltern haben das Geschwisterticket für meine Schwester bezahlt, ich habe meinen Teil selbst übernommen: 17 Euro, wupp, weg – Monat für Monat. Ich war trotzdem gefühlt plötzlich Großverdienerin und hab mir natürlich richtig viel geleistet. Also voll viel krasses Zeug, Schokolade und ... ZWEI T-Shirts. Nach der Schule stand sogar immer mal wieder «Minus 2,60 Euro – Käsebaguette» im Haushaltsbuch. In der Cafeteria habe ich es also gelegentlich übertrieben krachen lassen. Nein, im Ernst, so viel hat sich nicht geändert, aber schon da habe ich gemerkt: Je mehr Geld reinkommt, desto schneller ist es auch oft wieder weg.

Richtig bewusst geworden ist mir das, als ich einmal in den Herbstferien die ganze Woche im Steuerbüro gearbeitet habe. Das hieß, von morgens bis abends Buchungen tätigen, fleißig und konzentriert sein. Puh, ziemlich anstrengend. Dafür hatte ich plötzlich 300 Euro auf dem Konto und war so happy wie 3000 lachende Smileys ungefähr. 300 Euro, das war dreimal so viel, wie ich sonst in einem Monat verdient hab! Astrein war das, megacool, ich hab mich wie Krösus gefühlt. Also habe ich das Haushaltsbuch Haushaltsbuch sein lassen und mir ein T-Shirt gekauft. Und ein paar Schuhe. Ich war im Kino und Restaurant und Kaffee trinken mit Freundinnen. Dann habe ich eine absolute Knallerbluse gesehen, die ich unbedingt haben wollte. Also das Portemonnaie rausgeholt und ... nichts mehr drin! Die 300 Euro, für dich ich so hart gearbeitet habe, puff, einfach so weg. Irgendwo lachte noch hämisch die Konsumfee, die mein Geld einfach so weggezaubert hatte. Und ich fühlte mich richtig mies. Ja, Leute, das passiert, wenn man sein Haushaltsbuch links liegen lässt. Das war mir eine Lehre fürs Leben.

Was tragt ihr ins Haushaltsbuch ein?

Um es ganz einfach zu sagen: Im Haushaltsbuch stellt ihr eure monatlichen Einnahmen euren monatlichen Ausgaben gegenüber und schaut, was am Ende übrig bleibt. Oder ob ihr womöglich sogar ins Minus rutscht (besser nicht!). Die Einnahmenseite ist selbsterklärend und schnell erledigt: Hier landet jeden Monat alles, was als Plusbetrag auf eurem Konto landet: Euer Nettogehalt, das BAföG oder Unterstützungszahlungen eurer Eltern:

Einnahmen	Januar	Februar	...	Jahres-summe
Gehalt oder Azubi-Entgelt				
BAföG / BAB				
KfW-Bildungskredit / Studienkredit				
Stipendium				
Unterhaltszahlungen durch Eltern / Taschengeld				
Kindergeld				
Sozialleistungen (Wohngeld, Waisenrente, ALG II etc.)				
sonstige Einnahmen (Steuerrückzahlung, Lottogewinn ...)				
Gesamteinnahmen				

Eure Ausgaben sind demgegenüber vielfältiger. Es hilft, zwischen festen, **fixen Ausgaben** wie Miete und Strom, Handy- und Abogebühren sowie veränderlichen, **variablen Ausgaben** wie Kosten für Lebensmittel oder Freizeitaktivitäten zu unterschei-

Fixe Ausgaben		Januar	Februar	...	Jahres-summe
Miete & Neben-kosten	WOHNEN				
Strom & Gas					
Rundfunkgebühren					
Internet	KOMMUNI-KATION				
Handy					
Kontogebühren	BANK & VERSICHE-RUNG				
Versicherungsbei-träge (Haftpflicht, Hausrat etc.)					
Bahn- & Bus-Monats-ticket / BahnCard	MOBILITÄT				
PKW (Benzin, KfZ-Steuer etc.)					
Mitgliedsbeiträge (Fitnessstudio, Sportverein, Mieter-verein etc.)	SONSTIGE FIXKOSTEN				
Abos (Netflix, Spotify, Zeitungen & Zeitschriften etc.)					
sonstige Ausgaben (Sprachkurse, Musikunterricht etc.)					
Ratenzahlungen (Studienkredite, BAföG-Rückzahlung, Laptop etc.)	KREDITE				
Fixe Ausgaben gesamt					

den. Während eure Fixkosten meist relativ konstant bleiben, schwanken eure variablen Kosten stärker. Außerdem lassen sich die Fixkosten meist relativ leicht bestimmen, wenn ihr sie einmal wisst, könnt ihr gut kalkulieren. Über ihre variablen Ausgaben wissen dagegen viele Menschen nicht gut Bescheid. Hier kann es zu echten Überraschungen kommen. Um hier durchzublicken, ist es sinnvoll, wenn ihr anfangs alles bis auf den Cent genau notiert. Und damit meine ich: **Sammelt jeden Tag eure Rechnungen und schreibt Barzahlungen extra auf.** Dann notiert ihr alles in euer Haushaltsbuch. Es lohnt sich dabei, nicht nur eine monatliche, sondern eine tägliche Aufstellung vorzunehmen.

Ihr müsst übrigens nicht unbedingt so viele Kategorien für euer Haushaltsbuch verwenden, wie ich es hier getan habe. Ich möchte euch damit nur zeigen, welche Art von Ausgaben so anfallen können. Für eine bessere Übersicht und weniger Aufwand ist es manchmal besser, weniger zu verwenden. Ihr könnt eure Miete, eure Stromkosten und die Rundfunkgebühren also auch unter dem Aspekt «Wohnen» zusammenfassen, so wie es in der zweiten Spalte steht.

Variable Ausgaben		1. Januar	2. Januar	...	Monats-summe
Lebensmittel	ESSEN				
Restaurants, Imbisse, Mensa					
Ausgehen	FREIZEIT				
Tickets (Konzert, Theater, Sauna etc.)					
Kleidung, Accessoires	LIFESTYLE				
Kosmetik & Körperpflege					
Urlaub, Ausflüge, Familienbesuche	REISEN				
elektr. Geräte, Möbel, Geschenke etc.	SONSTIGES				
Var. Ausgaben gesamt					

Wie nutzt ihr das Haushaltsbuch am besten?

Ja, anfangs ist es mühsam, ein Haushaltsbuch zu führen. Und ja, ich gebe zu, so richtig fancy klingt es nicht, sich Tag für Tag hinzusetzen und aufzuschreiben, dass ihr zum Frühstück 2,50 Euro für einen Kaffee ausgegeben habt, mittags ein Döner für 3,50 Euro über den Tresen ging und ihr abends im Kino wart, was inklusive Popcorn mal eben 14 Euro gekostet hat. Aber glaubt mir, es lohnt sich. Ein paar Monate lang solltet ihr wirklich minutiös notieren, wohin euer Geld wandert. **Lernt euch kennen**. So erfahrt ihr, was für Gewohnheiten ihr habt, wo ihr das Geld wirklich mit vollen Händen raushaut und an welchen Stellen ihr noch Spielraum habt. Das Haushaltsbuch ist im Grunde auch eine Art Tagebuch, eure Marotten werden euch bald klar vor Augen stehen.

Wenn ihr über mehrere Monate hinweg konkrete Zahlen gesammelt habt, ist es Zeit für den nächsten Schritt: **Fragt euch, wo ihr einsparen könnt**. Guckt euch dabei zuerst eure fixen Ausgaben an, hier ist es am einfachsten, eure Ausgaben zu reduzieren. Ist euer Stromanbieter wirklich so günstig? Braucht ihr diese Versicherung wirklich? Schaut ihr so viele Serien, dass ihr drei Streaming-Abos benötigt, oder reichen auch zwei? Wenn ihr hier einen Cut macht, spürt ihr das sofort in eurer nächsten Monatsbilanz. Und meistens werdet ihr gar nichts vermissen. Schwieriger ist es für gewöhnlich, die variablen Ausgaben zu verringern, denn sie haben oft mehr mit unserem Alltag, unserer Freizeit zu tun. Hier geht es darum, Gewohnheiten zu ändern. Das ist nicht einfach, aber trotzdem: Braucht ihr den täglichen Coffee to go unbedingt? Tragt ihr die Fashion, die ihr euch kauft, auch wirklich, oder sind es eher Impulskäufe, die dann nur im Kleiderschrank hängen? Es hilft oft, einmal zu kalkulieren, wie viel mehr Geld ihr zur Verfügung habt, wenn ihr auf manche Dinge verzichtet. **Rechnet aufs Jahr hoch, was ihr einsparen könnt**. Bei den Zahlen, die dabei herauskommen, werdet ihr womöglich mit den Ohren schlackern!

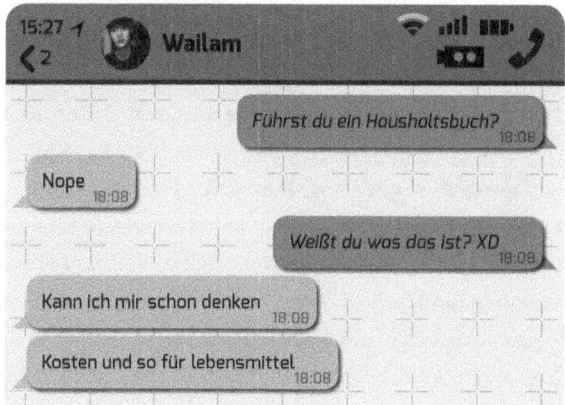

Wie auch immer: Um euer Haushaltsbuch zu führen, braucht ihr reichlich Puste – wie ein gut trainierter Ausdauerläufer. Ich will euch nicht verschweigen, dass ich auch nicht immer die vorbildliche asiatische Musterschülerin in Sachen Haushaltsbuch war. Manchmal habe ich ganze Wochen vergessen und nachtragen müssen – zum Glück kann ich mir Dinge echt gut merken. Allerdings nur dann, wenn es um Zahlen geht. Fragt mich eine Woche nach einem Kinobesuch, was im Film passiert ist – kein Plan. In solchen Fällen bin ich übertrieben vergesslich. Wahrscheinlich wäre das eine gute Gelegenheit für mich zu sparen: mit genau *einen* Film zu kaufen und ihn dann einfach jeden Monat anzuschauen ...

Ich habe diese ultranervigen Nachtrageaktionen aber genutzt, mir noch mal kräftig auf die Finger zu hauen. Game Over, faule Hazel – Neustart, fleißige Hazel! Und schließlich habe ich durchgehalten, weil ich wusste, dass mich im Ziel *pure happiness* erwartet. Dieses Glücksgefühl, etwas mit viel Ausdauer durch eigene Kraft erreicht zu haben, ist unbezahlbar. Und ihr könnt es für eure Zwecke einbinden, und zwar mit diesem Trick: **Setzt euch Sparziele**. So wisst ihr immer, wofür ihr spart.

Ich habe zum Beispiel immer wieder Geld für die nächste Vietnamreise zur Seite gelegt. Das war mein großes Ziel, dafür habe ich gespart, Tag für Tag, Monat für Monat. Immer, wenn ich es blöd und langweilig fand, auf jeden kleinen Betrag zu achten, habe ich an all das gedacht, was mich in Vietnam erwartet: Die Bananen, die ich im Garten meines Onkels ernten werde, deren Geschmack man in keinem deutschen Supermarkt findet. Die Yamswurzeln und Erdnüsse, die ich direkt aus dem Boden ziehe – und vor allem die dreiunddreißig Kinder meiner Cousins und Cousinen, die wieder zwei Jahre älter geworden sind. Ein großartiges, total fröhliches Gewusel, jedes Mal wieder absolut mega. Und zack: Schon war der Schwung wieder da. Fakt ist auf jeden Fall: Ob ihr für einen Fernseher spart oder ein cooles E-Bike oder eure Weltreise – es wird hundertmal leichter, wenn ihr Buch führt.

Abgesehen von euren großen Vorhaben ist es immer sinnvoll zu wissen, ob ihr gerade in die Schuldenfalle lauft oder noch ein bisschen was da ist zum Ausgeben. Gerade wenn ihr noch eine Ratenzahlung für euer neuestes Gadget am Laufen habt (nein, macht das nicht!) oder ihr einen Studienkredit tilgen müsst (auch blöd, aber manchmal ist das halt so), bekommt ihr ein Gefühl, was ihr ausgeben dürft. Die Gefahr bei solchen regelmäßigen Zahlungen ist nämlich, dass sie irgendwie unsichtbar sind, also: **Erkennt die Warnzeichen**. Weil, klar freut ihr euch übertrieben, wenn ihr das neue iPhone in der Hand haltet. Wenn ihr es aber zwölf Monate später immer noch abzahlt, ist die Euphorie schon lange weg, und ihr habt das Ganze vielleicht schon vergessen. Die Ratenzahlungen hängen euch trotzdem wie eine Klette am Bein, gnadenlos. Wollt ihr euch dann wieder was Neues kaufen, könnt ihr euch ganz schnell verschätzen, welche Verbindlichkeiten ihr eigentlich noch habt. Megaätzend, wenn das Geld alle, aber noch eine Rate fällig ist.

Heute führe ich mein Haushaltsbuch übrigens immer noch, aber auf dem Mac. So was wie einzelne Baguettes schreibe ich nicht mehr auf. Es geht mehr um das große Ganze. Ich schaue auf einzelne Bereiche wie «auswärts Essen» oder «Freizeit», «Miete», «Fitness». So weiß ich gleich, in welchem finsteren schwarzen Loch das Geld Monat für Monat verschwindet. Und wo ich auch mal «Stopp» sagen könnte. Natürlich nicht bei so grundsätzlichen Dingen wie der Miete. Aber statt zum Fitness-studio zu gehen, könnte ich ja auch mal wieder mehr umsonst und draußen trainieren.

Ein Leben ohne Haushaltsbuch ist möglich ...

Das Gute ist, dass ihr heute alles am PC oder per App erledigen könnt. Also, wenn ihr lieber alles in ein Heft schreibt, geht das natürlich auch, und auch vorgedruckte Haushaltsbücher gibt es weiter zu kaufen. Wenn ihr gern retro unterwegs seid, go for it.

Für alle anderen gibt es eine Unmenge an Programmen für

diesen Zweck: Apps fürs Handy, Software für den Computer. Ihr habt die Qual der Wahl. Excel oder eine andere Tabellenkalkulation ist euer Freund, oder ihr ladet euch kostenlos eine Vorlage herunter. Dort ist alles vorformatiert und vorprogrammiert, und ihr tragt eure Werte nur noch ein. Als kostenloses PC-Programm bietet sich etwa *MyMicroBalance* an. Moderner wird es mit den Apps *Bluecoins* oder *Money Manager*, die ebenfalls gratis verfügbar und intuitiv zu bedienen sind. Apps und Programme, für die ihr etwas bezahlen müsst, könnt ihr sogar direkt mit eurem Konto verbinden. Das ist noch gechillter, und ihr müsst dann keine Werbung sehen.

Ich selbst nutze auf dem MacBook ganz einfach Pages, also das Officepaket von Apple. Da ich, wie schon erwähnt, immer noch großer Bargeldfan bin, muss ich die meisten Sachen eh manuell eintragen. Wenn ihr dagegen von Kartenzahlung, Apple und Google Pay nicht genug bekommen könnt, findet ihr womöglich Programme, die alle Zahlungen auf einen Schlag erfassen können.

Meine Meinung ist auf jeden Fall: Ein Leben ohne Haushaltsbuch ist möglich ... aber sinnlos. Na gut, vielleicht nicht komplett, aber bei mir würde viel mehr Geld ins Nirwana verschwinden, wenn ich meine Einnahmen und Ausgaben nicht regelmäßig abgleichen würde. Zugegeben, ich bin ein bisschen extrem: Ich raste schon aus, wenn ich einen Euro für den Dispo zahlen soll. Aber ich glaube fest daran, dass sich ein Haushaltsbuch für die allermeisten Menschen lohnt. Ihr wisst dann einfach immer, wo ihr im Leben gerade steht, und euer Gehirn muss sich nicht heimlich Sorgen machen. Unbewusst wisst ihr nämlich fast immer, dass ihr gerade Schulden habt, und das Ergebnis ist: Stress. Wenn ihr euch immer alles klar vor Augen haltet und aufschreibt, erspart ihr euch diese Belastung.

Okay, manche von euch lassen es einfach grundsätzlich etwas lockerer angehen. Dirk zum Beispiel. Er lebt im finanziellen Chaos, weiß fast nie, was er gerade auf dem Konto hat und ist trotzdem immer tiefenentspannt. Total unbekümmert. Wie eine Katze, die automatisch immer auf den Füßen landet. Was aber vielleicht auch an der verrückten Katzenlady liegt, die sich um ihn kümmert. Ich nämlich. Während Dirk vor sich hin schnurrt, regele ich seine Finanzen gleich mit. Dafür muss er aber damit leben, dass er sich nicht mal eben einfach so ein neues MacBook kaufen kann, wenn er Bock drauf hat. Dafür braucht er erst das große Hazel-Okay.

So spart ihr –
mit gutem Gewissen

Okay, mittlerweile wisst ihr wahrscheinlich schon ganz gut, wie ich geldmäßig so ticke. Ich verhalte mich ein bisschen wie ein Eichhörnchen, nur sammle ich keine Nüsse, sondern häufe Münzen an für den langen Winter. Auch wenn der Winter, also die harte Zeit, hoffentlich nie kommt. Aber es ist gut, dann einen Vorrat zu haben.

Aber wie überlistet ihr euren inneren Schweinehund? Denn das Haushaltsbuch hilft euch zwar, einen Überblick zu bekommen, an welcher Stelle ihr zu viel ausgebt, aber wenn euch die Sachen im Schaufenster mal wieder so anlachen, ist es schwer, dem zu widerstehen. Mein Lieblingsspartipp ist daher erst mal ganz simpel: **Kauft es nicht!** Klar, bei manchen Dingen wie Essen und Trinken, die wirklich essentiell sind, funktioniert das nur sehr eingeschränkt. Aber aus eigener Erfahrung weiß ich, dass man auf ziemlich viel verzichten kann, wenn man erst einmal eine Weile darüber nachdenkt.

«Kauft es nicht» kann auch erst mal einfach bedeuten: **mehr Zeit lassen** bei der Anschaffung von Dingen. Aufgeschoben ist nicht aufgehoben. Das Smartphone könnt ihr auch mal drei Jahre benutzen, statt jedes Jahr ein neues zu kaufen. So stark verändert sich die Technik nämlich meistens nicht in der Zeit. Bei einer Langzeitinvestition könnt ihr dann auch mal mehr Geld ausgeben: Dirk und ich haben uns 2014 für unfassbar viel Geld einen neuen Laptop gekauft. Den brauchten wir zum Schneiden und Bearbeiten von Videos. Dafür braucht man reichlich Arbeitsspeicher. Weil der Laptop, den wir wollten, damals nur mit 8 GB RAM angeboten wurde, ließen wir den Arbeitsspeicher auf 16 GB RAM verdoppeln. Mit dieser individuellen Konfiguration passte der Laptop zu unseren Bedürfnissen. Besser gesagt: passt er. Denn wir nutzen ihn auch jetzt noch, und alles funktioniert nach wie vor einwandfrei. Ihr kennt ja den Spruch: Never change a running team. Auf jeden Fall haben wir gemerkt, dass wir nicht immer das neueste Modell brauchen, wenn das alte den Job noch erledigt wie eine eins. Selbst wenn die Werbung uns die neuen Produkte mit viel Glitzer und Glamour unter die Nase hält.

Wenn ihr öfter mal abwartet, bevor ihr zuschlagt, hat das auch noch einen weiteren Vorteil: Ihr checkt nämlich, ob ihr wirklich auf Dauer für ein Produkt brennt oder ob es euch im nächsten Moment schon wieder ziemlich egal ist. Wünsche kommen und gehen, so kenne ich das zumindest. Wenn ihr also den neuesten kurvigen Ultra-HD-Flachbildfernseher beim Erscheinungstermin (noch) nicht gekauft habt, dann habt ihr alles richtig gemacht. So könnt ihr euch auch die beliebten Ratgeber sparen, wie ihr eure Wohnung oder euer Leben entrümpelt – viele Leute haben heute offenbar zu viel Zeug. Wenn ihr nach zwei Monaten beim Einschlafen immer noch ständig an euren Traumfernseher denkt – und es euch leisten könnt, natürlich –, okay, dann holt ihn euch.

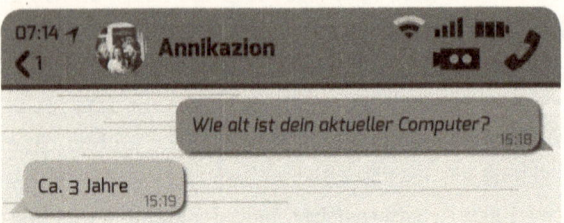

Vielleicht macht es euch ja sogar Spaß, wenn ihr seht, dass ihr gar nicht so viel braucht. Und begreift es als Challenge statt als Einschränkung, nur wenige Dinge zu besitzen. Diese Denkrichtung, genannt **Minimalismus**, wird immer beliebter, gerade in unserer Generation. Dafür muss man sich nur mal die Influencer-Szene auf Instagram anschauen. Jahrelang ging es ja irgendwie nur in eine Richtung: alles größer, alles teurer. Fette Karre, riesiges Haus, alles vom Feinsten, bling bling. Hat sich aber totgelaufen. Man muss ja auch kein Genie sein, um zu checken, dass Hyperreichtum und Protzerei auch nicht allein der Königsweg sind, um glücklich zu werden. Minimalisten orientieren sich genau in die andere Richtung. Ob (fast) möbelfreie, leere Wohnungen oder einfach sehr klar gestaltete Zimmer, schön schlicht und übersichtlich soll es bleiben. Viele Dinge sorgen für Ablenkung, wenige Dinge dagegen für Konzentration. So denken zumindest die Minimalisten.

Eine Form von Minimalismus sind etwa **Tiny Houses**. Das sind Häuser, ungefähr so groß wie ein Wohnwagen, meistens mit vielen Klapp- und Schiebemöbeln, denn auf so engem Raum kann man nur leben, wenn das Bett tagsüber in der Wand verschwindet. Tiny Houses werden fast immer mit Rädern gebaut, sodass man sie locker von einem Ort zum anderen bewegen kann. Vielleicht ist das was für die Zukunft? Dann könnt ihr euer Zuhause einfach mitnehmen, wenn ihr umzieht, habt aber etwas mehr Komfort, als wenn ihr mit einem alten VW-Bus durch die Gegend gurkt.

Okay, ich habe ein Laster. Nein, eigentlich habe ich sogar zwei. Erstens: Ich liebe Designerklamotten. Und zweitens: Ich probiere gern möglichst oft möglichst unterschiedliche Styles aus. Wenn ich von Designerklamotten rede, meine ich damit übrigens nicht Nike, Puma und Co. Nein, ich meine den richtig teuren Scheiß: Chanel, Dior und Co. Als ich 14 war, bin ich gerne mit meinen Freundinnen den Kurfürstendamm entlanggelaufen und habe in die Fenster der Edelläden geschaut. Alles neu von diesen Designern zu kaufen, wäre aber der absolute Wahnsinn – weil viel, viel zu teuer. Alle Marken, die ich wirklich übertrieben gut finde, auch Burberry zum Beispiel, kann und will ich mir momentan nicht neu leisten. Völlig verzichten will ich aber auch nicht. Die Sachen sind einfach schick. Sich auf Instagram zu inszenieren und mit bestimmten Marken zu posen, macht einfach Spaß. Aber ich verrate euch was: Die meisten Influencer kriegen die teuren Designerklamotten nur geliehen. Nach den Fashion-Shows und Events der Designer müssen sie sie wieder zurückgeben. Am Ende spielen wir eben alle nur ein Spiel, wer sich wie am tollsten präsentiert. Wie auch immer, ich will mitspielen. Aber nicht um jeden Preis.

Zum Glück gibt es auch für Designerklamotten **Secondhandläden**. Für «normale» Anziehsachen sowieso. Aktuell kaufe ich fast nur noch dort, weil ich mir neue Designersachen gar nicht leisten kann. Vielleicht ändert sich das, wenn ich mal genug Geld auf der hohen Kante habe, um mir um solche Käufe keinen Kopf zu machen. Who knows! Im Moment ist es aber so, dass sich der Besuch im Secondhandshop für mich immer wieder lohnt. Neulich habe ich dort eine Tasche gefunden, deren Originalpreis bei über 1000 Euro lag. Und stellt euch vor: Ich habe sie für ein Zehntel bekommen. Dirk und ich sind außerdem bei *Kleiderkreisel*, einem Online-Marktplatz, wo ihr Zeug aus eurem Kleiderschrank verkaufen könnt. Kaufen geht natürlich auch. Die Jagd quer durch die ganze Stadt könnt ihr euch so sparen, es ist ja nicht jeder Shopping-Addict und freut sich darauf, regelmäßig viel Zeit in Klamottenläden zu verbringen. Außerdem kommt ihr über die Plattform an vernünftige Secondhandteile, auch wenn ihr nicht in einer Großstadt wohnt.

Auch eure Wohnung könnt ihr supereasy mit gebrauchten Möbeln einrichten. Egal ob Möbel, Lampen oder Zimmerpflanzen, eine komplette Innenausstattung vom Flohmarkt oder Online-Portalen wie *ebay kleinanzeigen* ist kein Problem. Und es ist schon ein Unterschied, 1000 Euro bei Ikea zu lassen oder für 250 Euro ein komplettes Zimmer zu bestücken. So viel habe ich ausgegeben, um mein «Pocket Money»-Studio bei «Funk» einzurichten. Manche Sachen werden sogar kostenlos zum Abholen angeboten, was nicht heißen muss, dass sie schlecht sind. Klar, das ein oder andere Ding wird seine kleinen Macken haben, aber mal ehrlich, das haben auch neue Sachen oft schneller als man denkt. Und stört es wirklich? Dafür hat euer Zimmer im Seconddesign so garantiert sonst niemand, es trägt eure ganz individuelle Note.

Und Computer, Smartphones, Tablets? Bei Möbeln und Klamotten reicht vor dem Kauf aus zweiter Hand meist ein kritischer Blick, um zu schauen, ob sie noch okay sind. Bei elektrischen Geräten ist das weniger eindeutig. Es besteht die Gefahr, dass sie eventuell nicht mehr so lange halten, auch wenn sie von außen noch absolut gut aussehen. Muss nicht sein, kann aber. Eine mögliche Lösung dafür: Verbilligte Computer und Haushaltsgeräte gibt's auch *refurbished*. Beim **Refurbishment** werden gebrauchte Geräte wieder aufbereitet, also gereinigt und

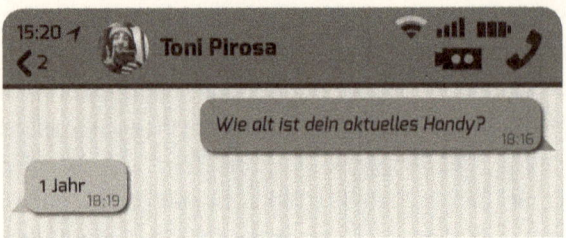

> Wie alt ist dein aktuelles Handy? 18:16

1 Jahr 18:19

geprüft. Durch diese Aufarbeitung kann euch der Händler eine neue Garantie einräumen, ein Jahr ist dabei üblich. Die Garantie ist damit kürzer als die gesetzliche Zweijahresfrist, aber ihr habt trotzdem mehr Sicherheit, wenn euch das wichtig ist. Eine coole Sache sind auch **Repair Cafés** oder ähnliche Anlaufstellen, wenn doch mal etwas kaputtgeht. Dort gibt es regelmäßige Termine, zu denen ihr euer defektes Gerät mitbringen könnt. Gemeinsam mit den dortigen Experten könnt ihr losbasteln, und so bestehen gute Chancen, dass aus Schrott wieder ein funktionierendes Gerät wird. Ob ein Repair Café in eurer Nähe ist, könnt ihr easy im Netz nachschauen.

Macht's euch selbst

Bleiben wir mal beim Thema kleines Budget und selbst machen. Designermode ist euch nicht so wichtig, dafür steht ihr auf abgefahrene, schnittige Designermöbel? Dann habt ihr ein ganz ähnliches Problem wie ich: Alles, was irgendwie anders, handgemacht und total einzigartig aussieht, hat meistens einen echt gepfefferten Preis. Ist ja auch klar. Für besondere Dinge, die nicht jeder hat und die nicht in Massen produziert werden, kann man mehr Geld verlangen.

Aber Moment! Die großen Hersteller sind nicht die einzigen Menschen mit einem Händchen für schöne Dinge! Und das haben inzwischen immer mehr Leute mitgekriegt. Auf You-Tube existiert eine sehr aktive **Do-it-yourself-Community**. Das Ziel: Dinge wieder selbst machen. Eine Tasse mit einem süßen Gesicht aus schwarzen Strichen kostet 15 Euro? Kauft euch eine Tasse für zwei Euro, einen Edding für weitere zwei Euro – und schon kann's losgehen. So oder so ähnlich habe ich das schon auf meinem «Pocket Money»-Kanal ausprobiert, und es ist erstaunlich, wie cool die Sachen werden, die man selbst macht. Natürlich ist man dafür erst einmal unterwegs, muss im Bastelladen die richtigen Dinge finden. Und womöglich muss man auch ein bisschen üben, bevor das Ergebnis einen glücklich macht. Aber danach hat man wirklich ein ganz individuelles Stück – ein Unikat! – und verbindet mehr damit, als wenn man es einfach gekauft hätte.

Es hilft dabei, erst mal darüber nachzudenken, wie genau die Designersachen, die einem so gefallen, eigentlich hergestellt wurden. Da lernt man viel. Wenn man es dann schafft, etwas Ähnliches zu erschaffen, dann denkt man sich nicht einfach, ja, ganz nett, stell ich hier in die Ecke. Sondern man ist voll so: Yeah, ich bin der neue Designergott! Ob ihr mit DIY immer günstiger fahrt, lässt sich zwar nicht sagen. Streng betriebswirtschaftlich müsstet ihr nämlich nicht nur eure Materialkosten berücksichtigen, sondern auch eure Arbeitszeit. Aber da «Do it yourself» echt viel Spaß macht, könnt ihr das auch locker unter Freizeit oder Hobby verbuchen. Und mit der Zeit werdet ihr besser und schneller und entdeckt vielleicht sogar verborgene Talente!

Natürlich könnt ihr auch die neue Coco Chanel werden und eure **Klamotten selbst nähen**. Okay, die meisten von uns haben ja noch ein paar von Oma gestrickte Socken im Schrank, erst mal nicht so sexy. Aber mit einer ordentlichen Nähmaschine und ein bisschen Technik könnt ihr euch weitaus Schärferes schneidern als Socken. Gerade heute, wo fast alles als Einheitsware von der Stange kommt, kriegt ihr so ganz einfach eure eigene Uniqueness hin. Wer weiß, vielleicht gehen die Sachen sogar als Designerstücke durch, macht mal einen kleinen Prank mit eurer Clique und probiert es aus.

Aber auch im Badezimmer kann euch DIY Geld sparen und die Umwelt schonen. Im Netz findet ihr viele Anleitungen, wie ihr zum Beispiel eure eigenen **Kosmetika herstellen** könnt. Die dafür benötigten Zutaten kosten häufig weniger, als wenn ihr euch die einzelnen Sachen im Drogeriemarkt kauft. Außerdem spart ihr euch Plastikverpackungen und solche DIY-Kosmetika sind nicht selten schonender für eure Haut. Wichtig ist natürlich, dass sie funktionieren. Wenn ihr schon am Vormittag anfangt zu müffeln, ist was schiefgelaufen. Also: vorher testen!

Die Macht der Gewohnheit

Wenn ihr jeden Morgen fünfzehn Minuten zu spät mit völlig verquollenen Augen aus der Haustür fallt und dann zur Uni oder zum Job hastet, dann ist der nächste Tipp genau das Richtige für euch. Denn vermutlich werdet ihr es in der Eile auch nie schaffen, euch was Vernünftiges zum Essen mitzunehmen. Ich weiß, der Ratschlag ist voll der Mutti-Move, aber er wird langsam wieder cool: **Meal Prep** liegt voll im Trend. Nie gehört? Im Grunde meint der englische Begriff nichts anderes als Vorkochen. Alles, was ihr dazu braucht, ist ein großes Einmachglas – oder wenn es Plastik sein muss, auch eine Tupperbox –, frische Zutaten und geeignete Rezepte. An einem Tag in der

Woche bereitet ihr sämtliche Gerichte für eure Arbeits- oder Studienwoche vor. Die füllt ihr in die Gläser, tut sie in den Kühlschrank und habt so euren kompletten Speiseplan für die Woche schon fertig. Ob es jetzt Bircher Müsli oder Beerensmoothie, Couscoussalat oder Rindergulasch sein soll, alles geht. Wichtig ist nur, dass sich die Mahlzeiten eine Woche im Kühlschrank halten, idealerweise sind auch die Rezepte nicht zu aufwendig, damit ihr nicht zu viel Arbeit habt.

Glaubt mir, auf diese Weise könnt ihr enorm sparen. Denn **Gewohnheitskonsum** ist ein echter Geldfresser. Sagen wir mal, ihr arbeitet ungefähr 45 Wochen im Jahr. Bei einer Fünftagewoche wären das 225 Mittagessen im Jahr. Bei einem Preis von fünf bis sieben Euro pro Mahlzeit wären wir da schon bei 1125 bis 1575 Euro. Und das noch ohne Getränke. Das ist schon eine ganze Menge, oder? Quasi ein richtig schöner Sommerurlaub. Versteht mich nicht falsch: Natürlich müsst ihr auch die Zutaten für eure vorbereiteten Mahlzeiten bezahlen. Und ich halte nichts davon, sich total einzuschränken, das macht schlechte Laune. Aber wenn ihr ein bisschen besser vorplant und euch zumindest für einen Teil der Woche was einpackt, dann werdet ihr das auf jeden Fall bei eurem Kontostand merken. Gesünder lebt ihr sehr wahrscheinlich auch. Und das Geld, was übrig bleibt, könnt ihr sparen für aufregendere Dinge als mittelmäßiges Mensaessen oder den Döner am Eck.

Es ist für die Verringerung unserer variablen Ausgaben wirklich ganz entscheidend, dass wir uns unsere Gewohnheiten anschauen und gucken, wo wir im Alltag mit einer kleinen Veränderung viel erreichen können. Der tägliche Coffee to go ist ein häufig zitiertes, aber schönes Beispiel. Der schlägt je nach Getränk mit 500 bis 700 Euro zu Buche, wenn man nach der obigen Rechnung geht. Oder Wasserflaschen. Im Zug der Diskussionen rund um den Klimawandel hat die Zahl der verkauften Plastikwasserflaschen ja schon abgenommen. Außerdem schaffen sich mehr und mehr Leute Trinkwassersprudler an. Und das macht total Sinn, denn man kann eben auch einfach Leitungswasser trinken und spart sich Bares und das Geschleppe (und muss auch keine armen Getränkelieferanten die Treppen hoch und runter jagen).

Geteilte Freud ist doppelte Freud

Dass wir Sachen miteinander teilen, empfehlen oder retweeten, kennen wir aus den sozialen Netzwerken. Aber das Teilen ist auch wieder in der echten Welt angekommen. Und **Sharing** passt dort gut hinein, denn es ist zugleich sozial und ressourcenschonend. Ich denke, das kann unserer Welt nur guttun.

Besonders viele Sharing-Angebote findet ihr heute im Bereich Mobilität. Beinahe alles, was Räder hat, kann inzwischen gemeinsam benutzt werden. Ihr könnt über die verschiedensten Plattformen Autos, Motorroller oder E-Roller buchen und zahlt meistens nur etwas für die tatsächliche Nutzung. Wenn ihr heute in der Großstadt lebt, könnt ihr problemlos ohne Auto leben. Denn mit den Öffis kommt ihr überall hin, und wenn ihr doch mal einen fahrbaren Untersatz braucht, könnt ihr über Apps wie *Getaround* oder *Turo* in Sekundenschnelle ein freies Auto in eurer Nähe mieten. Wenn ihr nicht auf euren eigenen Schlitten verzichten wollt, könnt ihr andersrum easy an andere Leute vermieten. So steht euer Auto nicht nutzlos in der Gegend rum, wenn ihr es gerade nicht braucht. Und ihr verdient euch mit **Carsharing** sogar was dazu! Da ihr als Autobesitzer eine ganze Reihe laufender Kosten bestreiten müsst

– Kfz-Steuer, Kfz-Versicherung und Reparaturkosten – können diese Einnahmen einen großen Unterschied machen.

Die gute alte Fahrgemeinschaft, heute auch oft **Ridesharing** genannt, ist natürlich ebenfalls immer noch eine gute Möglichkeit, wenn euch Bahn und Mietauto zu teuer und Busse zu langsam sind. Ihr könnt zwar auch richtig old school versuchen, mit ausgestrecktem Daumen zu trampen, aber über Portale ist das Ganze doch wesentlich sicherer und verbindlicher. Über Anbieter wie *fahrgemeinschaft.de* und *BlaBlaCar* könnt ihr euch mit netten Fahrern connecten, die euch schnell und günstig zu eurem Zielort bringen.

Als Stadtmensch müsst ihr euch heutzutage noch nicht mal ein eigenes Fahrrad zulegen. Ihr findet an jeder Ecke Leihfahrräder, die ihr ebenfalls im Handumdrehen per App ausleihen könnt. In einigen Städten wie Hamburg oder Stuttgart könnt ihr bei den öffentlichen **Bikesharing**-Anbietern sogar eine halbe Stunde kostenlos fahren, ihr zahlt nur eine kleine Jahresgebühr. Daneben sind in allen Städten eine Vielzahl kommerzieller Anbieter mit unterschiedlichen Stärken und Schwächen aktiv. Auch E-Bikes und Lastenfahrräder könnt ihr so mieten.

Aber nicht nur Autos oder Fahrräder, auch ein (Schlaf-)Sofa oder ganze Wohnungen könnt ihr teilen oder nutzen. Klar, Airbnb werden die meisten von euch kennen. In Großstädten wie Barcelona gibt es aber mittlerweile eine Diskussion darüber, inwieweit solche Angebote den Einheimischen die Wohnungen wegnehmen. Die Alternative beim **Wohnungs-Sharing** sind nichtkommerzielle Anbieter wie *couchsurfing.com*. Hier übernachtet ihr komplett kostenlos in der Wohnung, die euer Gastgeber auch wirklich bewohnt. Der Community-Gedanke steht im Vordergrund: Ihr sollt eure Gastgeber wirklich kennenlernen und von deren Wissen profitieren. Wo gibt es leckeres

Essen, welche Kneipe solltet ihr nicht verpassen, wo lässt es sich gut Party machen? Fakt ist, dass es auf diese Weise viel einfacher und günstiger ist, in einer anderen Stadt, einem anderen Land unterzukommen und viele authentische Reiseeindrücke zu sammeln.

Kommen wir zum Thema Essen: In Deutschland werden jährlich 13 Millionen Tonnen an Lebensmitteln weggeworfen. Das ist natürlich ziemlicher Mist. Um diese Verschwendung zumindest ein wenig einzudämmen, ist die Idee des **Foodsharing** entstanden. Auf Seiten wie *foodsharing.de* findet ihr Orte, an denen ihr Lebensmittel for free mitnehmen könnt, die sonst in der Tonne landen würden. Sie stammen von Privatpersonen, die keine Verwendung mehr für sie haben. Apps wie *TooGoodToGo* dagegen vernetzen euch mit Restaurants, Bäckereien und Supermärkten, die ihre überschüssigen Lebensmittel noch an den Mann bringen wollen – für einen geringeren Preis. Brötchen vom Vortag schmecken schließlich nach dem Aufbacken genauso gut wie frisch gekauft, und eine krumme Karotte ist ebenso lecker wie eine kerzengerade.

Und dann ist da ja noch die Sache mit dem Mindesthaltbarkeitsdatum (MHD). Viele verwechseln das MHD mit dem Verfallsdatum. Das Lebensmittel wird danach aber nicht automatisch schlecht, der Hersteller informiert euch mit dem MHD nur darüber, bis wann sein Produkt seiner Meinung nach am besten schmeckt. Oft sind die Sachen aber noch völlig okay. In Berlin gibt es daher mittlerweile spezielle **MHD-Supermärkte**, die ausschließlich abgelaufene Lebensmittel verkaufen, natürlich für wenig Geld. Für Studenten mit geringem Budget auf jeden Fall eine Option.

Ihr könnt aber sogar noch ein Stückchen früher in der Produktionskette anfangen und euer Gemüse selbst ziehen. Beim

Urban Gardening oder **Community Gardening** teilt ihr euch mit anderen ein Stück Acker oder einen Garten, und dann hackt und gießt ihr und zupft solange Unkraut, bis ihr das fertige Grünzeug ernten könnt. Natürlich könnt ihr von den so produzierten Lebensmitteln nicht komplett leben. Aber teuer ist es nicht, und so eine selbst herangezogene Tomate schmeckt gleich doppelt so gut. Und es ist auch mal ganz spannend zu sehen, wie viel Arbeit nötig ist, um ein bisschen schnödes Gemüse auf den Teller zu bringen. Man denkt dann mehr nach beim Einkaufen und schmeißt nicht mehr bedenkenlos den halben Kühlschrankinhalt in den Müll.

Bei Gebrauchsgegenständen wie Bohrmaschinen, Rasenmähern oder Fahrradanhängern haben sich gemeinnützige Tauschportale und -initiativen leider noch nicht durchgesetzt und keine richtig breite Nutzerbasis gefunden. Sharen heißt hier eher mieten. Bei kommerziellen Anbietern könnt ihr Wohnmobile und Partyzelte, Spiegelreflexkameras oder MacBooks für einen bestimmten Zeitraum euer eigen nennen. Eine gute Möglichkeit, um vor einem Kauf den neuen Laptop auf Herz

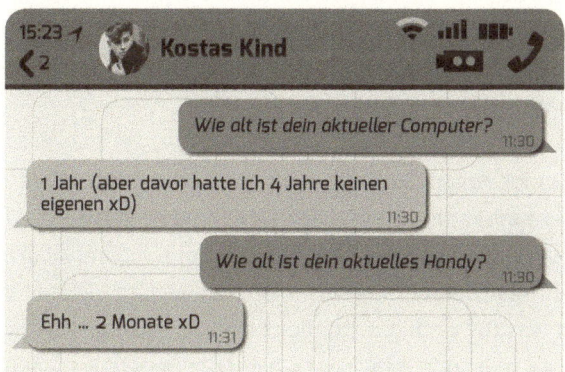

und Nieren zu prüfen. Oder um im Urlaub geniale Bilder zu
schießen, ohne dass die Profikamera danach für die nächsten
Monate ungenutzt im Schrank liegt.

Relevant für alle Binge-Watcher und Musik-Nerds ist außerdem das **Account-Sharing**. Bei Netflix, Spotify oder auch
Gaming-Plattformen wie Steam gibt es die Möglichkeit, Fami-
lienaccounts zu erstellen. So können mehrere Menschen die
Dienste parallel nutzen, zahlen aber insgesamt weniger. Voraussetzung ist allerdings meistens, dass ihr im selben Haushalt
wohnt, etwa in einer WG. Ihr solltet euch die Bedingungen des
jeweiligen Accounts anschauen. Sonst kann euch im schlimmsten Fall der Account gesperrt werden.

Um das Thema Sharing ist auf jeden Fall in den letzten Jahren ein echter Hype ausgebrochen. Nicht jedes Angebot funktioniert dabei gleich gut, es gibt große Schwankungen, und
manche Anbieter verschwinden schnell wieder oder werden
von größeren übernommen. Manche Plattformen sind auch
gar nicht unbedingt effizienter, günstiger oder ökologischer als
klassische Anbieter, man muss immer die Gesamtbilanz ansehen. Dennoch: Das Sharing von Fahrzeugen und Unterkünften
hat sich durchgesetzt. Sehen wir also mal, wie es weitergeht.

Bewusster Konsum

Sparen ist super. Zu wissen, wo man in seinem Leben Geld
abknabbern kann, um es für schönere, bessere, wichtigere Dinge
zu verwenden, kann das Leben echt verbessern. Trotzdem muss
ich ein bisschen einschränken: Sparen ist *nicht immer* super.
Denn was für euch gut ist, muss deshalb nicht gleich für den
Rest der Welt super sein. Deshalb meine Empfehlung: **Wenn ihr**

kaufen müsst, kauft Gutes. Was ich damit meine? Vielleicht kann ich euch das anhand meiner Eltern erklären. Ihr wisst jetzt ja schon ein bisschen was über sie. Und ihr wisst auch, dass ich so eine krasse Sparerin bin, weil meine Eltern es sind. Trotzdem unterscheiden wir uns. Meine Eltern kaufen grundsätzlich das absolut günstigste Produkt. Wenn sie sich Schuhe kaufen, dann ein Paar für 20 Euro. Was wundersamerweise auch drei Jahre hält bei ihnen. Sie gehen sehr sorgsam mit ihren Sachen um – das bewundere ich echt total, ich bin da nicht immer so achtsam.

Aber Schuhe für 20 Euro? Da muss man sich klar sein, was das bedeutet. Bei solchen Preisen wird es schwierig, dass die Leute bei der Herstellung genug verdienen. Genauso wahrscheinlich ist es, dass irgendwelche krass aggressiven Chemikalien verwendet werden. Und Umweltschutz ist vermutlich auch kein großes Thema. Meine Eltern machen sich darum nicht so einen Kopf, und klar, es ist ja auch fast unmöglich, jedes Mal beim Kaufen darüber nachzudenken. Außerdem, wenn man gerade nicht so viel Geld zur Verfügung hat, gibt es manchmal gar keine andere Möglichkeit, als «billig» zu kaufen. Trotzdem, wir sind ja Generation Greta und wissen, wie's um unsere Welt steht. Ich habe kein Patentrezept, wie man mit dem Thema umgeht. Aber eine Idee.

Bringt es vielleicht etwas, einfach immer die teuerste Marke zu kaufen, damit am Ende für alle etwas übrig bleibt? Damit der Kakaobauer was von der verkauften Schokolade hat oder der Baumwollfarmer vom verkauften T-Shirt? Ja, wenn es nur so einfach wäre. Leider bleibt das Geld häufig auch bei teuren Produkten bei den großen Konzernen und Händlern hängen, und es kommt nicht viel bei den Erzeugern der eigentlichen Rohstoffe an. Ohne die es ja kein Produkt gäbe.

Es gibt jedoch eine Bewegung, die sich gegen diese Produktionsweise wendet: Fairtrade. Wahrscheinlich habt ihr schon mal etwas vom Fairtradesiegel gehört. Der Gedanke von Fairtrade ist, dass man mit seiner Kaufentscheidung unmittelbar dort etwas Positives bewirken kann, wo die Dinge herkommen. Ihr müsst euch das ungefähr so vorstellen: Normalerweise verkaufen Kaffee- oder Kakaobauern ihre Rohware an große Unternehmen. Die Preise auf dem Weltmarkt schwanken aber oft stark, teils auch durch Spekulation. Das bedeutet für die Bauern, dass sie in schlechten Zeiten nur wenig Geld für ihre Ernte bekommen und kaum davon leben können. Obwohl wir ja trotzdem konstant viel für Kaffee oder Schokolade bezahlen. Fairtrade garantiert dagegen, dass Bauern ein fixer Mindestpreis gezahlt wird, unabhängig davon, wie der Weltmarktpreis gerade ist. Sie können also auch dann für die Zukunft planen, wenn die Preise gerade im Keller sind.

Außerdem sorgt Fairtrade dafür, dass auf den Plantagen **ordentliche Arbeitsbedingungen** herrschen und so umweltschonend und nachhaltig wie möglich angebaut wird. Ihr könnt sicher sein, dass eure Schokolade oder euer Pulli ohne Kinderarbeit hergestellt wurde und die Menschen von der Wirkung von Pestiziden verschont blieben. Es gibt natürlich auch viele Diskussionen darum, was wirklich fair ist, und auch Kritik an den Labels. Aber ich sage mal so: Kaffee, Tee, Schokolade und auch Bananen sind ziemlicher Luxus und werden einmal um den halben Globus gekarrt. Da ist es doch komisch, wenn sie dann bei uns verramscht werden. Wenn ihr das im Hinterkopf behaltet, tut es vielleicht etwas weniger weh, auch mal deutlich mehr auf den Tisch zu legen für den eigenen Genuss.

Übrigens, auch in euren Smartphones und Laptops stecken

Rohstoffe, die nicht immer unter fairen Bedingungen gewonnen werden. Ich hatte beispielsweise noch nie davon gehört, dass ein Stoff wie Coltan überhaupt existiert – tatsächlich steckt er aber fast in jedem elektronischen Gerät. Um ihn gibt es traurigerweise bewaffnete Konflikte, und bei seiner Gewinnung in Minen wird oft die Umwelt zerstört. Einige neue Unternehmen versuchen es daher, besser zu machen und für ihre Gadgets möglichst nur fair gewonnene Rohstoffe zu verwenden. Die **fairen Smartphones** heißen beispielsweise *Fairphone* oder *Shiftphone*. Bei der Funktionalität müsst ihr eventuell ein paar Abstriche machen, dafür habt ihr aber ein Gerät, bei dem ihr wisst, dass bei seiner Produktion weder anderen Menschen noch der Umwelt geschadet wurde.

Umweltschutz

Nicht nur Menschen, auch unsere Umwelt hat mit der Art und Weise, wie wir Dinge herstellen, manchmal zu kämpfen. Stichwort Plastik: Im Grunde wissen wir ja alle, dass wir viel zu viel davon produzieren und selbst Pinguine in der Antarktis bereits Mikroplastik im Körper haben. Jeder Deutsche wirft jedes Jahr 627 Kilogramm Müll weg. Und trotzdem werden manche Sachen im Supermarkt weiter doppelt und dreifach verpackt.

Einen anderen Weg gehen **Unverpacktläden**, von denen etliche in den letzten Jahren in Deutschland aufgemacht haben. Denn eine Plastiktube im Umkarton aus Pappe – wer braucht das? Die verpackungslose Alternative heißt: Zahnputztabletten. Die kaut ihr vorher und putzt danach die Zähne. Zahnbürsten mit Bambus- statt Plastikgriff findet ihr dort auch. Okay, die Borsten sind noch aus Plastik, hier haben die Firmen noch keine gute Alternative gefunden. Deshalb, ja, auch die Unverpacktläden können noch nicht vollkommen auf Plastik und Verpackungen verzichten. Sie versuchen aber, bei der Anlieferung Mehrwegsysteme zu verwenden und möglichst viele Produkte möglichst kunststofffrei und mit wenig Verpackung geliefert zu bekommen.

Es ist natürlich ein ganz schönes Unterfangen, möglichst frei von Verpackungen einzukaufen. Ihr müsst Behältnisse wie Einmachgläser, Metalldosen oder Stoffbeutel mit zum Einkauf nehmen. Wenn ihr den Gang zum Unverpacktladen nicht direkt schafft oder keinen in der Nähe habt, könnt ihr trotzdem im normalen Laden Verpackungen sparen. Etwa, indem ihr das Obst und Gemüse einfach so in den Wagen legt oder ein wiederverwendbares Netz oder einen mitgebrachten Beutel verwendet. Oder Fleisch und Käse an der Theke am Stück und nicht vorverpackt kauft. Vielleicht seid ihr auch ganz besonders motiviert und wollt euch der **Zero-Waste**-Bewegung anschließen. Inzwischen gibt es zum Beispiel Kompostsysteme, bei denen ihr in eurer Küche ein Gefäß für eure Bioabfälle aufstellt. Dank des Einsatzes vieler fleißiger Regenwürmer spart ihr euch den Gang zur Biotonne. Und besten Humus gibt's on top, vielleicht für euer Gartenprojekt? Vorsicht, Humus, nicht zu verwechseln mit leckerem Hummus!

Einen großen Gefallen tut ihr der Umwelt auch, wenn ihr auf Fleisch ganz verzichtet, also **vegetarisch** oder **vegan** lebt. Den Tieren wird nicht nur viel Leid erspart, es ist auch schonend fürs Klima. Besonders die Erzeugung von Rindfleisch erzeugt hohe Umweltkosten: Kühe brauchen viel Platz und produzieren bei der Verdauung gewaltige Treibhausgasemissionen. Fleischverzicht schont außerdem Ressourcen, denn Mais und Co. landen direkt auf unserem Teller, anstatt zuerst an Tiere verfüttert zu werden, die dann wiederum von uns gegessen werden. Als

Veganer oder Vegetarier müsst ihr auf keinen Fall mehr Geld ausgeben, ihr könnt sogar sparen. Bohnen, Linsen, Kichererbsen, aber auch Tofu und Tempeh enthalten ebenso viel wertvolles Eiweiß wie Fleisch, sind in der Anschaffung aber superbillig. Schaut dafür am besten in eurem nahegelegenen India- oder Asiashop vorbei.

Wenn ihr dagegen auf Fleisch nicht verzichten wollt, gibt es immer noch artgerecht produziertes **Biofleisch**. Allerdings wird dann im Supermarkt schnell mal das Vierfache im Vergleich zu konventionell erzeugtem Fleisch fällig. Im Grunde ist das aber der realistische Preis. Leider sind wir uns durch den starken Wettbewerb der Lebensmittelhändler und die Produktionsweisen gar nicht mehr bewusst, wie teuer Fleisch eigentlich sein müsste. Dann sehen wir statt zwei oder drei Euro für konventionelles Hähnchenfleisch plötzlich zwölf Euro und sind erst mal schockiert. Zwar ist bio auch ein Geschäft und teils wird mit Mondpreisen Geld verdient, dennoch: Fleisch aus Massentierhaltung wird im Moment viel zu billig angeboten.

Ich will euch aber keine Vorschriften machen. Wie ihr euch ernährt und was ihr kauft, ist erst mal eure Sache. Trotzdem haben eure Entscheidungen schon auch Einfluss darauf, wie es weitergeht mit unserer Welt. Der Satz «Die Politik muss was tun» stimmt zwar auch, aber jeder von uns kann vorher schon selbst damit anfangen. Außerdem, Fakt ist: Für jedes tierische Produkt gibt es inzwischen gute vegetarische oder vegane Alternativen.

Wir können bei der Art, wie wir konsumieren, also eine Menge tun, um die Umwelt zu schützen. Ein wichtiges Thema ist inzwischen auch der **Stromverbrauch des Internets**. Auch wenn ich natürlich weiter gern Videos für euch produzieren möchte – das Streaming verbraucht eine Menge Strom. Insbesondere, wenn die Videos in ultrahoher Qualität geschaut werden und noch vor sich hin dudeln, wenn ihr schon längst auf der Couch weggepennt seid.

Auch Cloud-Dienste und jede Suche über Google und Co. verbrauchen Strom, schlicht jede Aktion im Netz. Eine Studie von 2014 hat ausgerechnet, dass wenn das Internet ein Land wäre, es beim Stromverbrauch weltweit auf Platz sechs landen würde. Weniger wird es seitdem nicht geworden sein. Es gibt deshalb **grüne Internetprojekte**, die einen Teil ihrer durch Werbung erzielten Gewinne in sinnvolle Dinge investieren. Der E-Mail-Anbieter *Posteo* verspricht, seine Server mit Ökostrom zu betreiben und Geld an grüne NGOs zu spenden, die Suchmaschine *Ecosia* lässt Bäume pflanzen. Die Suche selbst läuft über die Engine von Bing (was natürlich noch nicht ideal ist). Geld für neue Bäume oder sinnvolle Projekte generiert ihr, indem ihr auf Werbelinks neben der Suche klickt.

Ein bisschen Utopie schadet nie

Für euch selbst sparen oder versuchen, anderen und der Umwelt etwas zu *ersparen*, das erscheint oft erst mal wie ein Widerspruch. Gutes ist nicht selten teurer. Aber hey, jeder so, wie er kann. Ich denke, das Wichtigste ist, die richtige Balance zu finden. Ihr müsst ja nicht gleich die ganze Welt retten. Trotzdem lohnt es sich, ab und zu über sein eigenes Konsumverhalten nachzudenken und nicht immer nur das billigste Produkt zu kaufen. Und je mehr Leute das machen, desto beliebter werden faire und grüne Produkte – was meistens auch bedeutet: billiger. Und damit hätte man wieder gespart.

Wir sollten jedenfalls nicht aufhören, von einer besseren Welt zu träumen.

Was tun bei Schulden?

Nun habt ihr ja schon eine Menge darüber erfahren, wie ihr euer Geld am besten zusammenhaltet. Und vielleicht kennt ihr so was wie Geldsorgen auch nur vom Hörensagen. Drei meiner YouTube-Freunde standen noch nie in der Kreide (sagt man so, denn früher wurden eure Schulden in der Kneipe oder im Tante-Emma-Laden mit Kreide auf eine Tafel geschrieben). Nur Toni hatte kurz mal Schulden, konnte sie aber lustigerweise durch seine ersten Placements bei YouTube, Werbedeals also, begleichen.

Aber wir leben nun mal in einer Konsumgesellschaft und werden täglich zugeballert mit hipper Werbung, neuen Produkten und verlockenden Angeboten. Nach einer aktuellen Studie des Inkassounternehmens Creditreform sind 1,58 Mio. Deutsche unter 30 Jahren nicht in der Lage, ihre Verbindlichkeiten zu decken – **jeder Siebte ist verschuldet**. Die Fallstricke sind zahlreich. Klar, wenn ihr einen Studienkredit oder BAföG benötigt, ist das voll okay und sinnvoll, wenn ihr dadurch später an einen guten Job kommt. Ihr solltet euch nur einen Plan machen, wie ihr das Geld zurückzahlen könnt. Der **Dispokredit** ist da schon fragwürdiger. 7–14 % Zinsen können euch in Windeseile in die Knie zwingen. Also am besten lasst ihr das mit dem Dispo ganz. Fast noch schlimmer sind die «echten» Kreditkarten, die sogenannten **Revolving Cards**. Wie im Kontokapitel schon erklärt, erhaltet ihr in Deutschland standardmäßig Charge Cards, eure Kreditkartenbuchungen werden dann jeden Monat vollständig von eurem Konto abgebucht. Die Revolving Cards gibt es jedoch auch, und hier funktioniert das Ganze anders: Ihr müsst nicht alles gleich zurückzahlen, aber in dem Fall werden unfassbare Zinsen von 14–20 % fällig. Finanzieller Selbstmord, wenn ihr mich fragt. Und ja, dann sind da noch eure **Handyverträge**. Dazu muss ich wohl nichts weiter erklären. Sie stehen jedenfalls, was die Verschuldungsfaktoren angeht, unangefochten auf Platz eins.

Ein weiteres großes Risiko sind **Ratenzahlungen**. Mal ein Beispiel: Eigentlich haben wir das Geld für das neue MacBook Pro oder den 4K-Fernseher nicht, brauchen die Sachen aber jetzt sofort und gleich, und zwar dalli. Also verpflichten wir uns, für einen bestimmten Zeitraum immer wieder eine bestimmte Summe zu zahlen. 50 Euro im Monat hier, 60 da und das ganz ohne Zinsen. Klingt irgendwie easy peasy. Allerdings besitzt ihr wahrscheinlich keine Kristallkugel, mit der ihr in die Zukunft schauen könnt. Vielleicht verliert ihr euren Job. Oder ihr trennt euch von eurem Partner, mit dem ihr erst vor kurzem zusammen in eine größere Wohnung gezogen seid, und müsst die teure Miete auf einmal alleine bestreiten. Oder ihr habt einen Unfall beim Sport oder ihr werdet schwer krank. Die Liste, was alles passieren kann, ist ziemlich lang. Und ich will hier gar nicht auf der Unglückswelle reiten. Es kann ja auch einfach etwas kaputtgehen, der Kühlschrank, die Waschmaschine oder das Auto. Dann steht oft eine teure Reparatur an. Wenn nicht sogar ein Neukauf. Und boom, plötzlich tut sich ein gewaltiges Finanzloch auf! Auf eurem Konto kommt viel weniger rein, als abgeht, aber die Raten werden weiter abgebucht, Monat für Monat. Wie war das noch mal, 50 hier, 60 da, plötzlich ist das ein Drittel eures Monatsbudgets. Und jetzt? Mein Ratschlag ist deshalb: **Spart das Geld, bevor ihr euch was kauft**. Dann zahlt ihr nur, was ihr auch wirklich habt.

Es kann natürlich immer mal passieren, dass ihr in die roten Zahlen rutscht. Wenn das nur für eine gewisse Zeit passiert, ein, zwei Monate vielleicht, ist das okay, solange ihr es wieder rausschafft. Was aber, wenn die Schulden immer mehr werden, wenn noch eine Rate und noch eine Rechnung anstehen? Dann solltet ihr so schnell wie möglich aktiv werden. Es bringt gar nichts, die Sache auszusitzen, denn niemand wird eure Schulden einfach wegzaubern. Wenn ihr euch nicht kümmert, wird die Sache auf jeden Fall immer schlimmer. Mit der richtigen Hilfe spart ihr euch Stress und schlaflose Nächte, und ihr vermeidet, dass sich noch mehr Schulden anhäufen und eine Lösung des Problems immer schwieriger wird.

Wichtig ist, dass ihr euch nicht schämt. Über Geld wird schon zu selten gesprochen, aber über Schulden noch viel weniger. Die meisten Schuldner sind leider wie Chamäleons, ihr seht sie nicht. Ihr seht vielleicht teure Autos oder schicke Wohnungen, aber woher das Geld kommt, darüber erfahrt ihr nichts. Dabei seid ihr garantiert nicht allein. Schon rein statistisch muss es ja ein paar Schuldner in eurem Freundes- und Bekanntenkreis geben. Also sprecht eure Freunde an, der ein oder andere hatte sicher schon mal Engpässe zu überwinden oder musste einen Kredit aufnehmen. Das gehört zum Leben dazu.

Alarmstufe Rote Zahlen

Damit ihr den Überblick behaltet, falls es mal hart auf hart kommen sollte, gebe ich euch erst mal ein kleines **Schulden-Abc** an die Hand und beschreibe die einzelnen Eskalationsstufen der Schuldenspirale. So wisst ihr, woran ihr seid.

Eine **Forderung** ist ein Anspruch, den ein **Gläubiger** an einen Schuldner hat. Der Gläubiger ist der, dem ihr Geld schuldet. Ihr seid der **Schuldner** und müsst bezahlen.

Wenn ihr also eine Rechnung nicht beglichen habt, flattert

bald ein Schreiben in euren Briefkasten. Häufig bekommt ihr zuerst noch eine höfliche **Zahlungserinnerung**. Die hat noch keine Rechtsfolgen. Ihr werdet schlicht darauf hingewiesen, dass ihr eine Rechnung oder eine Rate noch nicht geleistet habt. Ihr erhaltet hier noch einen Vertrauensvorschuss – vielleicht habt ihr die Zahlung schlicht vergessen. Eine Zahlungserinnerung ist reine Nettigkeit des Gläubigers, er ist nicht dazu verpflichtet, sondern kann euch auch sofort eine Mahnung schicken.

Sobald auf dem Schreiben ausdrücklich **Mahnung** steht, seid ihr offiziell und rechtlich in Zahlungsverzug. Nun fallen zusätzliche Mahngebühren an, außerdem werden Verzugszinsen fällig. Der offene Betrag wird also höher. Eine Mahnung kommt, wenn die Frist verstrichen ist, die ihr für die Bezahlung hattet. Manchmal sind das nur sieben Tage oder auch 14. Wenn nichts dasteht, dann gilt die gesetzliche Zahlungsfrist von 30 Tagen. Die Frist startet mit Erhalt der Ware und der Rechnung. Ansonsten startet die Frist «virtuell» drei Tage nach Versand der Rechnung. Meistens gibt es auch noch eine zweite und dritte oder letzte Mahnung – auch dazu ist der Gläubiger aber wieder nicht verpflichtet. Eine Mahnung reicht.

Wenn ihr alle Mahnungen ignoriert, steht wahrscheinlich früher oder später ein **Inkassounternehmen** auf der Matte. Der Begriff Inkasso bedeute so etwas wie «Geld einziehen» oder «einkassieren». Der Gläubiger, dem ihr Geld schuldet, beauftragt eine Firma, bei euch das Geld einzutreiben. Keine Sorge, falls ihr nicht gerade in krumme Geschäfte verwickelt seid, werden keine grimmigen Typen bei euch auftauchen und euch mit schlagenden Argumenten einschüchtern. Grundsätzlich sind Inkassounternehmen einfach Dienstleister der Gläubiger und nehmen ihnen die Arbeit ab. Also die Briefkorrespondenz, die

Zahlungsabwicklung und, wenn nichts anderes hilft, die Einleitung von Zwangsmaßnahmen – dazu gleich noch mehr. Ziel der Inkassounternehmen ist es, dass Schuldner eine Zahlungsvereinbarung unterschreiben. Wenn ihr mit so einer Firma zu tun habt, ist es wichtig, dass ihr eine solche Vereinbarung nur dann unterschreibt, wenn ihr sie auch wirklich bezahlen könnt und genug für alle lebensnotwendigen Ausgaben übrig bleibt. Ihr solltet einen festen Betrag vereinbaren, damit am Ende nicht zusätzliche Kosten oder Gebühren berechnet werden.

Wenn ihr wirklich nicht genug Geld habt, könnt ihr auch versuchen, euch mit dem Inkassounternehmen oder besser direkt mit dem Gläubiger auf einen **Vergleich** zu einigen. In dem Fall verzichtet euer Gläubiger auf einen Teil der Schuld, damit er zumindest noch ein bisschen was von euch bekommt. Ihr habt aber keine Garantie, dass der Gläubiger euer Vergleichsangebot auch wirklich annimmt.

Wenn es dumm läuft und euer Gläubiger auf sein gesamtes Geld besteht, kann er als nächsten Schritt ein **gerichtliches Mahnverfahren** gegen euch einleiten. Jetzt steht ihr nicht nur mit euren Schulden, Mahngebühren und Zinsen in der Kreide, sondern es kommen auch noch Gerichts- und Anwaltskosten auf euch zu. Trust me, das wollt ich nicht. Wenn ihr jetzt endlich alles bezahlt, passiert aber nichts weiter Schlimmes.

Wenn ihr dagegen nach zwei Wochen auch auf den gerichtlichen Mahnbescheid nicht reagiert, landet als Nächstes ein **Vollstreckungsbescheid** bei euch im Briefkasten. Klingt übel, ist übel. Damit bekommt euer Gläubiger von einem ordentlichen Gericht das Recht erteilt, sein Geld mit allen legalen Mitteln einzutreiben. Was das bedeutet? Euer Gläubiger kann nun die Pfändung veranlassen.

Und zwar, wenn ihr euch zwei weitere Wochen nicht meldet.

Dann kann der Gläubiger einen Gerichtsvollzieher beauftragen. Der führt dann eine **Zwangsvollstreckung** durch, er pfändet also euer Vermögen. Ende Gelände.

Sicher wisst ihr, was eine Pfandleihe ist. Dort könnt ihr Sachen von einem gewissen Wert, sagen wir mal die schöne goldene Taschenuhr eurer armen Oma, für eine bestimmte Dauer «parken» und dafür kurzfristig Cash bekommen. Wenn ihr dann wieder genug Geld übrig habt, könnt ihr eure Sachen zurückbekommen und eurer Oma viel Kummer ersparen. Wenn der Gerichtsvollzieher euer Zeug pfänden will, sieht die Sache allerdings anders aus. Die gepfändeten Sachen bekommt ihr nicht wieder, denn sie werden nach einer kurzen Frist versteigert und zu Geld gemacht, um die offenen Forderungen eurer Gläubiger zu begleichen. Ja – wenn der Gerichtsvollzieher anklopft, dann sieht eure Wohnung danach eventuell aus, als hätten die Panzerknacker zugeschlagen. Leben dürft und sollt ihr immerhin trotzdem weiter. Ausgenommen sind nämlich Dinge, die ihr zur einfachen Lebensführung braucht. Genauso wie Dinge, die für eure Arbeit wichtig sind. Wenn ihr euer Auto braucht, weil ihr anders nicht zum Job kommt, dann kann es nicht gepfändet werden. Es wäre aber möglich, euren Porsche 911 zu pfänden, denn um von A nach B zu kommen, reicht auch ein Kleinwagen. Sogar Anrecht auf ein Standardfernsehgerät habt ihr. Der Ultra-HD-Flachbildfernseher mit 113 Zentimetern Bildschirmdiagonale ist dagegen – Überraschung! – pfändbar.

Wenn ihr mehr als nur Peanuts schuldet, reicht der Erlös aus dem Verkauf eurer Wohnausstattung aber möglicherweise nicht aus, um eure Schulden zu begleichen. Wenn ihr weiter nicht bezahlen könnt, dann müsst ihr eine **Vermögensauskunft** abgeben, und zwar eine wahrheitsgemäße. Damit bringt der Gläubiger in Erfahrung, was ihr besitzt und was überhaupt pfändbar wäre. Aber nicht nur das. Wichtiger ist, dass er auch weiß, wer euer Arbeitgeber ist und wie eure Kontoverbindung lautet. Das bedeutet, die Gefahr steigt, dass euer Lohn oder Konto gepfändet wird. Bei der Lohnpfändung kann euer Gehalt direkt beim Arbeitgeber gepfändet werden. Bei der Kontopfändung wiederum erhalten eure Gläubiger quasi direkten Zugang zu eurem Bankkonto.

Steht ihr bei einer Vermögensauskunft also komplett nackt da, und eure Gläubiger können sich nehmen, was sie wollen? Nein, nicht ganz. Ihr habt das gesetzliche Recht auf ein sogenanntes **P-Konto**, damit ihr weiterhin Strom, Miete und Essen bezahlen könnt. Die Summe, die auf diese Weise geschützt wird, beträgt momentan 1178,59 Euro. Das ist der Pfändungsfreibetrag. Das P-Konto beantragt ihr einfach bei eurer Bank, jedes Girokonto kann in ein P-Konto umgewandelt werden. Die Bank darf dafür keine zusätzlichen Gebühren erheben. Allerdings hat ein solches Konto besondere Konditionen und der Leistungsumfang ist in der Regel kleiner. Einen Dispo und eine Kreditkarte gibt es nicht. Aber wenn eure Schulden beglichen sind, könnt ihr das P-Konto jederzeit wieder in ein normales Girokonto zurückwandeln lassen. Und von nun an passiert euch das nicht mehr, okay?

Kommen wir zur Final Destination: Was passiert, wenn ihr die Vermögensauskunft falsch ausfüllt oder euch weigert? Na ja, dann könntet ihr tatsächlich in den Knast wandern. Nicht wegen der Schulden, aber wegen Betrugs. So was kommt aber wirklich nur sehr selten vor – ihr müsst schon echt kriminelle Energie zeigen oder total planlos sein.

Okay, das war jetzt eine kleine Geisterbahnfahrt durch die Schuldenhölle. Natürlich laufen die allermeisten Fälle viel glimpflicher ab. Ihr seht aber: Alleallerspätestens, wenn ein gerichtlicher Mahnbescheid gegen euch vorliegt, solltet ihr aktiv werden, besser schon viel früher. Ein Vollstreckungsbescheid hat nämlich nicht nur einmal, sondern für lange Zeit negative Auswirkungen. Damit einher geht ein negativer Eintrag bei der Schufa: Eure Bonität bzw. eure Kreditwürdigkeit wird herabgestuft, mit massiven Folgen. Das erkläre ich gleich noch weiter, wenn es um die Privatinsolvenz geht.

Übrigens: Natürlich gibt es auch Gläubiger, die mit fiesen Methoden kämpfen oder sogar unberechtigte Forderungen stellen. Denen seid ihr als Schuldner nicht wehrlos ausgeliefert. In einem Rechtsstaat wie Deutschland könnt ihr euch immer wehren. Sowohl gegen Mahnbescheide als auch Vollstreckungsbescheide könnt ihr innerhalb von zwei Wochen nämlich **Widerspruch** einlegen. Dann kommt es zu einem **Klageverfahren**, einem normalen Zivilprozess. Dort könnt ihr euren Standpunkt darlegen und das Gericht überzeugen, dass ihr im Recht seid. Beispielsweise, wenn ihr selbst einem Betrüger zum Opfer gefallen seid, der euch gefälschte Rechnungen schickt. Oder ein dubioses Inkassounternehmen irgendwelche Phantasiegebühren erhebt. So was kommt immer mal wieder vor. Also, nehmt euch in diesem Fall einen Anwalt und kämpft!

Rein in die Schulden, raus aus den Schulden

Okay, ich denke, jetzt kennt ihr euch schon ein bisschen besser aus, was es mit Forderungen, Gläubigern und der Pfändung auf sich hat. Das alles ist ziemlich unschön, wenn ihr einmal in diesen Sumpf geraten seid, aber ihr habt zum Glück ein paar Möglichkeiten, euch wieder rauszuarbeiten.

Wenn ihr merkt, dass euer Kontostand irgendwie nicht aus den Miesen herauskommt, dann versucht ihr es am besten erst mal mit dem **Haushaltsbuch**. Schreibt einen Monat lang auf, welche Kosten ihr habt. Vergleicht den Gesamtbetrag mit dem Geld, das auf eurem Konto eingeht, und schaut, wo ihr sparen könnt.

Wenn schon Mahnungen da sind, solltet ihr prüfen, ob sie auch berechtigt sind. Mahngebühren dürfen pro Mahnung circa zwei bis drei Euro betragen, denn der Gläubiger soll sich ja keine goldene Nase daran verdienen, sondern nur die Kosten ersetzt bekommen. Wenn die Gebühren höher sind, könnt ihr das Unternehmen auffordern, zu belegen, warum die Mahnung so teuer ist. Wurde bereits ein Inkassounternehmen eingeschaltet, müsst ihr nicht in jedem Fall die entstehenden Gebühren bezahlen. Bei der *Verbraucherzentrale Hamburg* könnt ihr einen ersten, kostenlosen Inkassocheck machen, um zu sehen, was an der Forderung dran ist.

Sollte es wirklich eng werden, kann es manchmal klug sein, einen **Umschuldungskredit** aufzunehmen. Hört sich vielleicht erst mal wie reiner Wahnsinn an, einen weiteren Kredit aufzunehmen, wenn ihr eh schon verschuldet seid. Aber es macht Sinn: Denn die Zinsen für einen neuen Rahmenkredit liegen häufig viel niedriger als etwa die Zinsen für den Dispo oder Kreditkarten. Der Kredit wird auf euer Konto überwiesen, ihr gleicht eure Schulden aus und zahlt dann nur noch diesen einen, neuen Kredit zurück. Passt nur auf, dass ihr den Kreditvertrag bei einer seriösen Bank abschließt, denn es gibt leider auch Fieslinge, die mit eurer Notlage Kasse machen wollen. Gerade wenn ihr vielen verschiedenen Leuten Geld schuldet, kann jedenfalls ein neuer Rahmenkredit die Dinge enorm vereinfachen. Denn nun zahlt ihr eure Schulden nur noch an einen, statt an mehrere Gläubiger zurück. So seht ihr wieder klar.

Wenn ihr nicht die leiseste Idee habt, wo ihr anfangen sollt, sowieso schon auf absoluter Sparflamme lebt oder vor lauter Panik keinen klaren Gedanken mehr in eurem Kopf habt, sucht euch professionelle Hilfe. Die gibt es, ohne dass weitere Kosten entstehen. Mehr als 1000 anerkannte **Schuldnerberatungsstellen** bieten in Deutschland ihre Unterstützung an. Sie werden von gemeinnützigen Organisationen wie der Caritas, dem Deutschen Roten Kreuz, der Diakonie, der Arbeiterwohlfahrt oder auch von Verbraucherzentralen angeboten. Wenn ihr Angst habt oder euch davor scheut, eure Probleme persönlich zu besprechen, könnt ihr teils auch eine anonyme Online-Beratung vereinbaren.

Wenn ihr zu einer Schuldnerberatung geht, dann steht zunächst einmal das an, was ich euch auch schon im Kapitel zum Haushaltsbuch vorgestellt habe. Alle Bewegungen auf dem Konto werden ermittelt. Was kommt rein, was wird wofür ausgegeben? Denn meistens seht ihr zwar die vielen einzelnen Abbuchungen für irgendwelche Raten und daneben eure mageren Einkünfte, aber es ergibt sich noch gar kein Gesamtbild, wie viel Euro genau ihr Monat für Monat in die Miesen rutscht, und was eure Gesamtschulden sind. Diese ganz konkrete Zahl ist zwar oft ein krasser Schlag in die Magengrube – aber gleichzeitig ein echter Augenöffner.

Im nächsten Schritt schauen die Schuldnerberater, welche Ausgaben für euch nicht lebensnotwendig sind. Miete, Strom, Heizung, Essen sind natürlich ein Muss. Aber es kann gut sein, dass immer noch Geld für Dinge abgeht, die ihr in eurer Panik gar nicht auf dem Schirm habt. Neben den Ausgaben schauen die Berater auch auf die Einnahmen und fragen beispielsweise:

Schlummern irgendwo noch verborgene Schätze? Habt ihr eine Möglichkeit, euer Einkommen aufzubessern? Und bezieht ihr alle staatlichen Leistungen, auf die ihr einen Anspruch habt? Jeder hat schon mal vom Arbeitslosengeld gehört, aber nicht jeder weiß, ob er Anspruch auf Wohngeld, Elterngeld oder Waisenrente hat. All das klärt der Berater.

Danach geht es darum, den Stand der Mahnungen zu erfassen. Häufig kann der Berater dann auch die Kommunikation mit den Gläubigern für euch übernehmen und schauen, ob die erhobenen Gebühren und zusätzlichen Kosten auch wirklich gerechtfertigt sind. Da bei einer echten Überschuldung meist mehrere solcher Mahnbriefe pro Woche eingehen, könnt ihr schnell die Übersicht verlieren. Und je größer die Aufgabe erscheint, desto schwerer wird es für euch, die Dinge in Angriff zu nehmen. Außerdem fällt es euch vielleicht schwer, all diesen Menschen zu schreiben und anzurufen, wo ihr euch doch irgendwie verantwortlich für die ganze Misere fühlt. Gerade im direkten Kontakt mit den Gläubigern lässt sich aber viel erreichen. Vielleicht schafft es der Berater im Gespräch, dass eure Raten gesenkt werden. Ihr zahlt dann zwar länger ab, aber die monatliche Belastung sinkt. In kritischen Situationen kann euer Berater vielleicht auch eine Stundung der Rate erreichen. Dann habt ihr erst mal eine Atempause und müsst erst zu einem späteren Zeitpunkt wieder mit den Zahlungen beginnen. Wenn es richtig gut läuft, kann es sogar passieren, dass euch ein Teil der Schulden ganz erlassen wird. Ihr seht, es lohnt sich, das ganze Kuddelmuddel an jemanden zu übergeben, der sich damit auskennt. Schuldnerberater können echte Lifesaver sein.

Wenn rein gar nichts mehr geht und euch eure Schulden komplett erdrücken, ihr also keine realistische Chance mehr habt, sie jemals zu begleichen, dann seid ihr zahlungsunfähig. Selbst das ist aber nicht das Ende von allem. Mit der Verbraucher- bzw. Privatinsolvenz könnt ihr trotzdem wieder schuldenfrei leben, auch wenn ihr nicht alles bezahlen könnt. Das Verfahren ist allerdings kein Spaziergang, ihr solltet euch in jedem Fall beraten lassen, auch um die Vor- und Nachteile abzuwägen. Aber erst mal erkläre ich euch, wie so eine Verbraucherinsolvenz überhaupt funktioniert.

Bevor ihr die Verbraucher- bzw. Privatinsolvenz beantragen könnt, müsst ihr erst ein sogenanntes **außergerichtliches Schuldenbereinigungsverfahren** durchziehen. Das bedeutet, dass ihr versucht, euch mit allen Gläubigern zu einigen, wie ihr sie bezahlen wollt. Dabei werdet ihr entweder von einem Anwalt oder einem Schuldnerberater vertreten, das ist die Grundvoraussetzung. Euer Berater erstellt einen Schuldenbereinigungsplan. In dem steht, was ihr wem schuldet und wie ihr die Schulden begleichen wollt. Dabei müssen allerdings alle Gläubiger mitspielen. Ist nur einer nicht einverstanden, hat die Schuldenbereinigung keinen Erfolg. Meistens funktioniert diese Lösung also nur, wenn euch die Gläubiger entgegenkommen und euch einen Teil der Schulden erlassen und bestimmte Raten akzeptieren. Mit anderen Worten, ihr schließt einen Vergleich. Die Lösung ist die beste, da im weiteren Verlauf keine zusätzlichen Kosten anfallen. Wenn die Schuldenbereinigung klappt, kommt ihr noch mal ohne Insolvenz davon.

Falls ihr und euer Berater nicht erfolgreich seid, versucht auch das Gericht noch mal, sich mit den Gläubigern zu einigen.

Das klappt aber nur selten. Dann heißt es: **Privatinsolvenz beantragen**. Damit herrscht erst einmal Ruhe. Der Gerichtsvollzieher lässt sich nicht mehr blicken, es droht auch keine Gefahr, dass euch euer Lohn oder das Konto gepfändet werden. Als Gegenzug müsst ihr allerdings einen Teil eures Lohns abtreten. Das heißt, ein Großteil eures Lohns bzw. alles, was oberhalb der Pfändungsfreigrenze von 1178,59 Euro liegt, landet ab sofort nicht mehr bei euch, sondern in fremden Taschen. Und das nicht für ein oder zwei, nein, für drei bis sechs Jahre. Dieser Zeitraum wird auch als Wohlverhaltensphase bezeichnet, was verharmlosend klingt für so etwas Heftiges. Aber das kann auch was Gutes sein: Ihr habt euch entschlossen, euch euren Schulden zu stellen. Wenn ihr es schafft, innerhalb von drei Jahren 35 Prozent eurer Schulden zu tilgen, dann kann das Gericht über eine Restschuldbefreiung entscheiden, sonst dauert es länger, bis zu sechs Jahre. Eine lange Zeit. Wenn dann die **Restschuldbefreiung** erfolgt, seid ihr aber eure Schulden los. Komplett! Auch wenn ihr nicht alles abbezahlt habt. Das ist der große Vorteil des Verfahrens. Jetzt könnt ihr neu anfangen.

Ein Problem bleibt allerdings während des gesamten Prozesses und auch bis zu drei Jahre danach: der Schufaeintrag. Der wird nach eurer Insolvenz nicht gut aussehen, auch ein Vollstreckungsbescheid gegen euch hat, wie gesagt, bereits Folgen. Ein negativer Schufaeintrag erschwert die Wohnungssuche enorm – denn Vermieter schauen fast immer nach eurer Kreditwürdigkeit –, und auch Kredite oder Kreditkarten werden euch nicht mehr bewilligt. Schon der Wechsel zwischen Energieversorgern ist deutlich erschwert bis unmöglich.

Die Privatinsolvenz ist daher nur eine Lösung, wenn es gar nicht mehr anders geht. Weil es ist echt kein Zuckerschlecken, mindestens drei Jahre lang fast am Existenzminimum zu leben.

Und drei Jahre vor sich hin zu leben, ohne ein konkretes positives Ziel vor Augen, außer eben am Ende bei null rauszukommen, das ist schwer.

Deshalb gilt beim Thema Schulden: Versucht so früh wie möglich, eine Lösung zu finden. Ein kleiner Eingriff ist immer besser als eine große OP mit Betäubung. Egal wie krass eure Schulden erscheinen – ihr seid nicht die Einzigen, denen das passiert ist, und euch kann auf irgendeine Art und Weise immer geholfen werden. Ihr müsst diese Hilfe nur suchen und einfordern und dann annehmen. Am besten gleich heute. Dann findet ihr auch wieder einen Weg hinaus.

Skills

Wenn ihr meinen *Money Guide* bis hierhin gelesen habt, sieht es mit eurer Finanzfitness schon echt gut aus. Ihr habt die Basics drauf und euch das nötige Knowhow zugelegt. Ihr wisst, wie ihr eure Ausbildung finanzieren könnt, wie ihr eure Ausgaben im Griff behaltet und wo ihr sparen könnt. Auch gegen Schulden seid ihr gut gewappnet.

Alles klar, dann geht's jetzt ans Eingemachte. In den letzten beiden Kapiteln geht es um die echten Skills. An der ein oder anderen Stelle wird es vielleicht etwas komplizierter, aber keine Sorge, ich erkläre alles Schritt für Schritt. Mein Fachgebiet darf natürlich nicht fehlen: die Steuern. Ich erkläre euch, wie ihr eine Steuererklärung richtig ausfüllt, welche Ausgaben ihr von der Steuer absetzen könnt und wie ihr als Student eure mageren Jahre nutzen könnt, um später bares Geld zu sparen. Danach wende ich mich einem Thema zu, dass garantiert viele von euch interessiert, nämlich, wie ihr euer Geld klug investieren könnt. Denn ihr wollt euer Geld ja nicht nur zusammenhalten, sondern vermehren, oder? Ich zeige euch, wie die Börse funktioniert, was ETF-Fonds sind und warum es echt schlau ist, in solche Fonds zu investieren. Ihr werdet staunen, was ihr bei einer längeren

Anlagezeit rausbekommen könnt. Aber zuerst zu meinem Lieblingsthema.

Die lieben Steuern

Meine erste Steuererklärung war ein echter Traum. Steuererklärung, Traum? Meine ich nicht eher Alptraum? Nein, ihr habt euch nicht verlesen. Ihr müsst euch vorstellen, wie ich mit riesigen Herzchenaugen über meinem Steuerbescheid saß und einfach nur happy war. Aber der Reihe nach ...

Wenn ihr eine Steuererklärung macht und an das Finanzamt übermittelt (zum «wie» komme ich gleich noch), dann kriegt ihr nach einer Weile einen **Steuerbescheid**. Das ist immer eine spannende Angelegenheit, denn dort steht drin, ob ihr – yay! – was zurückbekommt oder – nay – was nachzahlen müsst. Meinen ersten Steuerbescheid habe ich auf jeden Fall richtig gefeiert, denn ich bekam die gesamte Lohnsteuer, die ich im vorherigen Jahr bezahlt habe, zurück. Alles? Ja, wirklich alles! Denn ich hatte in diesem Steuerjahr, 2016, mein Studium beendet und erst im Oktober Vollzeit in meinem Steuerbüro angefangen. In den drei Monaten habe ich aber nicht so viel verdient, dass der Staat das Recht gehabt hätte, mir dafür Lohnsteuer abzuziehen.

Warum das so ist? Der Grund dafür ist der jährliche **Grundfreibetrag**. Er legt fest, ab welchem Einkommen ihr überhaupt Steuern zahlen müsst. Er wird immer wieder angepasst, liegt 2020 aber bei 9408 Euro. Wenn ihr also weniger als diesen Betrag verdient, dann müsst ihr gar keine Lohnsteuer entrichten. Sie wird zwar trotzdem erst mal monatlich von eurem Gehalt abgezogen. Aber wenn ihr eure Steuererklärung macht, bekommt ihr sie zurück. Da ich ja nur drei Monate gearbeitet hatte, lag ich noch weit unter dem Freibetrag. Einige Kollegen erzählten mir sogar, dass sie schon im August ihren Job angetreten hatten und trotzdem die gesamte Steuer zurückbekommen hatten.

Da war ich kurz neidisch und habe mich gefragt, warum habe ich erst im Oktober angefangen, warum nur? Aber ja, ich hör schon auf, die sparsame Hazel ist nicht automatisch auch die unersättliche Hazel. Höchstens ein ganz kleines bisschen.

Eine der häufigsten Fragen, die ich zum Thema Steuern höre, ist, ob sich eine Steuererklärung überhaupt lohnt. Wenn ihr als Angestellter arbeitet, nur diesen einen Job habt und noch nicht verheiratet seid, seid ihr nämlich in den allermeisten Fällen nicht verpflichtet, eine Steuererklärung abzugeben. Und oft werdet ihr schon länger arbeiten als drei Monate oder mehr als den Grundfreibetrag verdienen. Eine pauschale Antwort auf die Frage ist eigentlich nie möglich, denn es kommt immer auf den Einzelfall an. Generell würde ich sagen, ja, es lohnt sich. Was ihr alles absetzen könnt, erkläre ich gleich. Die Befreiung von der **Steuererklärungspflicht** gilt übrigens auch für Minijobber. Eure Minijobeinkünfte spielen keine Rolle bei der Steuererklärung, eure Steuerschuld wird gleich von eurem Arbeitgeber mitbezahlt.

Wenn ihr dagegen selbständig arbeitet – so wie ich – oder bei zwei Arbeitgebern gleichzeitig angestellt seid, dann kommt ihr um die Steuererklärung nicht herum. Das Gleiche gilt, wenn ihr schon verheiratet seid und unterschiedliche Steuerklassen gewählt habt. Habt ihr dieselbe Steuerklasse, seid ihr auch als Verheiratete nicht verpflichtet, eine Steuererklärung abzugeben.

Wie auch immer es bei euch aussieht: Es ist auf jeden Fall eine gute Sache, sich früh im Leben mit den lieben Steuern zu beschäftigen. Denn irgendwann müsst ihr eh eine Steuererklärung machen. Und wenn das Ganze später im Leben mal komplizierter werden sollte, ist es kein Buch mit sieben Siegeln für euch. Und keine Angst: So eine Riesensache ist es gar nicht. Wie auch beim Reden über Geld gilt hier: nur keine Scheu!

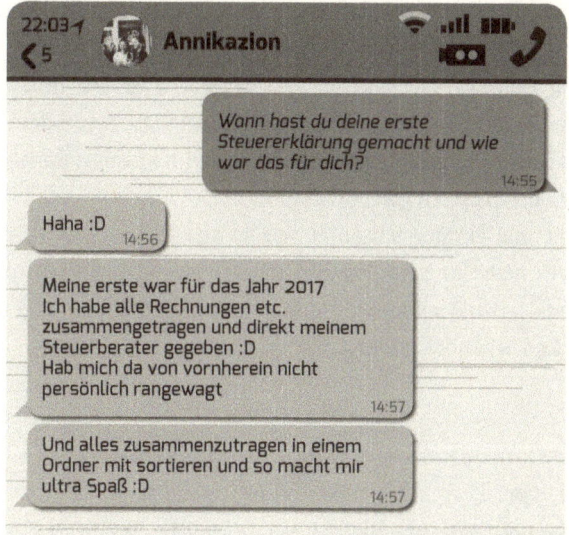

> Wann hast du deine erste Steuererklärung gemacht und wie war das für dich?
> 14:55

Haha :D
14:56

Meine erste war für das Jahr 2017
Ich habe alle Rechnungen etc. zusammengetragen und direkt meinem Steuerberater gegeben :D
Hab mich da von vornherein nicht persönlich rangewagt
14:57

Und alles zusammenzutragen in einem Ordner mit sortieren und so macht mir ultra Spaß :D
14:57

Ihr müsst die Steuererklärung zudem nicht unbedingt allein erledigen. Wenn ihr euch unsicher seid, könnt ihr euch oft direkt im Finanzamt beraten lassen. Auch **Lohnsteuerhilfevereine** sind euer Freund. Ähnlich wie bei den Mietervereinen könnt ihr dort eine Mitgliedschaft beantragen. Ihr zahlt dann einen an euer Gehalt angepassten Beitrag, und der Berater des Lohnsteuerhilfevereins erledigt für euch die Steuererklärung. Für Bruttojahreseinnahmen zwischen 15 000 und 20 000 Euro sind aktuell ungefähr 89 Euro im Jahr fällig, 107 Euro sind es bei Einnahmen zwischen 20 000 und 30 000 Euro. Falls ihr mal in die Verlegenheit kommen solltet, mehr als 120 000 Euro im Jahr zu verdienen (Think big!), wird euch die Mitgliedschaft voraussichtlich um die 330 Euro kosten. Das ist dann gemessen an eurem Gehalt aber ein echtes Schnäppchen.

Auch ein **Steuerberater** kann euch beraten, er ist aber ein ganzes Eckchen teurer. Gewerbetreibende und Freiberufler haben dennoch oft einen Steuerberater, weil bei ihnen die Berechnung komplexer ist als bei Angestellten. Außerdem können sie die Beratung mit ihren Unternehmenseinnahmen verrechnen, aber dazu gleich mehr.

Erst mal erkläre ich euch, wie so eine Steuererklärung allgemein aussieht und wie ihr sie ans Finanzamt übermittelt. Danach lernt ihr, was ihr als Studenten, Angestellte oder Selbständige beachten müsst.

Ein Grundkurs in Sachen Steuern

Die Steuererklärung besteht aus mehreren Teilen. Nicht alle sind aber für euch relevant. Die Ausnahme ist der **Mantelbogen**, den müssen alle ausfüllen. Dort stehen eure personenbezogenen Angaben, also Name, Adresse, Beruf, Religion und Bankverbindung. Außerdem sollt ihr oben zwei wichtige Nummern eintragen, die ich euch kurz vorstelle.

Am wichtigsten: eure **Steueridentifikationsnummer (Steuer-ID)**. Sie ist eure genaue Kennung, mit der euch der Fiskus eindeutig identifizieren kann. Die Steuer-ID wird bei eurer Geburt vergeben und gilt ein Leben lang. Ihr müsst sie mittlerweile bei allen möglichen Angelegenheiten angeben: wenn ihr ein Konto eröffnen wollt, eine neue Stelle antretet, BAföG beantragen wollt – und eben auch bei der Steuererklärung. Eure Steuer-ID findet ihr auf eurem jährlichen Lohnsteuerbescheid und meistens auch auf euren monatlichen Gehaltsabrechnungen. Falls ihr eure ID überhaupt gar nicht wisst, könnt ihr beim Bundeszentralamt für Steuern nachfragen.

Daneben gibt es noch die **Steuernummer**. Sie ändert sich, wenn ihr umzieht und euch ein anderes Finanzamt betreut. Ihr braucht sie vor allem dann, wenn ihr eine selbständige Arbeit ausübt. Insbesondere wenn es um einen der schönsten Aspekte der Selbständigkeit geht: das Schreiben von Rechnungen. Denn auf jeder eurer Rechnungen muss eure Steuernummer auftauchen. Um eure Steuernummer zu bekommen, müsst ihr euch an euer Finanzamt wenden und den sogenannten «Fragebogen zur steuerlichen Erfassung» ausfüllen. Dort müsst ihr einige Angaben zu eurer selbständigen Tätigkeit machen und welche Einkünfte ihr erwartet. Im Anschluss bekommt ihr eine Steuernummer zugeordnet.

Nicht zu unterschätzen: Schon auf dem Mantelbogen könnt ihr Kasse machen. Unter dem Punkt **Sonderausgaben** könnt ihr beispielsweise eure Beiträge für die private Altersvorsorge angeben, wenn ihr in die Riester-Rente einzahlt. Auch die Kosten für euer Erststudium sind steuerlich absetzbar. Und wenn ihr öfter an gemeinnützige Vereine spendet, nützt euch das ebenfalls. Falls ihr eine schwere Krankheit hattet – hoffentlich nicht – oder Angehörige gepflegt habt, tragt eure Aufwendungen hier ein.

Wenn ihr Handwerker, Gärtner oder Kinderbetreuer im eigenen Haushalt beschäftigt habt, könnt ihr 20 % eurer Ausgaben dafür unter **Haushaltsnahe Dienstleistungen** angeben. Auch wenn ihr vielleicht nicht jedes Jahr einen Handwerker beauftragt oder eure feudalen Parkanlagen von einem Gärtner pflegen lasst, eine Sache fällt trotzdem in diesen Bereich: die Betriebskostenabrechnung eurer Wohnung. Wenn ihr genauer hinschaut, merkt ihr, dass Positionen wie Gebäudereinigung, Gartenpflege oder Hauswart in eurer Betriebskostenabrechnung aufgeschlüsselt sind. Auch das sind haushaltsnahe

Dienstleistungen, die ihr in eurer Steuererklärung angeben könnt. Positionen, die zu den Handwerkerleistungen gehören, sind unter anderen Wartungs- und Reparaturarbeiten. Ein Blick in eure Betriebskostenabrechnung lohnt sich also!

Danach kommen die wichtigen **Anlagen**. Hier müsst ihr schauen, was für euch relevant ist. Angestellte brauchen die Anlage N (nichtselbständige Arbeit), Selbständige die Anlage S usw. Daneben gibt es zum Beispiel die Anlage KAP, in die ihr Einkünfte aus Kapitalvermögen eintragt. Das können Zinsen auf ein Sparkonto sein oder Gewinne durch Aktienverkäufe. Bei einigen von euch wird auch die Anlage Kind irgendwann wichtig, nämlich wenn ihr Nachwuchs bekommt.

Wenn ihr nicht dazu verpflichtet seid, eine Steuererklärung abzugeben, dann ist es noch immer möglich, mit Hilfe von Finanzamvordrucken die Steuererklärung handschriftlich auf Papier zu erledigen. Sicherer und komfortabler ist aber der elektronische Weg. Dafür könnt ihr **ELSTER** verwenden, die Software der Finanzämter. Dort müsst ihr euch registrieren und euch außerdem über euren elektronischen Personalausweis oder ein Online-Zertifikat ausweisen. Dann füllt ihr die Erklärung aus und könnt sie über das Programm auch gleich online an das Finanzamt schicken. Wenn ihr das Ausweisverfahren überspringt, könnt ihr eure Daten zwar im Programm eingeben, müsst aber hinterher die Seiten ausdrucken und per Post ans Finanzamt schicken. Selbständige, Gewerbetreibende und Freiberufler müssen ihre Steuererklärung auf jeden Fall elektronisch ausfüllen und abschicken. Ansonsten sagt das Finanzamt nur: Danke ... aber nein.

Es gibt auch jede Menge **Software**, die ihr nutzen könnt, um eure Steuererklärung zu erledigen. Vieles ist auch einfach online verfügbar, wenn auch meistens kostenpflichtig. Meist halten Programme wie *QuickSteuer* oder *Lohnsteuer Kompakt* viele Tipps parat und sind besonders darauf ausgerichtet, dass ihr eure Steuererklärung so komfortabel wie möglich erledigen könnt. Kosten ein paar Euronen, können aber sehr helfen.

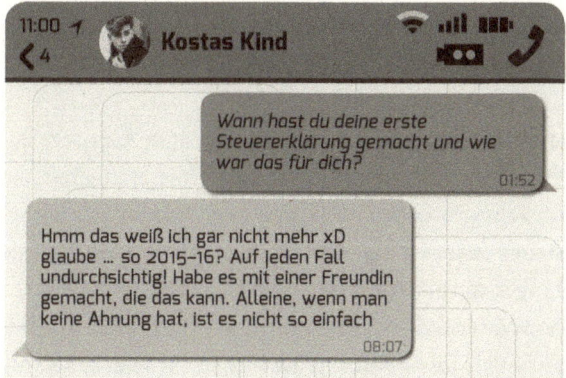

Noch ein kurzes Wort zu den **Fristen**. Wenn es euch freisteht, ob ihr eine Steuererklärung abgebt, dann könnt ihr sie bis zu vier Jahre später einreichen. Also im Jahr 2020 für das Jahr 2016. Krass, oder? 2016, das ist doch schon Ewigkeiten her. Pokémon Go kam raus, es gab die Riesendiskussion um Apples schnurlose AirPods-Kopfhörer – und endlich keine «Dieses Video ist in Deutschland leider nicht verfügbar»-Banner bei YouTube mehr! Aber im Ernst, die Frist solltet ihr euch merken. Wenn ihr euch noch nie mit dem Thema Steuererklärung beschäftigt habt, jetzt aber auf den Trichter gekommen seid, könnt ihr noch rückwirkend für die letzten vier Jahre mehrere Steuererklärungen einreichen! Und euch so gleich einen ganzen Batzen Geld zurückholen.

Wenn ihr eure Steuererklärung auf jeden Fall machen müsst, ihr also zum Beispiel selbständig seid, dann ist der 31. Juli 2020 der Stichtag für 2019. Ist ein Profi mit im Boot, also ein Steuerberater oder eine Lohnsteuerhilfe, dann werden die Finanzbeamten ganz zahm und ihr habt bis zum 1. März 2021, also sieben Monate mehr Zeit. Das klingt in Berlin dann so: «Ach, Sie ham nen Steuerfatzke? Na, sagen Sie dit doch gleich. Dann will ick mal nich so sein, pack ick Ihnen noch sieben Monate druff, wa?»

Wenn ihr euch mit der Abgabe verspätet, kann der zuständige Finanzbeamte dagegen pampig werden und einen Verspätungszuschlag erheben, und zwar 0,25 Prozent der zu zahlenden Steuer. In jedem Fall werden mindestens 25 Euro für jeden angefangenen und versäumten Monat fällig. In Ausnahmefällen könnt ihr versuchen, die Verspätung telefonisch zu erklären und auf Milde zu hoffen. Ob das klappt, ist allerdings fraglich. Es ist ja schließlich das Finanzamt, nicht eure Mama.

Steuererklärung als Azubi oder Student

Ihr kennt das: Nach Mensa, Bücherkauf und Ausgehen am Wochenende bleibt meistens nicht viel Geld übrig, und manchmal müsst ihr sogar an euer Erspartes ran. Und auch Azubis schwimmen bekanntlich nicht im Geld. Wozu sollte dann also eine Steuererklärung gut sein? Wer nix zahlt, der kann ja auch nichts zurückkriegen, oder? Generell stimmt das. Aber eine Steuererklärung als Student oder Azubi kann eine Art von Investition in die Zukunft sein. Und zwar gerade dann, wenn eure Ausgaben höher sind als eure Einnahmen!

Wie das zusammengeht? Ganz einfach: Wenn ihr in einem Jahr Verluste gemacht habt, könnt ihr sie auf die Steuererklärung für das nächste Jahr übertragen. Das Ganze nennt sich **«Verlustvortrag»**. Den könnt ihr in jedem Jahr machen, in dem ihr weniger verdient als ihr ausgebt. Eure **Verlustfeststellung** wandert dann von Jahr zu Jahr von einer Steuererklärung zur nächsten, bis ihr genug verdient, um wieder im Plus zu landen. Wenn dann endlich die Einnahmen aus eurem ersten Job sprudeln, könnt ihr eure angehäuften Verluste damit verrechnen – und müsst so im Idealfall bei eurer ersten Steuererklärung kaum Steuern zahlen!

Zwei Schritte sind nötig, um den Verlustvortrag zu beantragen. Erstens, ihr kreuzt im Mantelbogen, nachdem ihr eure Personendaten eingetragen habt, die «Erklärung zur Feststellung des verbleibenden Verlustvortrags» an. Zweitens, ihr gebt in Anlage N eure Ausgaben als **Werbungskosten** an (den Begriff erkläre ich im nächsten Abschnitt noch ausführlicher). Folgende Posten sind für euch als Studenten oder Azubis am relevantesten:

- Semesterbeiträge oder Studiengebühren
- Zinsen, wenn ihr einen Studienkredit aufgenommen habt
- Arbeitsmittel wie euren Computer – da ihr euren Computer aber bestimmt auch privat nutzt, gebt nur die Hälfte des Kaufpreises an
- Fachbücher fürs Studium
- Büromaterial wie Stifte, Hefte, Post-its, aber auch Kosten für Kopien und das Drucken und Binden eurer Abschlussarbeit
- Fahrtkosten von eurer Wohnung zur Uni oder zum Ausbildungsort und das mit 30 Cent pro Kilometer für die einfache Strecke

- Umzüge, wenn ihr für eure Ausbildung oder euer Studium in eine neue Stadt ziehen müsst

Das war's auch schon. Ein Verlustvortrag ist nicht schwer. Hebt aber unbedingt Rechnungen und Überweisungsbelege auf, um die Kosten auch nachweisen zu können.

Damit ihr einen Verlustvortrag machen könnt, muss eine Bedingung aber erfüllt sein: Ihr müsst bereits ein weiterführendes Studium absolvieren, also zum Beispiel den Master. Auch ein Bachelorstudium kann als Zweitstudium gelten, wenn ihr vorher eine Ausbildung absolviert habt. Auch für Azubis gilt diese Regel: Der Verlustvortrag klappt nur bei einer zweiten Ausbildung.

Wenn ihr direkt nach dem Abitur im **Bachelor** studiert, ein anderes **grundständiges Studium** absolviert oder eure erste Ausbildung macht, ist die Sache schwieriger. Denn in dem Fall erkennt das Finanzamt eure Bildungsausgaben nicht als Werbungskosten an, sondern nur als **Sonderausgaben**, die ihr auf dem Mantelbogen eintragt. Der Unterschied? Sonderausgaben können nur in dem Jahr geltend gemacht werden, in dem sie entstehen. Sie können also nicht ins nächste Jahr mitgenommen werden. Um sie steuerlich verrechnen zu können, müsstet ihr also im selben Jahr, in dem sie anfallen, so viel Geld verdienen, dass Lohnsteuer anfällt. Ziemlich unrealistisch. Das hilft euch also nicht weiter – voll fies, wie ich finde …

Weil auch andere Leute das unfair finden, wird das Ganze momentan vor dem Bundesverfassungsgericht geklärt. Wann eine Entscheidung fällt, ist aber unklar. Bis dahin ist es am besten, auch als Bachelorstudent oder Azubi in der ersten Ausbildung einfach Werbungskosten anzugeben, selbst wenn das Finanzamt das zurzeit nicht akzeptiert. Achtet darauf, dass ihr einen vorläufigen Steuerbescheid bekommt, andernfalls könnt ihr Einspruch dagegen einlegen. Wenn das Bundesverfassungsgericht die Sache irgendwann geklärt hat, könnt ihr euch vielleicht rückwirkend noch Geld zurückholen.

Und es gibt noch einen großen Fallstrick beim Verlustvortrag. Sobald ihr nämlich aufs Jahr gesehen im Plus landet, wird sofort euer Verlustvortrag angerechnet – ihr könnt euch nicht aussuchen, in welchem Jahr. Im blödesten Fall läuft es dann so: Ihr habt über die Jahre einen Verlustvortrag von 7000 Euro angesammelt. Zum 1. Oktober fangt ihr euren ersten Job an und verdient 3000 Euro brutto, in den letzten drei Monaten des Jahres also insgesamt 9000 Euro. Nun gibt es ja aber den eigentlich supercoolen **Grundfreibetrag**, über den ich oben schon gesprochen habe und der, wie erwähnt, bei 9408 Euro liegt. Das heißt, mit eurem Drei-Monats-Einkommen hättet ihr sowieso keine Steuern zahlen müssen, da ihr ja darunterliegt! Dummerweise wird euer Verlustvortrag *vor* dem Grundfreibetrag angerechnet. Das heißt, von euren 9000 Euro Einkommen werden zuerst 7000 Euro abgezogen, und dann wird auf den Freibetrag geschaut. Okay, nun liegt ihr bei 2000 Euro und seid steuerfrei, aber das wärt ihr ja eh gewesen. Und euer Verlustvortrag ist futsch, einfach so! Wie blöd ist das denn bitte?

Um vom Verlustvortrag zu profitieren, müsst ihr also zu einem günstigen Zeitpunkt in den Job einsteigen, dürft vorher nichts verdienen und müsst dann ausreichend verdienen. Das Finanzamt macht's euch nicht unbedingt leicht. Trotzdem – wenn man diese Dinge beachtet, könnt ihr eine hübsche Summe rausschlagen, einen Versuch ist es auf jeden Fall wert!

Entscheidend für Angestellte ist die **Anlage N** – für **n**icht selbständige Arbeit. Der erste Schritt ist simpel: Ihr übertragt einfach alle Angaben, die in eurem Lohnsteuerbescheid stehen. Ein wichtiges Dokument, das ihr am Ende jedes Jahres von eurem Arbeitgeber bekommt. Vertraut mir, den Bescheid habt ihr, denn den *muss* euch euer Arbeitgeber aushändigen.

Zuerst gebt ihr an, wie viel Bruttolohn euch euer Chef gezahlt hat, dann, was davon für die Lohnsteuer, den Solidaritätszuschlag und Kirchensteuer abgegangen ist. Ihr seid in gar keiner Kirche? Dann zahlt ihr dafür auch nichts. Ihr seid nicht solidarisch? Dann zahlt ihr trotzdem! Na jedenfalls, das könnt ihr euch nicht aussuchen. Aber ein bisschen Solidarität schadet nicht. Den «Soli» gibt es schon seit 1991, er wurde eingeführt, um die Deutsche Einheit zu finanzieren. Bald ist das aber (fast) vorbei. Ab 2021 fällt durch eine Gesetzesänderung für 90 % aller Deutschen der Soli weg. Nur Leute, die wirklich gut verdienen und erfolgreiche Sparer und Anleger, müssen dann noch zahlen.

Wenn ihr alle gezahlten Steuern eingetragen habt, geht es weiter mit den **Werbungskosten.** Wenn ihr euch fragt, wofür ihr denn bitte Werbung gemacht habt und was das mit eurem Arbeitslohn zu tun hat: Der Begriff existiert seit mehr als 100 Jahren und geht auf das Wort «Erwerbung» zurück. Es geht darum, welche Kosten euch bei der Erwerbung eures Lohns entstehen. Oder um es ein bisschen einfacher und zeitgemäßer zu formulieren: Werbungskosten sind alle Ausgaben, die ihr aufwenden müsst, um euren Job richtig auszuüben. Das Finanzamt gesteht euch grundsätzlich einen **Pauschalbetrag von 1000 Euro** an Werbungskosten zu, selbst wenn ihr gar keine Ausgaben habt. Die werden entweder schon bei eurer Lohnauszahlung berücksichtigt oder automatisch in ELSTER, ihr müsst gar nichts tun. Und wärt an der Stelle quasi schon fertig mit der Steuererklärung. Ja, wirklich! Bei YouTube gibt es deshalb auch schon Videos, wie ihr in zehn Minuten eure Steuererklärung macht. It's that easy.

Wenn ihr mehr ausgegeben habt, und euch deswegen auch mehr Geld wiederholen wollt, dann könnt ihr auch höhere Werbungskosten ansetzen. Dann solltet ihr aber entsprechende Belege haben. Also Rechnungen, Tickets, Auflistungen über eure Ausgaben. Genau wie ihr als Student die Fahrtkosten zu eurer Ausbildungsstätte berechnen konntet, könnt ihr beispielsweise die **Fahrtkosten** zum Arbeitsplatz angeben. Auch hier rechnet ihr mit der einfachen Strecke und einem Betrag von 30 Cent pro Kilometer – oder ihr gebt die Kosten für euer Monatsticket für Bus und Bahn an, je nachdem, welcher Betrag höher ist. Bei einer Fünf-Tage-Woche werdet ihr bei knapp 220 bis 230 Tage landen, deshalb akzeptieren viele Finanzämter einen pauschalen Wert wie 220 Tage. Wart ihr lange krank, solltet ihr aber die Tage individuell berechnen und den konkreten Wert angeben. Konkret sieht die Fahrkostenrechnung so aus: Wenn ihr jeden Tag acht Kilometer zu eurem Arbeitsort hinfahrt, dann kommt ihr auf 8 × 0,30 × 220, also 528 Euro. Wenn ihr es genau haben wollt, schaut nach Fahrkostenrechnern im Netz.

Auch Ausgaben für **Arbeitsmittel** zählen. Musstet ihr euch einen Computer für die Arbeit kaufen? Dann könnt ihr die Kosten dafür als Werbungskosten ansetzen. Das Coole daran ist, dass ihr den Rechner nicht ausschließlich beruflich nutzen müsst. Ohne Nachweis funktioniert zum Beispiel eine 50:50-Nutzung, zur Hälfte privat, zur Hälfte beruflich. Ihr könnt dann zwar nur die Hälfte des Kaufpreises ansetzen, aber immerhin. Wenn der Rechner mehr als 952 Euro inkl. Mehrwertsteuer

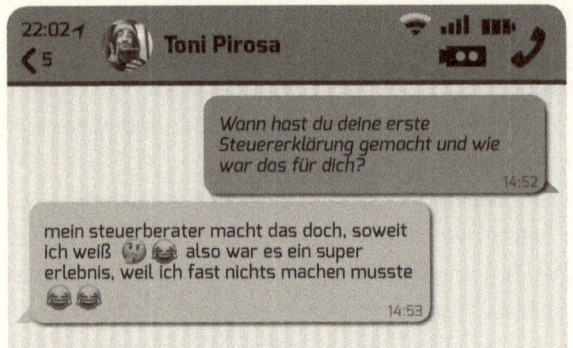

Toni Pirosa

> Wann hast du deine erste Steuererklärung gemacht und wie war das für dich?
>
> 14:52

> mein steuerberater macht das doch, soweit ich weiß 😊 😄 also war es ein super erlebnis, weil ich fast nichts machen musste 😂😂
>
> 14:53

kostet, müsst ihr den Betrag über einige Jahre abschreiben. Schaut mal im nächsten Abschnitt nach. Da erkläre ich genau, wie es funktioniert. Und wenn euch euer Arbeitgeber selbst das Diensthandy oder den Dienstlaptop stellt, könnt ihr das hier natürlich nicht angeben!

Weitere Arbeitsmittel können die Aktentasche, der Schreibtisch, der Bürostuhl, jede Art von Büromaterial, Software oder Werkzeuge sein – falls ihr Handwerker seid beispielsweise. Bedingung ist immer, dass ihr die Sachen wirklich beruflich nutzt. Auch Fachliteratur – IT-Handbücher für Programmierer, Pädagogikratgeber für Lehrer – könnt ihr angeben. Viele Finanzämter erkennen übrigens einen jährlichen pauschalen Wert von 110 Euro für Arbeitsmittel an. Auch wenn ihr – jetzt flüstere ich mal – gar keine Arbeitsmittel gekauft habt.

Weil ihr auch ab und an mit eurem Chef telefonieren müsst oder zu Hause für die Arbeit googelt, dürft ihr auch **einen Teil der Kosten für euren Telefon- bzw. Internetanschluss** als berufliche Ausgabe ansehen. 20 Prozent des Rechnungsbetrags sind für Werbungskosten okay, maximal 20 Euro pro Monat.

Wenn ihr euren beruflichen Anteil höher ansetzt, kann das Finanzamt einen Nachweis verlangen.

Falls ihr **Berufskleidung** tragt, etwa als Arzt, Koch, Zimmermann oder vielleicht Astronaut, könnt ihr die Anschaffung und die Reinigung ebenfalls steuerlich absetzen. Aber wirklich nur Berufsbekleidung. Der teure Lieblingspullover aus feinstem Kaschmir, den ihr immer im Büro tragt, zählt nicht dazu! Andersrum könnt ihr euren Metzgerkittel ausnahmsweise auch gerne zu Halloween tragen – er bleibt trotzdem Berufskleidung.

Auch Beiträge zu **Berufsverbänden** sind Werbungskosten, zum Beispiel eine Mitgliedschaft in einer Gewerkschaft. Andere Beispiele sind Handwerkskammern für Handwerker, Anwaltskammern für Anwälte und Ärztekammern für ... ja, klar, Ärzte. Bei manchen angestellten Berufen kommt es vor, dass ihr von zu Hause aus in eurem eigenen **häuslichen Arbeitszimmer** arbeitet. Wenn euch sonst kein Arbeitsplatz zur Verfügung steht, setzt ihr die Kosten ab.

Weil ihr euren Lohn per Überweisung erhaltet, ist auch euer privates Konto für den Beruf notwendig. Ihr könnt in der Regel eine Pauschale von 16 Euro an **Kontoführungsgebühren** angeben, auch wenn ihr ein kostenloses Girokonto nutzt.

Ganz wichtig sind auch noch die **Fortbildungskosten** für die Ambitionierten unter euch. Aus Sicht des Finanzamtes ist damit jede Aus- oder Weiterbildung gemeint, die ihr nach dem Ende eurer ersten Ausbildung oder eures ersten Studiums absolviert, also auch ein Masterstudium. Hier tragt ihr eure Studiengebühren für den Verlustvortrag ein. Bei beruflichen Fortbildungen könnt ihr die Seminargebühren, die Fahrt-, Übernachtungs- und Verpflegungskosten angeben.

Falls ihr im letzten Jahr einen Job gesucht habt, gebt auch die Kosten für eure **Bewerbungen** an. Gute Bewerbungsfotos machen zu lassen, ist schließlich nicht billig. Auch Ausgaben für Bewerbungsmappen, Briefumschläge, Porto, Bewerbungsratgeber und -seminare gehören hier rein. Und falls euch euer potenzieller Arbeitgeber die Anreise zum Vorstellungsgespräch nicht erstattet hat, könnt ihr auch hier die Reisekosten eintragen. Falls ihr für euren neuen Job die Stadt wechseln musstet, könnt ihr auch die gesamten Kosten für einen **Umzug** angeben. Hier könnt ihr die Aufwendungen für ein Umzugsunternehmen oder die Mietkosten für euren Transporter, die Kosten für Umzugskartons, Halteverbotsschilder oder für eure Ummeldung am neuen Standort angeben.

Zu guter Letzt: Wenn ihr eine **Steuersoftware** nutzt oder euch gleich von einem Lohnsteuerhilfeverein oder Steuerberater beraten lasst, könnt ihr auch dies steuerlich geltend machen. Auch hier gibt es eine Pauschale, ansonsten könnt ihr jeweils die Hälfte der Kosten absetzen.

Das war's auch schon. Mehr braucht ihr erst mal nicht. Wichtig ist, wie gesagt, nur, dass ihr für die Werbungskosten – es sei denn, ihr bleibt unter 1000 Euro und nehmt daher die Pauschale wahr – die **Belege und Rechnungen** aufhebt. Das Datum ist wichtig, und auf dem Beleg sollte stehen, was genau ihr gekauft habt, also der Titel des Fachbuchs oder der Name des Werkzeugs. Damit nicht alles drunter und drüber geht, solltet ihr die Belege in einer Klarsichtfolie sammeln oder gleich in Reihenfolge auf leere Blätter tackern und abheften. Die Premiumvariante ist, von allen Belegen noch digitale Kopien anzufertigen. Dann können die Dinger vergilben, wie sie wollen, mit euren Online-Belegen seid ihr auf der sicheren Seite!

Wenn ihr selbständig arbeitet, dann seid ihr verpflichtet, eine Steuererklärung zu machen. Verpflichtet deswegen, weil ihr im Normalfall vierteljährlich eine Einkommensteuervorauszahlung leistet – außer der anfallende Steuerbetrag bleibt auf das gesamte Jahr gesehen unter 400 Euro bzw. 100 Euro pro Quartal. Und da will das Finanzamt natürlich wissen, ob eure **Vorauszahlungen** für die Steuer zu euren Einnahmen passen. Je nach deren Höhe sinken oder steigen eure Vorauszahlungen fürs neue Jahr, gerechnet wird in der Regel auf Basis des Vorjahres. Am Ende werden eure realen Einnahmen dann mit euren geleisteten Vorauszahlungen verrechnet und ihr bekommt mit dem Steuerbescheid etwas zurück oder müsst Einkommensteuer nachzahlen.

Bei der Erstellung der Steuererklärung sind ein paar Sachen anders als bei Angestellten. Und je nachdem, ob bei euch die Kleinunternehmerregelung greift, müsst ihr auch eine Umsatzsteuererklärung abgeben. Nicht selten lohnt es sich, wenn ihr euch von einem Steuerberater unterstützen lasst, der die Erklärung für euch erstellt. (Und das sage ich nicht nur, weil ich diesen tollen Beruf uneingeschränkt supporte!) Aber ihr könnt natürlich auch alles selbst machen – wenn ihr eure Zahlen geordnet einreicht. Also kein Belegwust im Schuhkarton, sondern fein säuberlich geordnet in einem Hefter. Und natürlich schadet es nicht, wenn ihr zumindest ein bisschen kapiert, mit welchen Zahlen ihr oder euer Steuerberater jongliert. Dann lasst uns mal zusammen schauen.

Im Gegensatz zu Angestellten bekommt ihr am Ende des Jahres keine Übersicht, was ihr eingenommen habt und was davon abgegangen ist. Dafür habt ihr schließlich eure Buchhaltung. Okay, nein, wahrscheinlich habt ihr keine eigene Abteilung, die das für euch erledigt. Besonders bei Freelancern, aber auch bei Selbständigen, die noch kein großes Unternehmen führen, bedeutet Buchhaltung einfach die Erfassung von Einnahmen und betrieblichen Ausgaben. Solche **Betriebsausgaben** sind für euch als Unternehmer ungefähr das, was Werbungskosten für Angestellte sind. Es zählen alle Ausgaben, die für euer Unternehmen oder die Selbständigkeit anfallen. Betriebsausgaben sind zum Beispiel:

- die Miete für das Büro, in dem ihr arbeitet,
- das Gehalt, das ihr möglichen Mitarbeitern zahlt,
- der beruflich genutzte Internetanschluss,
- Kosten für Büromaterial wie Papier, Druckertinte, Briefporto,
- Kosten für Werbemaßnahmen für eure Tätigkeit,
- die an das Finanzamt gezahlte Umsatzsteuer, wenn ihr umsatzsteuerpflichtig seid,
- Weiterbildungskosten, wenn ihr zum Beispiel an Workshops teilnehmt oder zu Fachtagungen fahrt.

Auch **Dienstfahrten zu Kunden** sind Betriebsausgaben. Aber Achtung: Gerade wenn die Fahrten zu Kunden eher unregelmäßig und kreuz und quer durch die Gegend führen, kann euch das Finanzamt dazu verdonnern, ein Fahrtenbuch zu führen. Dort tragt ihr ein, wann ihr wo losgefahren und wo angekommen seid, inklusive den Uhrzeiten und dem Kilometerstand. Auch den Kunden und den Zweck der Reise müsst ihr nennen. Denn das Auto ist ein Thema für sich. Wird es zu mehr als 50 Prozent von euch für Firmenfahrten genutzt, dann gehört es zum Betriebsvermögen. Dann sind alle Ausgaben für das Auto wie Benzin, Inspektion oder Reparaturen Betriebsausgaben. Bei einem Wert zwischen 10 und 50 Prozent kann das Auto auch als privat angesehen werden, bei einem Wert unter 10 Prozent ist es in jedem Fall eure Privatsache. Ihr könnt dann immer noch für jeden gefahrenen Kilometer 30 Cent angeben, aber Sprit und Werkstattkosten zahlt ihr persönlich als Privatperson. Und wie entscheidet das Finanzamt, zu wie viel Prozent ihr den Wagen wie nutzt? Das ist nicht immer ganz klar. Aber der solideste Nachweis bleibt das Fahrtenbuch.

Außerdem werdet ihr immer wieder **Arbeitsmittel** anschaffen, und auch diese lassen sich natürlich als Betriebsausgaben absetzen. Dafür müssen sie laut Gesetz beweglich, abnutzbar und selbständig nutzbar sein. Nicht beweglich sind zum Beispiel ein Gebäude oder ein Grundstück. Bei Sachen wie Computern, Büromobiliar, Maschinen, aber auch Software gilt: Wenn die Ausgabe unter 800 Euro netto bleibt, dann könnt ihr die Betriebsausgabe in voller Höhe für das Jahr der Anschaffung ansetzen. Man spricht dann von einem **geringwertigen Wirtschaftsgut**. Ausgenommen sind davon allerdings Gegenstände wie Bildschirme oder Drucker, da sie nicht autonom funktionieren, sondern einen Computer brauchen, um zu funktionieren. Sie werden über einen gewissen Zeitraum abgeschrieben. Das Gleiche passiert, wenn der Kaufpreis über 800 Euro netto liegt.

Der Begriff **Abschreibung** bedeutet, dass ihr jährlich den Wertverlust simuliert und eine bestimmte Abnutzung als Ausgabe ansetzt. Ihr könnt in der sogenannten **Afa-Tabelle** nachschauen – Absetzung für Abnutzung –, über wie viele Jahre hinweg der Wert einer Sache abgeschrieben wird. Ein Laptop verliert seinen Wert innerhalb von drei Jahren, eine repräsentative Regalwand steht dagegen nach der Tabelle durchschnittlich 13 Jahre im Büro. Wenn euer Laptop also 1200 Euro gekostet hat, dann könnt ihr pro Jahr 400 Euro abschreiben. Allerdings macht das Finanzamt die Sache noch etwas komplizierter und rechnet nach Monaten: Wenn ihr den Rechner erst im Oktober kauft, dann könnt ihr im ersten Jahr nur drei Monate oder 3/12 von 400 Euro, also 100 Euro abschreiben, im zweiten und dritten Jahr je 400 Euro und im vierten Jahr dann die restlichen 9/12, also 300 Euro. Alle Dinge, die ihr gemäß der Afa-Tabelle abschreibt, müsst ihr in eurem **Anlagenverzeichnis** erfassen. Dort steht dann drin, welchen Wert Computer, Büroeinrichtung und Co. zum Anfang des Jahres hatten, welche Beträge abgeschrieben wurden und wie hoch der Wert am Ende des Jahres war. Auch Zugänge, also neu gekaufte Sachen, und Abgänge am Ende des Nutzungszeitraums werden im Anlagenverzeichnis erfasst.

Übrigens, nur für den Fall, dass ihr es mal braucht: euren Heißluftballon schreibt ihr über fünf Jahre ab, eure Squashhalle über 20 Jahre und wenn ihr eine Straßenbrücke baut, kommt es drauf an: aus Holz ist sie nach 15 Jahren abgeschrieben, baut ihr mit Stahl und Beton, dauert es 33 Jahre! In dem Fall habt ihr noch als Rentner was von der Abschreibung und könnt euren Enkelkindern was Schönes von eurer Steuerrückzahlung kaufen.

Für eure Buchhaltung tut es eigentlich eine vernünftige Excel-Tabelle, die alle Monate des Jahres enthält und entsprechende Bereiche für Einnahmen und Ausgaben. Es gibt aber auch jede Menge Softwarelösungen, die für euch die Buchhaltung übernehmen oder euch das Erfassen von Einnahmen, Ausgaben und Belegen erleichtern. Die 60 Euro oder mehr, die ihr dafür jährlich zahlt, sind natürlich auch wieder Betriebsausgaben. Als Unternehmer verliert man manchmal seinen natürlichen Geiz. So viele schöne Dinge, die man von der Steuer absetzen kann ...

Aber schauen wir mal, was ihr jetzt genau wo eintragen müsst. Wie bei den Angestellten gibt es den Mantelbogen, in dem ihr eure persönlichen Daten eintragt und auch eure Sonderausgaben. Für euch als **Selbständige** ist die **Anlage G** wichtig, für **Freiberufler** die **Anlage S**. Sowohl in die Anlage G wie auch die Anlage S wird der Gewinn eingetragen, der sich aus der – Achtung, Wortungetüm! – Einnahmenüberschussrechnung ergeben hat. Zum Glück gibt's dafür eine Abkürzung: EÜR.

Die Anlage **EÜR** füllt ihr folgendermaßen aus: Ihr tragt eure Betriebseinnahmen ein. Also alles, was ihr mit eurer unternehmerischen Tätigkeit verdient habt. Danach folgen die Beträge, die ihr für die Abnutzung von Büromobiliar und elektronischen Geräten ermittelt habt, also eure Abschreibungen. Dazu kommen die Ausgaben für alle Anschaffungen, die geringwertig waren, also weniger als 800 Euro netto gekostet haben und selbständig nutzbar sind. Außerdem vermerkt ihr noch alle weiteren Betriebsausgaben, die ihr hattet. Selbständige mit Gewerbe geben auch die **gezahlte Gewerbesteuer** an. Am Ende werden die Ausgaben von den Einnahmen abgezogen, und ihr erhaltet den Gewinn, auf dessen Basis dann die Steuer berechnet wird.

Grundsätzlich seid ihr als Unternehmer eigentlich **zur doppelten Buchführung verpflichtet**. Wer sich jetzt vorstellt, dass ihr gleichzeitig mit beiden Händen in zwei Bücher schreiben müsst, liegt damit gar nicht so falsch. Konkret heißt es, dass jeder Geschäftsvorgang doppelt erfasst wird, auf einem Soll- und einem Habenkonto – das richtig zu erklären, würde hier den Rahmen sprengen. Ihr seid aber sowieso **von der doppelten Buchführung befreit**, wenn ihr a) freiberuflich arbeitet, b) Kleinunternehmer seid oder c) mit eurem Gewerbe nicht mehr als 60 000 Euro pro Jahr an Gewinn oder einen Umsatz von mehr als 600 000 Euro pro Jahr erzielt. In ziemlich vielen Fällen also. Ihr erstellt am Ende des Jahres einfach eine Anlage EÜR und fertig.

Die Tücken der Umsatzsteuererklärung

Mit der Erstellung der Einnahmenüberschussrechnung ist es allerdings für die meisten Selbständigen und Freiberufler nicht getan. Denn es wartet auch noch die **Umsatzsteuererklärung** auf euch. Ich hatte euch ja schon im Kapitel über die möglichen Arten von Jobs erklärt, wann Umsatz- bzw. Mehrwertsteuer fällig wird und um was es dabei genau geht. Wenn ihr Waren oder Dienstleistungen anbietet, dann müsst ihr im Regelfall auch die Umsatzsteuer bezahlen. Grundsätzlich sind alle dazu verpflichtet.

Die berühmte Ausnahme von der Regel nennt sich **Kleinunternehmerregelung**: bis zu einem Jahresumsatz von 17 500 Euro im vergangenen Jahr und bis zu 50 000 Euro Umsatz im aktuellen Geschäftsjahr müsst ihr keine Umsatzsteuer abführen. Merke: Es geht dabei um den Umsatz, nicht um den Gewinn, der abzüglich der Kosten entsteht – habe ich ja oben schon erklärt.

Der große Vorteil, wenn ihr Kleinunternehmer seid: Eure Preise sind niedriger. Denn ihr müsst ja nicht noch die Umsatzsteuer – ihr wisst ja, ganze 19 % – auf den Preis aufschlagen, um hinterher dasselbe rauszubekommen. Außerdem habt ihr weniger Bürokratie. Ihr stellt dann ganz normal eure Rechnung bei Kunden oder zeigt den Nettopreis im Shop an. Wichtig ist nur, dass ihr gut sichtbar etwas wie *Gemäß § 19 Absatz 1 UStG wird keine Umsatzsteuer erhoben* draufschreibt.

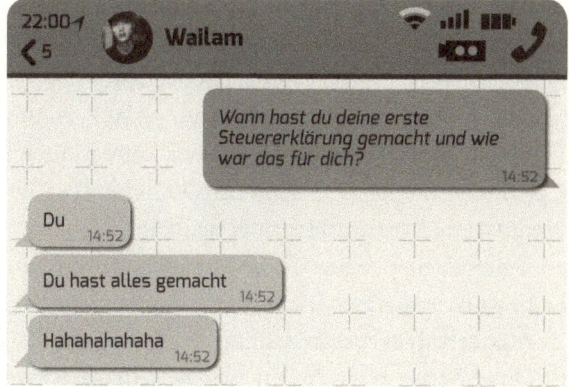

> Wann hast du deine erste Steuererklärung gemacht und wie war das für dich?
> 14:52

Du
14:52

Du hast alles gemacht
14:52

Hahahahahaha
14:52

Trotzdem könnt ihr beim Finanzamt auch bei geringen Einkünften beantragen, die Umsatzsteuer ganz normal zu erheben. Warum man das überhaupt jemals tun sollte? Wegen günstigerer Investitionen, denn als «echter» Unternehmer bekommt ihr die Umsatzsteuer wieder zurück, wenn ihr euch etwas Neues für eure Firma zulegt. Ein Beispiel: Wenn ihr als Privatperson einen Computer kauft und er 800 Euro kostet, zahlt ihr den vollen Preis inklusive Mehrwertsteuer, die ja nur ein anderer Name für die Umsatzsteuer ist. Als Unternehmer zahlt ihr aber nur 672,27 Euro, denn die anfallende Umsatzsteuer könnt ihr als **Vorsteuerabzug** geltend machen. Und genau diesen Vorteil haben Kleinunternehmer *nicht*, sie müssen ebenfalls den vollen Preis bezahlen, auch wenn sie den Computer für das Unternehmen kaufen.

Ich habe im Jobkapitel ja schon geschrieben, wie ihr die Umsatzsteuer für Investionen wie eine Druckermaschine verrechnen könnt. Die Vorsteuer ist genau das: Die Umsatzsteuer, die ihr schon gezahlt habt. Im Fall des Computers genau

127,73 Euro. Diesen Betrag könnt ihr als Vorsteuer angeben. Und dann mit den Steuern, die ihr zahlen müsst, verrechnen. Wenn ihr also noch mal 100 T-Shirts à 29,99 Euro verkauft und ihr von eurem Umsatz von 2999 Euro blöderweise 569,81 Euro Umsatzsteuer zahlen müsst, reduziert sich dieser Betrag durch eure schon gezahlte Vorsteuer von 127,73 Euro. Konkret wärt ihr dem Finanzamt 442,08 Euro Umsatzsteuer schuldig.

Eure Umsatzsteuer müsst ihr im Voraus bezahlen. Je nach Höhe übrigens monatlich, vierteljährlich oder jährlich. Und zwar per **Umsatzsteuervoranmeldung**. In dieses Formular, das ihr bei Elster findet, tragt ihr ein, wie viele Umsatzsteuereinnahmen ihr hattet und wie viel Umsatzsteuer ihr schon bezahlt habt. Denn eure Steuerschuld und euer Steuerguthaben, also eure Vorsteuer, werden ja miteinander verrechnet. Danach überweist ihr in der Regel dem Finanzamt die Umsatzsteuer, die abzuführen ist. Der **Stichtag für die Umsatzsteuervoranmeldung** ist immer der 10. des Folgemonats. Zahlt ihr zu spät, kann das Finanzamt Zuschläge berechnen. Also immer schön den Kalender im Auge behalten.

Wie auch bei der Einkommensteuererklärung wird zum Schluss abgerechnet. In der **Umsatzsteuererklärung** tragt ihr zunächst ganz allgemein ein, welche Umsätze ihr im Geschäftsjahr hattet. Davon gehen dann eure abziehbaren Vorsteuerbeträge ab, also das, was ich als Steuerguthaben bezeichnet habe. Am Ende wisst ihr, wie groß eure Steuerschuld ist. Diese wird mit den von euch geleisteten Vorauszahlungen verrechnet, und am Ende gibt es etwas wieder oder ihr müsst nachzahlen. Und damit ist die Umsatzsteuererklärung im Großen und Ganzen erledigt.

Für manche Fälle braucht ihr auch die **Anlage UR**, wenn ihr nämlich Lieferungen und Leistungen im EU-Ausland ohne Umsatzsteuer erbracht habt. Dafür ist eine **Umsatzsteuer-**

Identifikationsnummer (Umsatzsteuer-ID) wichtig. Die bekommt ihr wieder von eurem Finanzamt oder dem Bundeszentralamt für Steuern. Ihr braucht sie anstatt eurer normalen Steuernummer, sobald es um Rechnungen geht, die ihr im EU-Ausland stellt. Eine Umsatzsteuer-ID ist dann Pflicht. Und ihr könnt von der Umsatzsteuerbefreiung profitieren. Wenn ihr innerhalb der EU eine Dienstleistung erbringt, also beispielsweise ein Logo für eine spanische Firma designt, müsst nämlich nicht ihr, sondern die Firma die Umsatzsteuer zahlen, in ihrem jeweiligen Heimatland. Das nennt sich **Steuerschuld des Leistungsempfängers**.

Vom Nichtsblicker zum Steuerexperten

Na, wollt ihr jetzt auch alle Steuerfachangestellte werden? Im Ernst: Ich hoffe, ich habe euch klarmachen können, warum es sich lohnt, sich mit dem Thema Steuern zu beschäftigen. Wenn ihr euch ein bisschen auskennt, dann geht euch die Steuererklärung so schnell von der Hand, dass ein Bombenstundenlohn rauskommt. Überlegt mal, wenn ihr zwei Stunden an der Erklärung sitzt und dafür 100 Euro zurückbekommt, dann habt ihr mal eben so 50 Tacken pro Stunde gemacht. Nicht schlecht, oder? Einmal reinfuchsen, ab und an die Neuigkeiten checken und dann jedes Jahr Ka-Ching! Wenn das kein Grund ist, über die eigene Steuererklärung glücklich zu sein, dann weiß ich auch nicht. Aber okay, vielleicht bin ich auch wirklich ein Steuernerd.

Und jetzt: Investieren!

Glückwunsch, ihr habt es bis hierhin geschafft! Allen Schulden-fallen seid ihr entkommen, wisst, wie ihr euer Geld zusammen-haltet und habt vielleicht sogar schon etwas zur Seite gelegt. Aber nun steht ihr vor der nächsten Frage: Was tun damit? Denn euch ist nach den vorigen Kapiteln wahrscheinlich klar gewor-den, dass wir in einer Zeit leben, in der es gar nicht einfach ist, sein Geld zu vermehren. Ist also Unters-Kopfkissen-Legen eine Lösung? Oder doch besser ab nach Las Vegas ins Casino?

Ich verrate euch kein Geheimnis, wenn ich sage: Nope. Im Casino werdet ihr langfristig immer verlieren und Unters-Kopfkissen-Legen ist nichts anderes als Den-Kopf-in-den-Sand-stecken. Aber wie sieht es denn mit dem guten alten **Sparbuch** aus? Bringt es das noch? Viele Menschen glauben weiter, ja. Bei einer Postbankumfrage im Jahr 2019 gaben die Befragten an, dass sie im Schnitt einen Zinssatz von 4,6 Prozent für das Sparbuch vermuteten. Und junge Menschen zwischen 16 und 29 glaubten durchschnittlich sogar an 9,2 Prozent Zinsen. Say

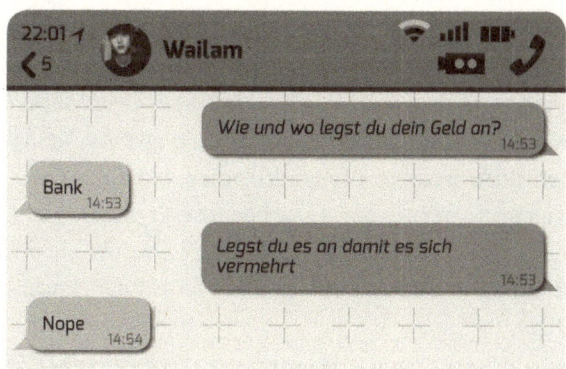

whaaat? Tatsächlich liegen die Zinsen für Sparbücher aktuell meist weit unter einem Prozent. Wir sprechen hier von 0,1, 0,2, vielleicht auch mal 0,5 Prozent. Zieht euch das mal rein.

Diese Zinsraten bedeuten nicht, dass ihr einfach nur sehr wenig dazugewinnt. Sondern dass ihr Geld verliert. Woran das liegt? Kurz gesagt: an der Inflation. Der Begriff **Inflation** beschreibt, dass alles immer teurer wird, dass also die Preise steigen, jedes Jahr ein paar Prozent. Okay, aber wieso tun sie das überhaupt? Tatsächlich ist es so, dass Politik und Wirtschaft ein Interesse daran haben, dass es eine gewisse, allerdings auch nicht zu hohe Inflation gibt. Wenn die Preise nämlich steigen, garantiert das, dass die Verbraucher eher jetzt als später kaufen. Denn wenn die Preise zu einem späteren Zeitpunkt höher liegen, warum dann warten? Indirekt hält die Inflation also die Ökonomie am Laufen, sorgt dafür, dass weiter gekauft wird und Unternehmen weiterwachsen. Und darauf basiert schließlich unser Wirtschaftssystem: auf Wachstum.

Wenn es andersrum wäre, die Preise also sinken würden, würden die Verbraucher ihre Käufe in die Zukunft verschieben, denn zu einem späteren Zeitpunkt wären die Produkte ja billiger. Sinkende Preise sind allerdings alles andere als super. Eine solche **Deflation** setzt nämlich einen Teufelskreis in Gang: Die Unternehmen verkaufen weniger und kürzen, um die Verluste auszugleichen, ihre Löhne oder entlassen gleich ihre Angestellten. Die haben dadurch weniger Geld zur Verfügung und können noch weniger Produkte kaufen, wodurch die Unternehmen noch mehr Verluste machen usw. Ergebnis einer Deflation ist eine umfassende Wirtschaftskrise, so wie sie etwa in den dreißiger Jahren in Deutschland und auf der ganzen Welt stattfand.

Deshalb bemüht sich die **Europäische Zentralbank (EZB)**, zu deren Aufgaben es gehört, für stabile Preise und eine gute wirtschaftliche Entwicklung zu sorgen, um eine Inflationsrate von knapp unter 2 Prozent. Nach der Finanzkrise 2007 musste sie jedoch ungewöhnliche Maßnahmen ergreifen um dieses Ziel zu erreichen. Wie ihr sicher wisst, waren von der Krise zuerst die Banken betroffen, die plötzlich Angst um ihr Geld bekamen und keine Kredite mehr vergeben wollten. Dadurch konnten sich andere Unternehmen kein Geld mehr leihen, mussten ihrerseits einsparen, und die verhängnisvolle Spirale setzte sich, wie gerade beschrieben, in Gang.

Der Gefahr der Deflation begegnete die EZB, indem sie ihre Zinsen senkte. Dazu müsst ihr wissen, dass sich Banken ihr Geld zuerst bei der EZB leihen. Und wenn die EZB ihre Zinsen senkt – den sogenannten **Leitzins** –, wird das natürlich einfacher, weil für die Banken weniger Risiko besteht. Die Wirtschaft kam jedenfalls wieder in Gang. So verhinderte die EZB, dass aus der Krise eine Katastrophe wurde. Glück gehabt. Die Kehrseite ist nur: Der Leitzins, aktuell bei 0 (!) Prozent, wirkt sich nicht bloß auf Kredite, sondern auch auf Sparkonten aus. Die Banken – und auch ihr selbst – könnt euch zwar günstig Geld leihen. Aber auf euer Erspartes bekommt ihr kaum noch Zinsen. Und das schon seit Jahren. So weit die Theorie, kommen wir zur Praxis.

Am Beispiel der Pho-Suppe

Sehen wir uns die Inflation mal an einem Beispiel an. Sagen wir, ihr hättet euch im Jahr 2000 eine vietnamesische Pho-Suppe zum Mittagessen für 4,50 Euro gegönnt. Heute, knapp 20 Jahre später, müsstet ihr für dieselbe Suppe 6 Euro bezahlen, ohne dass sich auch nur irgendwas an den Zutaten oder am Kochvorgang geändert hätte. Die **Preissteigerung** erklärt sich allein aus den jährlichen Inflationsraten in Deutschland seit 2000, die im Durchschnitt bei 1,45 Prozent lagen. Klingt wenig, bedeutet hochgerechnet aber, dass eure Pho-Suppe innerhalb von 20 Jahren superkrasse 33,65 Prozent teurer geworden ist! An einem anderen Beispiel wird es vielleicht deutlicher: Wenn ihr nicht nur Suppe löffeln, sondern gleich einen ganzen Pho-Imbiss eröffnen wolltet, habt ihr das 2000 vielleicht mit 10 000 Euro Startkapital geschafft. Heute müsstet ihr, um eure Geschäftsmiete, Kochtöpfe und Speisekarten zu finanzieren, mit 13 332 Euro rechnen.

Aber ihr könnt natürlich auch einfach in euer Portemonnaie schauen und euch fragen, was euer Geld von damals heute noch wert ist. Dann spricht man vom **Kaufkraftverlust**. Hattet ihr 2000 immerhin 4,50 Euro in der Tasche, dann hätte dieser Betrag jetzt eine Kaufkraft von nur noch 3,42 Euro. Und eure 10 000 Euro? Wären noch 7500 Euro wert. Schlimm, schlimm. Tut richtig weh, das zu lesen, oder?

Was das für eure Sparstrategie bedeutet, dürfte jetzt klar sein. Wenn ihr nur ein Prozent Zinsen für euer Geld bekommt, nützt euch das gar nichts, solange die Inflation über diesem Wert liegt. Wenn ihr 2000 vor dem Imbiss kehrtgemacht und direkt zur Bank gelaufen wärt, um euer Suppengeld einzuzahlen, hätte es sich 20 Jahre später bei einem Prozent Zinsen zwar immerhin zu 5,49 Euro vermehrt. Aber: Noch nicht mal die Suppe von damals wäre heute noch drin! Denn deren Preis ist ja durch die Inflation gestiegen und liegt, wie erwähnt, bei 6 Euro.

Klar, früher gab es noch viel bessere Sparzinsen, aber das ist Geschichte. Es spielt keine Rolle, ob man sich Sparbücher, Tagesgeld- oder Festzinskonten anschaut. Und das Blöde ist:

Experten halten es für sehr, sehr wahrscheinlich, dass die Niedrigzinsphase noch ziemlich lange anhält.

Ihr seht also, ein Sparkonto ist längst nicht mehr der richtige Ort, um euer Erspartes zu vermehren. Nein, um euer Vermögen aufzubessern, gibt es nur noch eine Möglichkeit: die **Börse**! Okay, einige von euch werden jetzt wahrscheinlich die Augen aufreißen und noch mal zurückblättern. Hazel hatte doch gerade noch geschrieben, dass Geld ins Casino tragen sich nicht rechnet. Und genau das ist doch die Börse, eine Art Casino, in dem man Wetten abschließt, oder? Kurz und knapp: Nein, das stimmt so nicht – mit gewissen Einschränkungen. In bestimmten Bereichen des Börsenhandels treiben sich Spieler und Zocker herum, ja. Aber der Bereich, den ich euch vorstellen werde, hat eher mit guter Berechnung und Wahrscheinlichkeit zu tun. Mathematik also. Alle noch da oder schon abgeschreckt? Keine Sorge, es ist alles halb so wild.

Die Börse: Dax, Dow Jones und Co.

Um die Börse und das Thema Aktien ranken sich viele Mythen. Das ist aber nur unnötiger Ballast. Gemeinsam werden wir versuchen, das Ganze jetzt ein bisschen zu entzaubern. Hier kommen die Hard Facts: Wenn ihr **Aktien** kauft, dann erwerbt ihr ein Stück eines Unternehmens zu einem bestimmten Preis. Mit einer Aktie besitzt ihr also einen winzigen Teil von Apple, Amazon oder BMW. Nicht mehr und nicht weniger. Dass euch irgendwann das ganze Unternehmen gehört, ist aber, sagen wir mal, unwahrscheinlich – von Volkswagen allein sind etwas über 500 Millionen Aktien im Umlauf, bei Apple sind es mehrere Milliarden. Da der Preis einer einzigen Apple-Aktie letztes Jahr auf über 200 Euro gestiegen ist, könnt ihr euch denken, wie viel das ganze Unternehmen wert ist.

An der Börse handeln, heißt übrigens nicht, dass ihr dort hingehen müsstet. Der Parketthandel mit hundert wüst durcheinander schreienden Händlern, wie er im Film «Wall Street» dargestellt wird, ist so gut wie überall abgeschafft. Die Börse ist heute vielmehr eine virtuelle Verkaufsplattform, ein Marktplatz für Aktien, wo sich Angebot und Nachfrage treffen. Mit Hilfe eines **Brokers**, also eines Aktienhändlers, könnt auch ihr eure Kauf- oder Verkaufsorder platzieren, dazu gleich mehr.

Der Preis der Aktie, also der **Aktienkurs**, ergibt sich dabei aus dem Verhältnis von Angebot und Nachfrage. Wollen viele Anleger in eine Aktie investieren, sie also kaufen, dann steigt der Preis. Wollen alle verkaufen, dann sinkt er. Ob die Anleger kaufen oder verkaufen wollen, hängt wiederum davon ab, wie sich das Unternehmen am Markt schlägt. Ist es erfolgreich und hat gute Aussichten, in der Zukunft weiter Gewinne zu machen, dann werden auch viele Menschen Aktien der Firma kaufen wollen. Schlechte Nachrichten sorgen dagegen für fallende Kurse. Nicht immer sind Kurssprünge allerdings rational erklärbar. Manchmal spielen auch vage Gefühle und Vermutungen eine Rolle. Letztlich kommt es darauf an, welche Zukunftserwartungen die Börsenteilnehmer an ein Unternehmen haben.

Die Spekulation auf **Kursgewinne** ist auf jeden Fall die erste Möglichkeit, wie ihr mit Aktien Geld verdienen könnt. Dazu müsst ihr zum richtigen Moment Aktien kaufen, braucht ein Unternehmen mit einer guten Perspektive und müsst im richtigen Moment wieder verkaufen.

Es gibt aber noch eine zweite Möglichkeit, wie ihr durch Aktien zu Geld kommt: die **Dividende**. Damit ist die jährliche

Gewinnausschüttung eines Unternehmens gemeint. Einmal im Jahr, meistens nach der Jahreshauptversammlung, schüttet ein börsennotiertes Unternehmen einen Teil des Gewinns an die Anleger aus. Allerdings nur dann, wenn es Gewinn gemacht hat. In einem schlechten Jahr gehen die Aktionäre leer aus.

Und was genau ist die **Hauptversammlung**? Na, wenn ihr Aktien besitzt, werdet ihr von den entsprechenden Unternehmen einmal im Jahr dazu eingeladen. Als Anteilseigner könnt ihr euch übers Buffet hermachen, den Reden des Vorstands lauschen und eventuell auch abstimmen, wie der weitere Kurs des Unternehmens aussehen soll. Ziemlich cool, oder? Okay, zugegeben, viel Gewicht wird eure Stimme als Kleinaktionär nicht haben. Außerdem braucht ihr eine bestimmte Art von Aktien, sogenannte Stammaktien. Nur damit seid ihr stimmberechtigt. Daneben gibt es noch Vorzugsaktien, die für euch als Kleinanleger womöglich interessanter sind. Bei Vorzugsaktien werdet ihr nämlich im Fall einer Gewinnausschüttung, der erwähnten Dividende, bevorzugt und erhaltet mehr Geld. Und mehr Geld ist immer gut, oder? Es kann sich lohnen, auf diesen kleinen Unterschied zu achten.

Ihr könnt der Hauptversammlung übrigens auch fernbleiben, das wird keinem auffallen. Ihr seid über die Aktie trotzdem am Erfolg oder Misserfolg des Unternehmens beteiligt. Anwesenheitspflicht besteht nicht.

Damit die Anleger ungefähr abschätzen können, in welche Richtung sich die Kurse entwickeln, sind die Unternehmen in Indizes gelistet, die Einzahl lautet **Index**. Der DAX in Deutschland oder der Dow Jones in den USA sind solche Indizes. Der DAX umfasst die 30 größten deutschen Unternehmen, zum Beispiel Autokonzerne wie VW oder Daimler, den Softwarekonzern SAP, die Deutsche Post, die Deutsche Lufthansa und so weiter. Die Konzerne, die im DAX gelistet sind, sind aber nicht auf ewig festgezurrt. Manchmal fällt ein Unternehmen aus dem DAX und ein anderes nimmt dessen Platz ein. Andere wichtige Indizes sind etwa der weltweite MSCI World, der japanische Nikkei 225 oder der NASDAQ Composite mit den 3000 größten Nichtfinanzunternehmen der USA.

Ob ein Index steigt oder fällt, hängt damit zusammen, ob die Aktien der dazugehörigen Unternehmen in der Mehrzahl steigen oder fallen. Man kann also sagen, ein solcher Index ist der Durchschnitt aller Auf-und-ab-Bewegungen der Einzelaktien. Wenn es beim DAX zehn Unternehmen schlecht geht, zwanzig aber super performen, wird die Gesamtentwicklung wahrscheinlich trotzdem positiv sein. Warum das wichtig ist, erkläre ich gleich noch.

Wie steigt ihr in den Börsenhandel ein?

Bevor ihr überhaupt loslegt, solltet ihr euch zuerst ein Sicherheitspolster zulegen. Werft auf keinen Fall gleich euer gesamtes Geld auf die Börse! Als Faustregel könnt ihr euch merken, **drei Monatslöhne als Puffer** auf dem Tagesgeldkonto liegen zu lassen. So seid ihr safe, falls doch mal was schiefgehen sollte bei euren Investitionen – auch wenn ich euch hier ausschließlich eine Low-risk-Strategie vorstelle.

Als Nächstes braucht ihr ein **Depot**. Das Wertpapierdepot ist quasi euer persönliches Konto, auf dem eure gekauften Aktien und Fonds liegen. Ihr könnt euch ein Depot bei eurer Bank einrichten lassen, wobei Direktbanken (ING, comdirect, DKB, Consorsbank) hier wie auch bei der Kontoführung meistens günstiger sind. Es gibt auch spezialisierte Broker, also Unternehmen, die ausschließlich Depots anbieten und ebenfalls sehr günstig sind. Hier könnt ihr euer Depot zum Beispiel bei Flatex oder der Onvista Bank eröffnen. Die Eröffnung erfolgt ähnlich wie beim Konto. Wenn ihr noch nicht volljährig seid, braucht ihr die Einverständniserklärung der Eltern, die bis zu eurer Volljährigkeit auch die letztliche Verfügungsgewalt haben. Mit 18 Jahren gehört das Depot dann vollständig euch.

Jetzt seid ihr gerüstet, Wertpapiere zu ordern und euer Geld bei der Börse anzulegen. Über Aktien habe ich ja schon gesprochen, und ihr könnt das gerne ausprobieren. Allerdings unterliegen Aktien oft großen Kursschwankungen, es ist also immer ein gewisses Risiko dabei, vor allem wenn ihr nur in wenige Titel investiert habt. Und ihr wisst ja, ich ziehe Sicherheit vor, ich bin kein risikofreudiger Mensch. Wenn ihr da mutiger seid, findet ihr viele Bücher, die euch erzählen, wie ihr schlau in Aktien investiert. Hier zeige ich euch dagegen die sichere Variante. Damit werdet ihr nicht auf einen Schlag Millionär, aber bekommt sicher eine höhere Rendite auf euer Vermögen als wenn ihr es auf eurem Sparbuch vermodern lasst.

Wie investiert ihr also sicher? Mit **Fonds**. Einen Fonds könnt ihr euch als einen großen Topf vorstellen, in den viele, viele Anleger so wie ihr Geld einzahlen. Der große Geldbatzen, der dabei zusammenkommt, wird dann in der Gesamtheit an der Börse investiert, klassischerweise in Aktien. Und zwar nicht nur in Aktien eines Unternehmens, sondern in die vieler verschiedener. So seid ihr auf einen Schlag an den Kursgewinnen mehrerer Unternehmen gleichzeitig beteiligt. Fonds können aber auch zum Ziel haben, eine möglichst hohe Dividende zu erwirtschaften. In beiden Fällen habt ihr was davon. Übrigens könnt ihr natürlich in ganz verschiedenen Fonds gleichzeitig

einsteigen. Sie werden nach Wirtschaftszweigen oder Regionen aufgelegt, also zum Beispiel ein Fonds mit Unternehmen, die in der deutschen Gesundheitsbranche oder im Technologiesektor der USA tätig sind.

Der Vorteil eines Fonds ist die **Diversifikation**. Damit ist gemeint, dass man sein Investment eben auf diverse Anlagen verteilt und so das Risiko streut. Denn weil so viele Unternehmen Teil des Fonds sind, sinkt die Gefahr, dass ihr am Ende Minus macht. Es gibt ja den Ausdruck, ich glaube er kommt von Pferdewetten, dass man aufs richtige Pferd gesetzt hat. In einem Fonds setzt ihr euer Geld auf viele Pferde. Und das macht es deutlich wahrscheinlicher, dass ihr mit eurer Investition gewinnt.

Es gibt zwei Arten von Fonds: aktive und passive. **Aktiv gemanagte Fonds** werden von einem Menschen verwaltet, dem Fondsmanager. Der bringt seine Erfahrung und all sein Wissen ein, um die Anteile im Fonds immer wieder umzuschichten, vielversprechende Aktien zu kaufen und gut gelaufene Aktien mit Gewinn wieder zu verkaufen. Klingt eigentlich gut, oder? Ihr legt eure Investitionen am Aktienmarkt einfach in die Hände eines Profis, eurem persönlicher Meister Yoda sozusagen. Die Frage ist allerdings, vor allem auf lange Sicht, ob euer Fondsmanager wirklich in der Lage ist, den Index zu schlagen, wie man so schön sagt. Ob er also höhere Gewinne erzielt, als es der Markt insgesamt tut, und damit besser als etwa der DAX abschneidet. Verschiedene Erhebungen haben jedenfalls gezeigt, dass aktiv gemanagte Fonds im Ergebnis keineswegs besser performen als die Indizes. Darüber hinaus haben aktive Fonds durchweg höhere Gebühren, denn die Manager wollen für ihre Arbeit ja entlohnt werden.

Deshalb lautet meine Empfehlung: Nehmt euch einen passiven Fonds, genauer gesagt einen Indexfonds, besser bekannt als **ETF**. Wie funktionieren diese Fonds? Anders als beim aktiv gemanagten Fonds geht es bei einem ETF – die Abkürzung steht für Exchange Traded Funds – nicht darum, dem Markt ein Schnippchen zu schlagen. Ein ETF will vielmehr genau die Bewegungen des Marktes nachbilden. Dazu orientiert er sich an einem der bereits erwähnten Indizes, beispielsweise am MSCI World. Der MSCI World ist ein Index wie der DAX, der aber Unternehmen aus der ganzen Welt und aus allen Branchen in sich vereint. Über 1600 Unternehmen aus insgesamt 23 Industrieländern, um genau zu sein. Das heißt, mit einem Anteil an einem ETF-Fonds, der sich am MSCI World orientiert, seid ihr an all diesen Unternehmen auf einen Schlag beteiligt! Weil das Risiko bezogen auf lange Sicht sehr gering ist – denn die Weltwirtschaft wächst trotz gelegentlichen Krisen immer weiter –, wird der MSCI World von vielen Experten als Anlagemöglichkeit empfohlen. Euer Vermögen wächst dann im Gleichschritt mit dem Wachstum der Börsenkurse weltweit. Natürlich könnt ihr aber auch ETFs wählen, die sich an anderen Indizes orientieren. Am Stoxx Europe 600 beispielsweise, wenn ihr auf Europa vertraut, oder eben dem guten alten DAX. Der allerdings, erinnert euch, nur von 30 Unternehmen getragen wird. Interessant ist auch der MSCI Emerging Market, der auf Unternehmen aus Schwellenländern wie China, Brasilien oder der Türkei aufbaut. In diesen Ländern gibt es oft noch höheres Wachstum, gleichzeitig aber auch größere Schwankungen und deshalb mehr Risiko.

In eurem Online-Depot findet ihr auf jeden Fall eine Übersicht, in welche ETFs ihr investieren könnt. Es sollten eigentlich immer ETFs dabei sein, die sich an einem großen Index orientieren. Es gibt verschiedene Anbieter, die Amundi, Lyxor, Vanguard oder Blackrock heißen. Die ETFs tragen dann superschöne Namen wie *iShares MSCI World UCITS ETF USD Dist* oder *Franklin LibertyQ Global Equity SRI UCITS ETF*. Es gibt ein paar Punkte, auf die ihr achten solltet, wenn ihr euch einen ETF aussucht:

- der ETF sollte schon eine Weile am Markt sein, mindestens fünf Jahre ist ein guter Wert,
- wichtig ist auch, dass der ETF eine große Geldsumme aufweist. Mindestens 100 Millionen Euro sollten Anleger in den ETF investiert haben.

In jedem Fall spricht die Statistik eine ziemlich klare Sprache: Wenn ihr in der Vergangenheit mit einem ETF an allen 30 DAX-Unternehmen mit Aktien beteiligt gewesen wärt, hättet ihr bei einer 20-Jahre-Investition im Durchschnitt eine **Rendite** von 8,9 Prozent pro Jahr erhalten. Das klingt doch schon besser als die mageren Prozentchen beim Sparbuch! Natürlich hättet ihr, je nachdem, zu welchem Zeitpunkt ihr ein- und ausgestiegen wärt, auch mehr rausholen können oder weniger, nämlich zwischen 3,8 Prozent und 15,2 Prozent. Beim MSCI World lag die durchschnittliche 20-Jahres-Rendite übrigens bei 8,2 Prozent, mit Schwankungen zwischen 3,4 Prozent und 15,5 Prozent. Generell kann man sich merken, dass sich ein ETF desto mehr lohnt, je länger man sein Geld investiert.

Die Rendite ist dabei das Geld, das ihr durch gestiegene Aktienkurse bei einem Verkauf kriegen würdet, außerdem sind die Dividenden miteingerechnet, die euch für bestimmte Titel jährlich ausgezahlt werden. Ihr seht schon, eure Pho-Suppe hättet ihr euch auch im schlimmsten Fall leisten können. Und im besten Fall hättet ihr auch noch eure Freunde einladen können, denn mit der Durchschnittsrendite eines MSCI World-ETF hättet ihr starke 21,76 Euro auf dem Konto. Bei einem größeren Betrag wird es deutlicher: Eure 10 000 Euro wären zu 48 366,56 Euro explodiert. Euer Sparbuch hätte euch über den gleichen Zeitraum und einem sehr großzügig kalkulierten Zinssatz von 1 Prozent stattdessen 12 201,90 Euro eingebracht.

Okay, an dieser Stelle muss ich allerdings ein wenig zurückrudern: Was ich euch hier vorrechne, sind Bruttoberechnungen. Wie wir ja schon gesehen haben, müsst ihr immer noch die Inflation miteinberechnen – wenn die EZB ihre Sache korrekt macht, liegt sie bei etwas weniger als 2 Prozent. Dazu kommen die laufenden Verwaltungskosten für euren Indexfonds von 0,2 bis 0,5 Prozent pro Jahr. Mehr sollten eure ETFs nicht kosten, hinzu kommen allerdings häufig noch Ordergebühren. Und dann, ja dann, kommt noch eine Steuer drauf, die sogenannte **Abgeltungssteuer**. Ihr müsst sie auf alle Gewinne zahlen, die ihr durch Dividenden und Aktienverkäufe erzielt habt – und damit auch durch Fonds. Zwar habt ihr als Single einen jährlichen Freibetrag von 801 Euro, den ihr einfach so behalten könnt, auf alles, was darüber liegt, müsst ihr aber Steuern zahlen, und zwar ganze 25 Prozent. Die eben genannten Traumrenditen muss man also etwas relativieren. Wie hoch eure Abzüge letztlich sind, darüber kann man streiten, aber rechnet mal mit etwa 3 Prozent. Jetzt seid ihr enttäuscht? Müsst ihr nicht. Denn egal wie ihr es dreht, gegenüber dem Sparbuch oder dem Tagesgeldkonto, mit denen ihr netto sehr wahrscheinlich Verlust macht, steht ihr mit ETF-Indexfonds super da.

Ihr traut dem Braten immer noch nicht? Ihr spürt das Damoklesschwert über euch? Na gut, benennen wir den Elefanten im Raum: Was ist, wenn es einen **Crash** gibt? Wenn die Kurse ins Bodenlose fallen und eure ETFs mit ihnen, der Elefant den Porzellanladen mal richtig schrottet? Ja, das Risiko ist durchaus real und den meisten Anlegern würde es wohl so gehen wie mir. Rote Wangen, hektisches Atmen, Schweiß auf der Stirn und Tränen, viele Tränen. Denn wie reagiert man, wenn der ETF, in den man sein Erspartes gesteckt hat, plötzlich dick im Minus ist? Das Jahr 2018 war beispielsweise kein gutes, der DAX fiel um 18,26 Prozent. Viele kriegen dann übertrieben Panik und wollen nur noch verkaufen und verduften. Und je mehr verkaufen, desto krasser fällt der Kurs. Angebot und Nachfrage, ihr erinnert euch.

Es stimmt, es braucht ein bisschen Mumm, um in so einem

Fall seine Anteile im Fonds zu behalten. Aber in solchen Situationen müsst ihr euch bewusst machen, dass es bei ETFs nicht um Spekulation und das schnelle Geld geht, sondern um eine **langfristige Anlage**. Denn wie die Durchschnittsrenditen ja beweisen, verläuft die Entwicklung der Aktienmärkte insgesamt und langfristig positiv. Es ist also durchaus möglich und wahrscheinlich, dass die Aktienkurse in einem Jahr fallen und euer Geld plötzlich weniger wert ist. Und so eine Finanzkrise ist erstmal scary. Aber auf lange Sicht gleicht es sich aus. Fun fact: Hättet ihr auf dem Höhepunkt der Krise, also 2008, in einen ETF investiert, als die Kurse total im Keller waren, hättet ihr in den folgenden Jahren jährlich 8,2 Prozent Gewinn gemacht.

Noch ein paar nützliche Infos zu ETFs: Es gibt **thesaurierende** und **ausschüttende** Fonds. Auch wenn sich thesaurierend ein bisschen so anhört, es hat nichts mit brüllenden Urzeitechsen zu tun. Wenn ihr einen thesaurierenden Fonds wählt, dann werden alle Dividendengewinne direkt wieder in den Fonds investiert. Für den langfristigen Vermögensaufbau empfehlen Experten diese Variante, da ihr so vom Zinseszins profitiert. Ausschüttende Fonds zahlen euch hingegen einmal pro Jahr die angefallene Dividende aus. Das ist natürlich auch nett, wenn ihr ab und zu einen Bonus wollt. Es gibt sogar Sparstrategien, die ganz bewusst darauf setzen, sodass ihr keine Anteile verkaufen müsst, sondern allein mit den Ausschüttungen gut über die Runden kommt. Da meistens nur ein oder zwei Prozent Dividende ausgeschüttet werden, müsst ihr bis dahin allerdings lange sparen.

Daneben unterscheidet man noch **physische** und **synthetische** Fonds. Physische ETFs besitzen wirklich Anteile an den Aktien, die sie abbilden. Bei sehr großen Indizes wie dem MSCI World mit 1600 Unternehmen wird es allerdings schwer für die

Fonds, sämtliche Anteile zu besorgen, weswegen sie oft nur den wichtigsten Teil des jeweiligen Index besitzen. Dadurch ergeben sich kleine Abweichungen im Kurs, sogenannte tracking errors. Synthetische ETFs umgehen das Problem, indem sie nicht die Anteile selbst besitzen, sondern stattdessen eine Garantie von der ausgebenden Bank, einen sogenannten swap, durch den sie jederzeit alle im ETF vorhandenen Werte erhalten zu können. Der synthetische ETF bildet den Index also quasi nur virtuell ab. Ihr Vorteil: Sie sind genauer und etwas günstiger als physische Fonds. Ihr Nachteil: Ihr Wertpapiermix ist intransparent, außerdem sind sie etwas risikoreicher. Aber ihr seht, hier steigen wir schon tief in die Börsenmaterie ein, deshalb noch mal zurück zum Thema Sparen.

Hilfe, ich habe keine Ersparnisse?!

Natürlich könnt ihr auch gleich einen größeren Betrag in ETFs anlegen. Wenn ihr noch kein Vermögen habt, ist das aber auch kein Problem. Das Zauberwort heißt **Sparplan**. Genau, nicht Sparbuch oder Sparbrief, sondern Sparplan, so nennt man das heutzutage. Ein Sparplan ermöglicht es euch, auch mit kleinen Beträgen monatlich Fondsanteile zu kaufen, ihr könnt einfach jeden Monat einen gewissen Anteil von eurem Gehalt abzwacken. Ab einem Betrag von 50 Euro pro Monat seid ihr dabei, bei manchen Banken sogar schon ab 25 Euro. Das sollte sogar mit einem Studentenjob möglich sein, daher ist diese Vorgehensweise perfekt für euch! Bei vielen ETFs sind Sparpläne übrigens gebührenfrei. Bei anderen fällt eine Gebühr auf jede Sparrate an, meist im Bereich von 1 bis 2 Prozent. Achtet also darauf, dass ihr hier nichts bezahlt, zumindest anfangs. Häufig sind die Aktionen für den kostenlosen ETF-Kauf im Sparplan zeitlich begrenzt. Zwölf Monate sind ein gängiger Wert. Entweder ihr kauft nach dieser Zeit dann trotzdem zu geringen Gebühren weiter den gleichen Fonds oder ihr sucht euch einfach einen neuen Fondsanbieter.

Rechnen wir es noch mal durch: Wenn ihr bei Nullkommanull beginnt und 20 Jahre jeden Monat 50 Euro einzahlt, werdet ihr am Ende 12 000 Euro eingezahlt haben. Wenn wir aber von einer moderaten Kursrendite von 5 Prozent und einer Dividenden-rendite von 2 Prozent ausgehen, wird sich auf eurem Konto ein viel hübscherer Betrag finden: nämlich 21 652,08 Euro! Voraus-setzung für diese Berechnung ist ein thesaurierender Fonds, der die Gewinne aus Dividenden nicht sofort an euch auszahlt, son-dern sie gleich wieder neu anlegt. Übrigens: In dieses Ergebnis sind bereits Verwaltungskosten von 0,3 Prozent, Sparplankos-ten von 1,75 Prozent und die Abgeltungssteuer von 26,375 Pro-zent miteinberechnet. Euer Gewinn von 9652,08 Euro ist also eine konservative Schätzung, nur die Inflation fehlt noch. Eure **effektive Rendite** beträgt 5,13 Prozent, da kann kein Sparbuch mithalten! Was euer ETF-Sparplan abwirft, könnt ihr mit Tools von Seiten wie *finanzrechner.org* herausfinden. Rechts seht ihr das Ganze noch mal als Tabelle.

Das große Plus des Sparplans ist: Ihr kauft euch zwar Akti-enanteile, aber ihr macht die psychologischen Spielchen des Aktienmarktes nicht mit. Euer Sparplan kauft stur Anteile an eurem ETF-Fonds, Monat für Monat, egal ob gerade ein neues Allzeithoch erreicht ist oder ein Crash stattfindet. Wir ver-suchen, den Markt nicht auszutricksen, sondern vertrauen ihm, dass er am Ende schlauer ist als wir. Wie wir gesehen haben, ist das meistens der Fall. Wenn ihr ein Zockerherz habt, findet ihr

Euer ETF-Beispiel-Sparplan

Eckdaten	Startkapital	0 €
	Sparrate	50 €
	Laufzeit	20 Jahre
	Einzahlungssumme gesamt	12 000 €
	Art der Dividendenausschüttung	thesaurierend
angenommene Rendite	Kurszuwachs	5 %
	Dividendenerträge	2 %
angenommene Abzüge	Sparplankosten	1,75 %
	Verwaltungskosten	0,3 %
	Abgeltungssteuer	26,375 %
Ergebnis	**Endwert nach Steuern**	**21 652,08 €**
	Gewinn nach Steuern	9652,08 €
	effektive Rendite	5,13 %

das womöglich langweilig. Mir ist ein ruhiger Schlaf allerdings wichtiger, deshalb #TeamSparplan!

Ihr könnt euren Sparplan übrigens jederzeit pausieren oder auch ganz canceln. Das ist ein Riesenvorteil dieser Strategie. Wenn ihr mal merkt, dass Ebbe in der Kasse herrscht und nur wenig reinkommt, unterbrecht ihr einfach. So bleibt ihr immer flexibel und bindet euch keine festen Raten ans Bein. Wär ja noch schöner, beim Investieren pleite zu gehen! Das angelegte Geld bleibt sicher im Depot, wächst in der Zwischenzeit weiter und ihr bestimmt, wann ihr wieder Anteile kauft. Und falls ihr doch Geld abheben müsst, ist das auch problemlos möglich. Ist zwar ärgerlich, weil einem dann die Zinsen flöten gehen, aber es gibt natürlich Notsituationen, in denen ihr schnell Geld braucht. Genau deshalb solltet ihr euch, wie oben beschrieben, immer einen Sicherheitspuffer anlegen: damit die Wahrscheinlichkeit, dass ihr eure Investitionen anknabbern müsst, klein bleibt.

Mehr müsst ihr über Sparpläne eigentlich gar nicht wissen. Es läuft alles automatisch, und ihr spart mit der Zeit ein schönes Sümmchen an, das sich über die Zeit immer weiter vermehrt. Cool!

Wenn ihr euch ein bisschen mit dem Thema Investieren beschäftigt, stolpert ihr vielleicht noch über den Begriff **Robo-Advisor**. So ein Robo-Advisor ist eine Art Computeraktienhändler, der in eurem Auftrag Fonds kauft, meist ETF. Solche Computerhelfer sind in letzter Zeit wie Pilze aus dem Boden geschossen. Im Moment buhlen mehr als 32 Unternehmen darum, eure Finanzen für euch auf Basis von Algorithmen zu managen. Im Gegensatz zum Dauersparen über eine lange Zeit hinweg kauft der Robo-Advisor regelmäßig bei niedrigen Kursen und verkauft bei hohen Kursen. So lautet jedenfalls die Theorie. Es gibt aber auch Robo-Advisor, die euch nur am Anfang eine einmalige Empfehlung geben und euer Geld dann entsprechend anlegen. Es ist noch nicht ganz raus, ob wirklich viel mehr rumkommt, wenn ihr das einen Computer per Algorithmus erledigen lasst. Auf jeden Fall habt ihr etwas höhere Kosten, denn ein Robo-Advisor will bezahlt werden.

So wie ihr nachhaltige Banken wählen könnt, könnt ihr außerdem auch in **nachhaltige Fonds** investieren. Normalerweise sind in den Indizes nämlich auch Aktien solcher Unternehmen dabei, die Waffen herstellen, Atomkraftwerke bauen oder Geld mit der Spekulation auf Nahrungsmittel verdienen. Wenn ihr so was mit eurem Geld nicht unterstützen wollt, gibt es inzwischen glücklicherweise ein paar wenige Fonds, die zwar grundsätzlich auf dem MSCI World basieren, aber umstrittene Unternehmen ausschließen. Etwa aus den Geschäftsfeldern

Tabak, Waffen, Alkohol oder Pornografie. Diese Fonds heißen beispielsweise *UBS ETF MSCI World Socially Responsible UCITS* oder *Lyxor MSCI EM ESG Trend Leaders*. Bei letzterem analysiert die Fondsgesellschaft die Unternehmen, die im MSCI World enthalten sind, in Hinblick auf das ESG-Ranking. ESG setzt sich aus den englischen Wörtern environment, social und governance zusammen, übersetzt: Umwelt, Soziales und Unternehmensführung. Nur Unternehmen, die sich in diesen Bereichen positiv hervortun, gelangen am Ende in den ETF.

Alternativen zur Börse?

Es gibt natürlich noch viele andere Möglichkeiten, euer Geld anzulegen. An der Börse kann man außer in Aktien und Fonds auch in Anleihen und Devisen, Rohstoffe und Derivate investieren. Diese Instrumente zu erklären, würde hier aber den Rahmen sprengen. Und dann muss es natürlich nicht die Börse sein. In **Immobilien** zu investieren, ist heutzutage beliebt, weil die Preissteigerungen im Immobilienmarkt zurzeit viel höher liegen als die Bankzinsen. Ob das so bleibt, ist schwer zu sagen, aber generell waren Immobilien immer eine solide, langfristige Anlage. Sofern ihr aber keinen wohlhabenden Sponsor im Rücken habt, dürfte es für euch als Student oder Berufsanfänger schwer werden, gleich ein Haus oder eine Wohnung zu kaufen. Normale Menschen müssen dazu einen Kredit aufnehmen, den euch die Bank oder Bausparkasse aber nur gibt, wenn ihr eine gewisse Anzahlung leistet – so 20 % des Immobilienpreises – und ein solides Gehalt vorweisen könnt, mit dem ihr den Kredit abbezahlen könnt. Deshalb sind Immobilien etwas für die Zukunft, wenn ihr schon mit beiden Beinen im Leben steht.

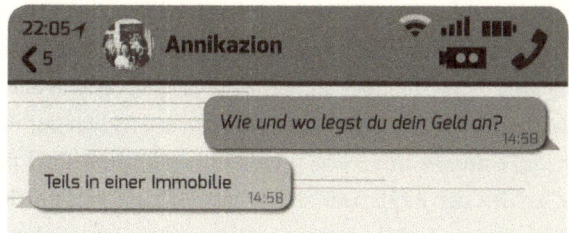

Das absolute Kontrastprogramm zur Immobilienanlage wäre das Investieren in **Kryptowährungen**. Bitcoin & Co. haben in den letzten Jahren wegen der teils gigantischen Wertsteigerungen und -verluste für große Schlagzeilen gesorgt. Ihr solltet euch aber bewusst sein, dass es sich bei Kryptowährungen um hochriskante Anlagen handelt. Klar, einige Leute sind tatsächlich zum Millionär geworden, einige haben aber auch ihr gesamtes Erspartes verloren. Nicht nur, weil gelegentlich die Kurse komplett abstürzen. Sondern weil auch wiederholt Exchanges, also die Websites, auf denen mit solchen Währungen gehandelt wird und wo diese gespeichert sind, pleite gegangen oder mit dem Geld durchgebrannt sind. Die Idee hinter Krypto ist grundsätzlich eine interessante: Bitcoin wurde ursprünglich während der Finanzkrise von einem mysteriösen Tüftler namens Satoshi Nakamoto ins Leben gerufen. Es sollte ein alternatives Zahlungsmittel werden, dass unabhängig von den staatlichen Zentralbanken wie der EZB existiert, die, wie wir ja gesehen haben, durch den Zins enormen Einfluss auf die Geldentwicklung nehmen können. Bitcoin wird dezentral gespeichert, in der sogenannten Blockchain, die sich auf allen teilnehmenden Rechnern befindet. Ein einzelner großer Player kann also keine Manipulationen vornehmen. Der spannende Grundgedanke eines alternativen Zahlungssystems neben Euro und Dollar ist aber heute sekundär. Kryptogeld wie Bitcoin, Ethereum oder Ripple sind eher als Spekulationsobjekte bekannt. Wenn ihr hier einsteigen wollt, müsst ihr euch vorher wirklich gut in die Thematik einlesen und viele Infos einholen, bevor ihr loslegt. Sonst kann euer Kryptoabenteuer nämlich im großen Crash enden. Ansonsten: Viel Spaß! Für mich als Anlageangsthase ist das Ganze aber nichts.

Meine Meinung ist: ETFs sind gerade, wenn ihr Börsennoob seid, ideal. Weil sie einfach zu verstehen sind, euch gute Renditen garantieren und das Risiko gerade auf lange Zeiträume hin überschaubar ist. Da wir immer länger leben, die staatliche Rente aber nicht mehr wird, ist es wichtig, für die Zukunft vorzusorgen. Und wenn ihr stets ein kleines Polster unter euch habt, fühlt sich das Leben gleich leichter und bequemer an. Also, legt los!

Zum Schluss: Drei Tipps und etwas Real Talk

Hallo Leute, hier ist immer noch Hazel – schön, dass ihr noch da seid. Ich hoffe ja, nach den ganzen Tipps, Tricks und Ratschlägen brummt euch nicht zu sehr der Schädel. Aber macht euch keinen Kopf, ihr müsst die ganzen Dinge nicht auswendig lernen. In eurem echten Leben werdet ihr den hier besprochenen Themen ja nicht auf einen Schlag begegnen, sondern nach und nach. Wenn ihr es erst selbst erledigt, wird vieles von selbst klar. Der beste Lehrmeister ist die Praxis. Mein *Money Guide* soll einfach der treue Begleiter sein, der euch bei euren finanziellen Vorhaben zur Seite steht und in dem ihr die wichtigsten Punkte nachschlagen könnt, wenn ihr mal eine Frage habt. Ich hoffe, das ist mir gelungen.

Zum Schluss noch mal meine drei wichtigsten Empfehlungen, die ich euch, ja, uns allen beim Thema Finanzen auf den Weg geben möchte.

1. **Verschafft euch einen Überblick.** Damit meine ich ganz simpel, das monatliche Einkommen den monatlichen Ausgaben gegenüberzustellen und zu schauen, was eigentlich euer monatliches und jährliches Budget ist. Das Haushaltsbuchkapitel bietet euch dafür eine gute Orientierung. Auf diese Weise bekommt ihr Sicherheit und schafft es leichter, Geld zurückzulegen für große Vorhaben wie eine Reise oder einen Umzug.

2. **Setzt euch finanzielle Ziele.** Es ist immer einfacher und motivierender, auf ein klares Ziel hinzuarbeiten. Überlegt, was für Wünsche ihr euch in naher Zukunft erfüllen wollt, aber auch, was ihr in einem halben, zwei, fünf oder zehn Jahren geldmäßig erreichen wollt. Dann macht einen Plan, wie ihr diese Ziele erreichen könnt, egal ob es um die Finanzierung eures Studiums oder die Vermehrung eures Vermögen an der Börse geht. Zu sehen, wie ihr schafft, was ihr euch vornehmt, ist einfach ein tolles, beflügelndes Gefühl!

3. **Bildet euch finanziell weiter.** Mittlerweile gibt es im Netz eine ganze Reihe von Blogs, Vlogs und Podcasts, die sich auf informative, aber auch unterhaltsame Weise mit dem Thema Finanzen beschäftigen. Viele wertvolle Tipps bekommt ihr zum Beispiel bei der gemeinnützigen Ratgeberseite *finanztip.de*. Zeitschriften oder Bücher – wie dieser *Money Guide!* – sind natürlich auch immer eine gute Idee. Wenn ihr mehr darüber wissen wollt, wie ihr minimalistisch leben könnt, werdet ihr genauso fündig, wie wenn ihr euch für neuartige Anlagestrategien für euer Erspartes interessiert.

Am Ende müsst ihr natürlich auch eure eigenen Erfahrungen machen und selbst entscheiden, was ihr mit eurem Geld anfangen wollt. Und bei aller Planung sollte eines nicht zu kurz kommen: der Spaß. Ich gebe zu, dass ich manchmal selbst dazu neige, mir zu viele Gedanken zu machen. Das beste Gegenmittel ist, euch auch mal was zu gönnen. Das heißt jetzt nicht, dass ihr jedes Mal auf große Shopping-Tour gehen sollt. Aber belohnt euch mit Unternehmungen, die euch wirklich Freude machen, oder Dingen, von denen ihr langfristig etwas habt. Ein finanzielles Bewusstsein zu entwickeln, bedeutet nicht, sich eine Zwangsjacke anzuziehen. Ihr lebt schließlich nicht, um zu sparen, sondern ihr spart, um zu leben.

Auch was euren beruflichen Weg angeht, solltet ihr euch ein wenig Freiraum geben. Klar, wenn ihr schon ganz früh genau wisst, was ihr wollt, zieht es durch. Aber wenn nicht, ist es auch nicht so wild. Ich möchte euch auf jeden Fall ermutigen, in euch reinzuhorchen, Sachen auszuprobieren und zu schauen, wo ihr euch am wohlsten fühlt. Vielleicht fangt ihr ja an zu studieren und merkt dann, dass das eigentlich gar nichts für euch ist. Weil ihr lieber an Sachen rumwerkelt, als euch in Bücher zu vertiefen oder lieber direkt mit Menschen zu tun habt, als in der Bibliothek zu hocken. Hört auf euer Bauchgefühl. Das bedeutet nicht, dass ihr ständig nur euren Launen und Impulsen folgen sollt. Aber schlagt einen Weg nicht deshalb ein, weil er «vernünftig» erscheint. Viel wichtiger ist, dass er sich richtig anfühlt.

Für mich zum Beispiel war jahrelang in Stein gemeißelt, dass ich Steuerberaterin werde. Und ich war auch nicht direkt unzufrieden. Vor allem, weil ich mich damit schon auskannte. Es ist immer angenehm zu wissen, was einen erwartet. Aber der gerade, gepflasterte Weg ist nicht immer der aufregendste. Das Gestrüpp, die Wildnis rundum – oder in meinem Fall YouTube – sind möglicherweise spannender. Ihr solltet zwar nicht ohne Gepäck aufbrechen. Dieser Guide hier zum Beispiel hilft euch hoffentlich dabei, dass ihr euch beim Thema Geld nicht verirrt. Aber um uns wirklich zu dem Menschen zu entwickeln, der ganz tief in uns drin ist, müssen wir die Dinge meist etwas anders angehen, als es uns beigebracht wurde, und unsere Komfortzone verlassen. Dazu müssen wir auch ein Stück weit hinter uns lassen, was andere von uns erwarten.

Ich hatte unendlich viel Glück mit YouTube. Dass aus meinem Hobby mein Beruf wurde, dass ich Videos produzieren kann, die meine Zuschauer unterhalten und gleichzeitig informieren, dafür bin ich dankbar. Aber auch mein alter Job im Steuer-Business war nicht umsonst – sonst hätte ich mir nie das ganze Finanzwissen angeeignet, das ich jetzt an euch weitergeben kann. Ich habe das Gefühl, dass ich meinen Weg gefunden habe. Und das, Leute, wünsche ich euch auch!

Danksagung

Und jetzt, wo das Buch endlich fertig ist, noch eine Danksagung? Klaro.

Beginnen wir mit dem Urschleim. Ich bin dankbar dafür, dass meine Eltern mich geboren und nach Deutschland geschleift haben. Jetzt ohne Witz. Danke an meine Eltern, die schon jedem ihrer Freunde erzählt haben, dass ich ein Buch rausbringen werde. Auch wenn ihnen, glaube ich, völlig egal ist, was in diesem Buch steht, sind sie wie immer unendlich stolz und freuen sich schon darauf, etliche Exemplare zum Verschenken an ihre Bekannten zu kaufen. Auf ihre Unterstützung kann ich immer zählen.

Auf wen ich auch immer zählen kann, ist mein Verlobter Dirk. Dafür, dass er mich vor über fünf Jahren dazu gebracht hat, YouTube-Videos zu drehen, kann ich ihm nicht oft genug danken. Es ist für mich unglaublich, dass er Potenzial in mir gesehen hat.

Auf dem Weg zur Fertigstellung dieses Buches sind mir manchmal Zweifel gekommen, ob dieses Medium für mich das richtige ist. Wollen die Leute nicht doch eher audiovisuell unterhalten werden? Dirk hat mir allerdings jederzeit Mut zugesprochen. «Das wird gut. Das erste Kapitel liest sich sogar für mich gut», sagte er. Und das bedeutet echt viel, denn in den acht Jahren, die ich mit ihm zusammen bin, habe ich ihn noch nie ein Buch lesen gesehen. Das ändert sich gerade.

Ein weiterer großer Dank geht an meine Zuschauer und Abonnenten. Ich erstelle zwar die Videos auf YouTube und habe dieses Buch geschrieben, aber am Ende bestimmt ihr meinen Erfolg maßgeblich mit. Danke, dass es euch interessiert, was ich von mir gebe. Echt jetzt. Danke für das täglich positive Feedback. Ohne euch wäre das Angebot, ein Buch zu schreiben, niemals in mein E-Mail-Fach reingeflattert.

Zum Schluss bedanke ich mich natürlich auch beim Rowohlt Verlag für die Möglichkeit, dieses Buch rauszubringen. Niemals hätte ich mir erträumt, ein Buch über finanzielle Themen schreiben zu können.

Danke.